समकालीन साहित्य

विकास, विस्थापन और समाज

सम्पादक

डॉ. पी. रवि

डॉ. मूसा एम.

वाणी प्रकाशन

वाणी प्रकाशन
4695, 21-ए, दरियागंज, नयी दिल्ली 110 002

फ़ोन : +911123273167 फ़ैक्स : +911123275710

शाखाएँ

अशोक राजपथ, पटना 800 004, बिहार

कॉफ़ी हाउस कैम्पस, महात्मा गांधी मार्ग, इलाहाबाद 211 001, उत्तर प्रदेश

महात्मा गांधी अन्तरराष्ट्रीय हिन्दी विश्वविद्यालय, वर्धा 442 001, महाराष्ट्र

सुल्तानिया रोड, मोतिया पार्क, भोपाल 462 001, मध्य प्रदेश

www.vaniprakashan.com

marketing@vaniprakashan.in

sales@vaniprakashan.in

SAMKALEEN SAHITYA : VIKAS, VISTHAPAN AUR SAMAJ
Edited by Dr. P. Ravi & Dr. Moosa M.

ISBN : 978-93-89012-24-8
Criticism

प्रथम संस्करण 2020

मूल्य : ₹ 595

सिटी प्रेस, दिल्ली-110 095 में मुद्रित

वाणी प्रकाशन का लोगो मक़बूल फ़िदा हुसेन की कूची से

भूमिका

विकास, विस्थापन और साहित्य, साहित्य के अध्ययन के क्षेत्र में एकदम नया विषय है। अभी तक आलोचना के क्षेत्र में इस विषय को लेकर कोई पुस्तक नहीं प्रकाशित हुई है। समाजशास्त्र के क्षेत्र में विकास को लेकर एक–दो पुस्तकें आ गयी हैं। भारत विभाजन सम्बन्धी विस्थापन एवं शरणार्थी समस्याओं को लेकर पुस्तकें उपलब्ध हैं। लेकिन विकास, विस्थापन तथा उसके हेतु जो मानवीय एवं पर्यावरण–पारिस्थितिक संकट पैदा हुआ है, वह विभाजन सम्बन्धी विस्थापन से बिल्कुल अलग है। समकाल में इसी मुद्दे को लेकर साहित्य रचा जाता है, किन्तु उसके समग्र अध्ययन का कार्य नहीं हुआ है, जिसकी सख़्त ज़रूरत है। इसे मद्देनज़र रखते हुए कालटी श्री शंकराचार्य विश्वविद्यालय के हिन्दी विभाग में जो संगोष्ठी हुई, उसमें प्रस्तुत प्रपत्रों के साथ कुछ और आलेख जोड़कर पुस्तक बनाने का प्रयास हुआ, जिसका यह सुखद परिणाम है।

गत दो सालों से विकास जनित विभीषिकाओं से केरल प्रान्त जूझ रहा है, प्रस्तुत मुद्दे पर चर्चा करने के लिए यह त्रासदी ही काफ़ी है। उसमें विस्थापन बहुत कम हुआ पर विकास की त्रासदी केरल के आधे से अधिक लोग भुगत रहे हैं। यह मनुष्य का लालच और उसके कारण हुए अन्धाधुन्ध विकास का परिणाम है। गाँधी जी ने पहले ही मनुष्य के इस लालच के प्रति आगाह किया था। लेकिन लोग आधुनिक सभ्यता और तद्जनित सुविधाओं का पीछा करते रहे। हाल ही में माधव गाडगिल और कस्तूरी रंगन के सुझावों (पश्चिमी घाटी पर विकास को लेकर) को लेकर ये लोग बावला हो रहे थे। सभी राजनीतिक दल और अपने को सन्त कहते पादरी लोग तथा सभी उच्च एवं मध्यवर्ग के लोग विकास का नारा बुलन्द करते रहे। जो विरोध करते थे उनका विरोध पूँजी एवं चुनाव की राजनीति की दीवारों को तोड़ने लायक नहीं

रहा। उच्चतम न्यायालय के निर्णय, जो मरड के फ्लेट्स को ध्वस्त करने का है, को टाल–मटोल करने का प्रयास सभी राजनीतिक दल एवं विकासवादी कर रहे हैं। यह सिर्फ़ केरल का मामला मात्र नहीं कश्मीर–उत्तराखण्ड से लेकर केरल तक का है। भारत के महानगरों में पेयजल एवं शुद्ध वायु तक उपलब्ध नहीं हैं। हर कहीं ऑक्सिजन पारलर खोलने लगा है। कोच्ची शहर में भी अब ऑक्सिजन पारलर खुल गया है। फिर भी औद्योगिक विकास का नारा बुलन्द है। मिट्टी, पहाड़, जंगल, नदी–हर कहीं विकास का रौद्र रूप विद्यमान है। असल में इस तरह का विकास विनाश की भूमिका ही निभा रहा है। इस सन्दर्भ में जसिन्ता केरकेट्टा की चार पंक्तिवाली कविता 'हाँफती मशीनें' की पंक्तियाँ याद आती हैं।

मशीनें,
पेड़ों को उखाड़ चुकने के बाद हाँफती हैं।
अब हाँफती मशीनें ढूँढ़ती हैं
कहीं कोई पेड़ की छाँह।

अब बड़ी तादाद में साहित्य इस मुद्दे से मुख़ातिब होने लगा है। लेकिन आलोचना नहीं के बराबर है। कामायनी का अध्ययन आज मनुष्य के अहंकार के परिणाम की दृष्टि से करने लगा है। समकालीन रचनाकारों–संजीव, वीरेन्द्र जैन, कुणाल सिंह, रणेन्द्र, महुआ माजी, एकान्त श्रीवास्तव, मदन कश्यप, अनुज लुगुन, जसिन्ता केरकेट्टा आदि की अधिकांश रचनाएँ इस मुद्दे को लेकर लिखी गयी हैं। फिर भी हम विकास के नाम पर, जिसके आगे उन्नति, प्रगति जैसे शब्द गुम हो गये हैं, चारों ओर से प्रकृति पर आक्रमण हो रहे हैं। दूसरी ओर गाँव एवं जंगल के संसाधनों को लूटने के लिए सेस, रेड कॉरीडोर आदि के लिए लोगों को विस्थापित किया जाता है। यह कार्य देश के बहुसंख्यकों के लिए विकास नहीं विनाश है, उनके जीवनोपार्जन के रास्ते बन्द किये जाते हैं और इससे राष्ट्रीय–बहुराष्ट्रीय कम्पनियों का विकास मात्र हो रहा है। इस विकास का एक पहलू है हाल ही की किसान आत्महत्याएँ। इन सबको साहित्य किस तरह शब्दबद्ध करता है, यह उसे जाँचने का एक समग्र प्रयास है।

वाणी प्रकाशन प्रस्तुत क़दम को पुस्तक रूप दे रहा है, जिनके प्रति हम आभार प्रकट करना चाहते हैं।

पी. रवि
मूसा. एम.

अनुक्रम

विकास का मतलब

पंकज बिष्ट

यह विषय जिस पर हम लोग अगले तीन दिन तक बात करेंगे कुछ ऐसे आधारभूत सवालों से जुड़ा है जो हमारे जीवन को कई स्तरों पर प्रभावित कर रहे हैं। अगर इस बात को अतिशयोक्ति न माना जाये तो यह इतना संगीन मसला है कि मात्र मानव सभ्यता ही नहीं बल्कि इस पृथ्वी के भविष्य को तय करने जा रहा है। इसलिए भी इस पर बात करना कोई कम बड़ी चुनौती नहीं है।

यह चुनौती दो पक्षीय है। मात्र अपने विषय के कारण ही नहीं बल्कि स्वयं मेरी अपनी सीमाओं के कारण। कुछ हद तक मुझे विभाजित व्यक्तित्व का आदमी कहा जा सकता है, क्योंकि अपनी इच्छा या कहिए कामना से मैं रचनात्मक लेखक हूँ। मेरी जितनी भी, थोड़ी–बहुत कृतियाँ हैं, उन्हें इसका प्रमाण माना जा सकता है। पर मैंने रोटी–रोज़ी के लिए पत्रकारिता को अपनाया और जीवन भर साहित्यिक व सांस्कृतिक पत्रकारिता की। पर जीवन के अन्तिम दौर में मैं राजनीतिक, बल्कि कहना चाहिए सामाजिक पत्रकारिता के क्षेत्र में और पिछले दो दशक से यही मेरा ओढ़ना–बिछौना रहा है। यहाँ मुझे अपने पक्ष में महान फ्रांसीसी लेखक एमिल जोला का यह कथन याद आ रहा है। उन्होंने कहा था, "अगर आप मुझसे पूछें मैंने क्यों जन्म लिया है तो मेरा उत्तर होगा; मैं (एक कलाकार हूँ) पूरे दमखम के साथ रहने आया हूँ।" (If you ask me what I came into this life to do, I will tell you : I came to live out loud.)

आगे बढ़ने से पहले मैं आपको याद दिलाना चाहूँगा कि ज़ोला ने किस तरह से मानवी प्रतिष्ठा को बचाने और अन्याय का विरोध करने के लिए अपनी लेखकीय प्रतिष्ठा दाँव पर लगा दी थी। इसके लिए उन्हें एक

वर्ष जेल की सज़ा काटनी पड़ी। कारण उनका पैम्फलेट जे'एक्यूज था जिसमें उन्होंने यहूदी सैनिक अधिकारी एलफ्रेड ड्रेफस, जिस पर विदेशों के लिए जासूसी का झूठा आरोप लगाकर दण्डित कर दिया गया था, के पक्ष में लिखा था।

मैं मानता हूँ, लेखन अपने आप में एक राजनीतिक कर्म है। इसे अतिशयोक्ति कहा जा सकता है, पर हमारा हर शब्द हमारी पक्षधरता को बतलाता है। विश्व प्रसिद्ध भाषाविज्ञानी नोम चोमस्की का कहना है, "मेरे विचार में यह नहीं कहना चाहिए कि भाषा विज्ञान और मनोविज्ञान आपस में 'जुड़े' हैं, बल्कि भाषाविज्ञान मनोविज्ञान का ही हिस्सा है।" और जो आदमी यानी लेखक इतना ज़्यादा भाषा से सरोकार रखता हो, उसका प्रतिबद्ध न होना, चाहें तो इसे मूल्य के प्रति भी कह सकते हैं, क्या सम्भव है? यह राजनीति इस अर्थ में है कि वह ज़्यादा बृहत्तर सन्दर्भ में मनुष्य और उसके समाज को जाँचने–परखने और एक हद तक उस पर अपनी राय देने का काम करता है। कम–से–कम उपन्यास के सन्दर्भ में, जो मेरी प्रिय विधा है, तो यह कहा ही जा सकता है, कि वह पूरी की पूरी तरह एक राजनीतिक विधा है। बिना समाज को समझे, जाने आप उपन्यास लेखन नहीं कर सकते। जब आप किसी समाज को समझने लगते हैं तो स्वाभाविक है कि उसकी अच्छाइयों और बुराइयों को समझना और उनमें अन्तर करना भी आपके लिए कठिन नहीं रहता। अब यह आप पर निर्भर है कि आप उसे व्यक्ति केन्द्रित सन्दर्भ में कहते हैं, जैसे काफ्का करते हैं या फिर बृहत्तर सामाजिक परिप्रेक्ष्य में जैसे टॉलस्टॉय या प्रेमचन्द जैसे लेखकों ने किया है।

तथाकथित विकास या आर्थिक विस्थापन की गम्भीरता और उसके नकारात्मक पक्ष, आज़ादी के साथ बड़े हुए, मेरे जैसे लोगों की समझ में ख़ासी देर से आये। उदाहरण के लिए हमने कभी भाखड़ा और नांगल परियोजनाओं के विस्थापितों के बारे में या फिर मनुष्य द्वारा प्रकृति से ज़रूरत से ज़्यादा छेड़–छाड़ करने जैसी बात हमारे दिमाग़ में शायद ही कभी आयी हो। हम यह बात भी तब जान पाये जब यह भयावह तथ्य सामने आया कि इन परियोजनाओं के लिए उजाड़े गये 371 गाँवों में से कई को 50 वर्ष बाद भी बसाया नहीं गया था।

पर हाँ, हमारी बाल्यावस्था से युवावस्था तक का सबसे गम्भीर और चर्चित विषय निश्चय ही विस्थापन रहा था, जो दूसरी तरह का था। उत्तर

भारत का शायद ही कोई शहर या क़स्बा बचा हो, जहाँ पश्चिमी पंजाब के शरणार्थी न आये हों। पर उस विस्थापन का कारण था राजनीति। कहा जाता है मानव के इतिहास में इससे बड़ा विस्थापन नहीं हुआ जितना कि भारत विभाजन के कारण इस उप महाद्वीप के दो छोरों पर हुआ था। निश्चय ही इसने जो विनाश किया, उसका सानी नहीं है। लाखों लोग बेघर हुए, मारे गये तथा और भी कई तरह की बर्बरताओं के शिकार हुए। वे सब दुष्टताएँ या क्रूरताएँ, जो धर्म या राष्ट्र के नाम पर हो सकती हैं या की जाती रही हैं, हुईं। इसका और भी बीभत्स रूप आज हम एशिया और अफ्रीका के कई देशों में देख रहे हैं। याद कीजिए तीन वर्ष के ऐलान नाम के ईराकी बच्चे का औंधा पड़ा भाव जो तुर्की के तट पर बहकर पहुँचा था। वह अपने परिवार के साथ योरोप को जाने की कोशिश कर रहा था। सम्भवतः उस बच्चे की लाश से बड़ा धर्म और राष्ट्र का और कोई धिक्कार नहीं हो सकता। पर हम यहाँ इस तरह के विस्थापन की बात करने नहीं जुटे हैं।

हम ऐसे भ्रमित करनेवाले दौर में रह रहे हैं जब शब्द अपना मूल या परम्परागत अर्थ ही खो चुके हैं। उदाहरण के लिए हम विकास की बात करते हैं लेकिन समानता की नहीं करते। बल्कि विकास किस के लिए? कैसे? क्यों? जैसे आधारभूत सवालों से बचते हैं। इसी तरह का एक और शब्द है उदारता, और उससे बना है उदारीकरण। उदारता से हम क्या समझते चले आ रहे हैं? यानी सब के प्रति एक मानवीय भाव। सहिष्णुता और सहयोग। लेकिन इस शब्द का आज अर्थ ही कुछ और हो गया है। वह अर्थ है पूँजी के लिए हर रुकावट को ख़त्म करना। पूँजी माने उन लोगों की सत्ता, जो इसको नियन्त्रित करते हैं, और अपने हित के लिए उसका उपयोग करते हैं। बल्कि यह पूँजी के माध्यम से प्राकृतिक संसाधनों, जिसमें मानव श्रम भी शामिल है, की लूट को वैध बनाना है। दूसरे शब्दों में कहें तो उपनिवेश बनाने के लिए आज बन्दूकों का इस्तेमाल नहीं होता। यह काम अब वित्तीय पूँजी (फाइनेंस कैपिटल) करती है।

उपनिषदों में कहा गया है *वसुधैव कुटुम्बकम्*। यानी दुनिया एक परिवार है पर दुनिया को नियन्त्रित करने वालों ने इसका पूरा अर्थ ही बदल दिया है। आज इसका अर्थ है दुनिया के हर कोने की पूँजी और पूँजी को नियन्त्रित करनेवाले कारपोरेशनों और कम्पनियों के लिए खोल देना। पर उसी तरह आम आदमी के लिए दुनिया नहीं खुली हुई है।

खुली होती तो ऐलान आज ज़िन्दा होता। आप देख ही रहे हैं अमेरिका में क्या हो रहा है। इस आलेख के लिखे जाने तक दो भारतीयों को गोली से मारा जा चुका था और तीसरे को घायल कर दिया था। आदमी के आने जाने पर नियन्त्रण है। उनके लिए कोटा है। यानी ज़रूरत के हिसाब से–सस्ते श्रम और निकृष्ट कामों के लिए–चुनिंदा देश अपने यहाँ विदेशियों को आने देते हैं, और जब चाहे भगा देते हैं। स्पष्ट है योरोप के उन देशों ने जिन्होंने दुनिया को शताब्दियों तक लूटकर समृद्धि हासिल की है या संयुक्त राज्य अमेरिका, कनाडा, आस्ट्रेलिया और न्यूज़ीलैंड की तरह ताक़त से कब्ज़ाया है, वे अपने देश में ग़रीबों को नहीं आने देते क्योंकि इससे उनके हिस्से की अमीरी बँट जायेगी।

अमीरी बाँटना तो रहा दूर, ये लोग पूँजी के केन्द्रीयकरण के माध्यम से उपभोक्तावाद को सतत हवा देते हुए दुनिया में असमानता को और बढ़ा रहे हैं। पिछले तीन दशकों में पूँजी का जो केन्द्रीयकरण हुआ है, उस पर जनवरी में जारी की रिपोर्ट आँखें खोलनेवाली हैं। बहुराष्ट्रीय कम्पनियाँ लगातार उपभोग के नये उत्पाद से बाज़ारों को पाट रही हैं और विज्ञापन तथा मार्केटिंग के आक्रात्मक इस्तेमाल से बेज़रूरत चीज़ों को लोगों पर थोपा जा रहा है। कोला पेय इसका उदाहरण हैं। तमिलनाडु में जो संकट है उसे आप जानते ही होंगे। उपयोगी पुरानी चीज़ों को कई तरह के हथकण्डों के माध्यम से अप्रासंगिक किया जा रहा है। मोटरगाड़ी उद्योग को लीजिए। यही नहीं कि बहुमूल्य खनिज पदार्थों का यह उद्योग बेहिसाब उपयोग करता है बल्कि उसे कुछ ही वर्षों के बाद बेवजह कबाड़ में भी डल़वा देता है। यह उद्योग इस समय दुनिया का सबसे भयावह प्रदूषणकारी उद्योग है पर वह इतना शक्तिशाली हो चुका है कि इसके ख़िलाफ़ कोई कुछ नहीं कर सकता जबकि प्रदूषण अपने आप में एक बड़े संकट के रूप में हमारे सामने है।

मैं आँकड़ों का अम्बार लगाकर आपको डराना नहीं चाहता। वैसे भी साहित्य और कलाओं का काम आँकड़े प्रस्तुत करना नहीं है। न ही उनका विश्लेषण है। उसका काम है इन आँकड़ों के अम्बार के नीचे दबी मानवीय कराह को पकड़ना। मेरी कोशिश है कि इस समस्या की विकरालता को एक परिप्रेक्ष्य दे सकूँ जिससे कि साहित्य से इसके सम्बन्धों का विश्लेषण करने वाले विद्वानों के लिए एक खाका या आउट लाइन मिल जाये।

उपभोगवाद के इस चिरन्तन हवन की लपटों को जलाये रखने के लिए दुनिया के कोने–कोने में संसाधनों का दोहन किया जा रहा है। तरह–तरह के खनिजों के लिए लोगों को ज़मीन के उन हिस्सों से उजाड़ा जा रहा है, जहाँ वे अनादिकाल से रह रहे थे। ख़ुद हमारे देश में जो हो रहा है वह इसका सबसे बड़ा उदाहरण है और इसके एक परिणाम विस्थापन पर हम चर्चा करने जा रहे हैं। इस विस्थापन का सबसे भयावह रूप छत्तीसगढ़, झारखण्ड, आन्ध्र प्रदेश और ओडीशा में देखा जा सकता है जहाँ सैकड़ों जनजातियों का अस्तित्व संकट में है। अपने धर्म के लिए वाजिब–ग़ैरवाजिब कारणों से मरने–मारने को तैयार लोग आदिवासियों के धार्मिक, सामाजिक विश्वासों को किस तरह से कुचलने के लिए तत्पर रहते हैं इसका उदाहरण नियमगिरी है। इन समुदायों ने प्रकृति से अपना जो रिश्ता बनाया हुआ है वह उसके अन्धाधुन्ध दोहन पर नहीं बल्कि सहअस्तित्व पर आधारित है। आधुनिक सभ्यता की इन क्षेत्रों में घुसपैठ को सिर्फ़ आन्तरिक उपनिवेशवाद की शब्दावली से ही समझा जा सकता है। और यह उपनिवेशवाद 16वीं से लेकर 18वीं सदी के बर्बर उपनिवेशवाद से कम नहीं है। बल्कि कई मामलों में ज़्यादा निर्मम और धूर्त है। अगर मध्यभारत के आदिवासियों के इतिहास पर नज़र डालें तो उन्होंने अंग्रेज़ों को अपने यहाँ आने नहीं दिया था। इस सन्दर्भ में बिरसा मुण्डा का नाम स्वतः ही याद आ जाता है। आज हालत ये है कि देश में विकास के नाम पर होनेवाले कुल विस्थापन के देश का आधा से ज़्यादा (लगभग 55 प्रतिशत), वे जनजातियाँ भुगत रही हैं जो प्रकृति के सान्निध्य में, उससे सामंजस्य बैठा कर जीती चली आयी थीं। लेकिन अब वे कंकरीट के जंगलों में शहरी गन्दगी के ढेर के साथ रहने और जीवनयापन के लिए धकेल दी गयी हैं। उनकी उस ज़मीन को, जिसके नीचे लोहा, कोयला, बॉक्साइट, डोलोमाइट, टिन, ग्रेनाइट, गार्नेट आदि कई मूल्यवान खनिज भरे पड़े हैं, टाटा, जिन्दल, एस्सार, अडाणी, अम्बानी से लेकर हर तरह की अन्तर्राष्ट्रीय कम्पनियाँ, जैसे कि वेदान्ता, पॉस्को, रियो टिंटो को सौंप दिया गया है या सौंपा जा रहा है। इनमें से कई कम्पनियाँ ऐसी हैं जिनके सालाना बजट छत्तीसगढ़ और झारखण्ड से ज़्यादा बड़े हैं। मज़े की बात यह है कि 2005 में जब प्रधानमन्त्री कह रहे थे कि देश को सबसे बड़ा ख़तरा नक्सलवाद से है, उसी के समानान्तर सरकार ने इस क्षेत्र को लेकर 350 एमओयू करार किये थे। इस सन्दर्भ में यह याद रखना भी

ज़रूरी है कि कहा नहीं जा सकता कौन कम्पनी कितनी राष्ट्रीय और कितनी अन्तर्राष्ट्रीय। कहाँ किस का पैसा लगा है, बताना मुश्किल है।

विडम्बना यह है कि इस कृत्य को औपनिवेशिक दौर के 1894 के भूमि अधिग्रहण क़ानून के तहत अंजाम दिया जाता है। जिसके तहत राज्य जब चाहे जिस ज़मीन का अधिग्रहण कर सकता है। आज़ादी के बाद से अब तक पाँच करोड़ से ज़्यादा लोगों को इस तरह विस्थापित किया जा चुका है। यह विस्थापन मूलतः कृषि ज़मीन से हुआ है। यह तब है जबकि आज भी हमारी आबादी का 70 प्रतिशत से अधिक गाँवों में रहता है। हमारी कुल श्रमशक्ति का दो तिहाई खेती से जुड़ा है और इसकी हमारी अर्थव्यवस्था में हिस्सेदारी 25 प्रतिशत के आसपास है।

आज छत्तीसगढ़ देश का सबसे ज़्यादा सैन्यीकृत क्षेत्र है। यहाँ राज्य की पुलिस–सशस्त्र पुलिस से लेकर केन्द्र के तरह–तरह के पुलिस बल लगे हुए हैं। इसलिए कि यहाँ के आदिवासी अपने अधिकार के लिए लड़ रहे हैं। इन कम्पनियों ने खनन के लिए मिले क्षेत्र के अलावा भी ज़मीन और जल स्रोतों पर कब्ज़ा करने के अपने प्रयत्नों में आनेवाले विरोध को कुचलने के लिए सलवा जुडूम जैसे ग़ैरक़ानूनी गुण्डा दलों को पैदा किया और पाला–पोसा है जिन्होंने 644 आदिवासी गाँवों को खाली करवा दिया है। यही नहीं विशेषकर छत्तीसगढ़ की सरकार ने पुलिस को जिस तरह की छूट दे रखी है उसका उदाहरण कल्लूरी और उनकी जगह लेनेवाला नया पुलिस अधिकारी आई.के. एलेसेला है। अभी पिछले ही हफ़्ते एक मोटरकार कम्पनी के शोरूम के उद्घाटन में इस व्यक्ति ने सार्वजनिक तौर पर कहा कि मानवाधिकार कार्यकर्ताओं को मोटरगाड़ी के नीचे कुचल देना चाहिए। यद्यपि जन विरोध और राष्ट्रीय मानवाधिकार आयोग के दबाव में कल्लूरी को अपने पद से हटा दिया गया था, पर राज्य के मुख्यमन्त्री ने इसके बावजूद इस अधिकारी की तारीफ़ की है। स्पष्ट है कि कोई भी सरकारी कर्मचारी अपने राजनीतिक आकाओं की शह के बिना इस तरह से निरंकुश और बर्बर नहीं हो सकता। इधर समाचार है कि एलेसेला को भी हटा दिया गया है।

इस तरह के विस्थापन से सिर्फ़ छत्तीसगढ़ या झारखण्ड ही प्रभावित नहीं हैं बल्कि उत्तर प्रदेश, आन्ध्र प्रदेश, केरल, बंगाल और तमिलनाडु भी प्रभावित हैं। बंगाल में सिंगुर व नंदीग्राम के बाद नये सिरे से शांगर में आन्दोलन चल रहा है।

चूँकि सिंगुर और नंदीग्राम की बात चली है तो यह बतलाना भी ज़रूरी है कि उदारीकरण ने विस्थापन को कई तरह से बढ़ावा दिया है। SEZ या विशेष आर्थिक क्षेत्र के तहत ही कुछ नहीं तो पाँच लाख एकड़ ज़मीन से किसानों को देश के विभिन्न भागों में उजाड़ा जा चुका है।

विस्थापन का सबसे भयावह रूप, जैसा कि पहले कह चुका हूँ, उन देशों में या उन क्षेत्रों में है, जहाँ प्राकृतिक संसाधन सबसे ज़्यादा हैं। प्राकृतिक संसाधनों के दोहन का एक और रूप है जल शक्ति का अन्धाधुन्ध दोहन। यानी बिजली और सिंचाई के लिए नदियों का बाँधा जाना। उत्तराखण्ड में इस समय जितनी परियोजनाएँ काम कर रही हैं और उनमें जो बिजली उत्पादित हो रही है उनकी कुल संख्या 98 है। ये बाँध 3,594 मेगावाट बिजली पैदा कर रहे हैं। पर मसला यहीं नहीं रुका है। इस छोटे से हिमालयीय राज्य में 41 परियोजनाओं पर काम चल रहा है और 197 बाँध प्रस्तावित हैं जिनकी कुल उत्पादन क्षमता 21,212.78 मेगावाट होगी। यानी राज्य का कोई नदी–नाला नहीं बचनेवाला है जिस पर बाँध नहीं बना दिया जायेगा। टिहरी बाँध इस बात का उदाहरण है कि विशालकाय विकास योजनाएँ अधिक विनाशकारी होती हैं। तीन वर्ष पहले हुए केदारनाथ घाटी के भीषण प्राकृतिक विध्वंस की याद आज भी हमारी स्मृति में ताज़ा है पर शायद यह याद न हो कि इससे स्वयं टिहरी बाँध को ख़तरा पैदा हो गया था और अगर ऐसा कुछ होता तो निश्चित था कि दुनिया का सबसे उपजाऊ गंगा–जमुना का मैदान ही तबाह हो जाता। स्पष्ट है कि मसला मात्र विस्थापन का ही नहीं है, गोकि वह प्रमुख है। यह पर्यावरण के विनाश से भी जुड़ा है जो अन्ततः मानव सभ्यता के भविष्य के लिए बड़े ख़तरे के रूप में उभरता जा रहा है। आप जानते ही हैं कि टिहरी बाँध से मात्र एक शहर और 37 गाँव ही पूरी तरह नहीं डूबे थे बल्कि पर्वतीय क्षेत्र की इस घाटी की बहुमूल्य और विरल ज़मीन भी डूब गयी। यह बाँध भागीरथी की घाटी में 42 किलोमीटर तक फैला है और भिलंगना घाटी में 25 किमी। इसके साथ एक विशिष्ट संस्कृति के भी तबाह होने की शुरुआत हुई। उत्तराखण्ड में आज जो भयावह पलायन हो रहा है उसकी जड़ में एक हद तक यह भी है। क्योंकि इस कथित विकास ने आजीविका के परम्परागत संसाधनों को बर्बाद कर दिया है।

हिमालयी क्षेत्र में, जो कि अत्यन्त संवेदनशील भूकम्पीय क्षेत्र है, जिस तरह से काम हो रहा है उससे क्या हो सकता है इसकी एक झलक हम

केदारनाथ के भयावह भूस्खलन की घटना या वहाँ रह–रहकर आनेवाले भूकम्पों के ख़तरों से समझ सकते हैं। याद कीजिए उत्तरकाशी के भूकम्प को या फिर हाल के नेपाल के भूकम्प को जो हिमालय की उसी शृंखला में बसा है।

इसके दूसरे छोर पर नर्मदा का विस्थापन है जो बहुचर्चित है। सरदार सरोवर बाँध से नर्मदा घाटी के 15 लाख लोग बेघर हुए हैं और लाखों एकड़ कृषि ज़मीन डूबी है। इसको लेकर जबर्दस्त आन्दोलन चले पर क्या हुआ? इसका सबक क्या यह नहीं है कि आधुनिक जीवन की ज़रूरतों को पूरा करने और कुछ लोगों की पैसे की हवस को तुष्ट करने के लिए, आदमी स्वयं आदमी को ही नहीं बल्कि पृथ्वी को तबाह करने पर जुटा है। नदियों को, सारी तबाहियों के बावजूद, बाँधना रुकनेवाला नहीं है। इसके बाद अरुणाचल में सुवर्णश्री और दिबांग नदियों पर भी बड़े–बड़े बाँध बन रहे हैं। असल में तर्क यह नहीं है कि विकास न किया जाये या ज़रूरी सुविधाएँ लोगों को न मिलें। मसला यह है कि ये सुविधाएँ आख़िर हर आदमी को क्यों न मिलें? आदमी किस हद तक सुविधाएँ चाहता है? और किसकी क़ीमत पर घर चाहता है? इससे भी बड़ी बात यह है कि ये सुविधाएँ कुछ लोगों तक ही सीमित क्यों रहें? या कुछ लोगों के लिए दूसरों की क़ीमत पर सुविधाओं का अम्बार क्यों लगे? जब तक ये सवाल तय नहीं होंगे, विकास बनाम विस्थापन के टकराव को भी नहीं सुलझाया जा सकेगा। वैसे भी ये सवाल मात्र विस्थापन से निपटने से नहीं जुड़ा है बल्कि इसका सम्बन्ध एक ख़ास तरह की अर्थव्यवस्था का विकास करना है।

अपनी बात ख़त्म करने से पहले मैं इस गोष्ठी के उस हिस्से पर भी कुछ बातें कहना चाहता हूँ जो साहित्य से जुड़ा है।

मेरे जैसे लेखक के लिए उन प्रश्नों पर या समस्याओं पर लिखना जो अत्यन्त तात्कालिक महत्त्व की हैं, पर जिनसे मेरा सरोकार सीधे–सीधे नहीं है, जिनसे मैं भावनात्मक रूप से नहीं जुड़ा हूँ और जिन्हें मैंने एक हद तक महसूस नहीं किया है या जिनसे उपजी पीड़ा या आनन्द से मैं नहीं गुज़रा हूँ, रचनात्मक लेखन सम्भव नहीं है। अपने से अलग किसी भी संस्कृति और समाज की बारीकियों को समझना इतना आसान नहीं है। वैसे करने वाले ऐसा करते हैं। और मैं इसे बुरा भी नहीं कहता। क्योंकि अन्ततः यह मानवीय सरोकार के तहत ही है, इसके बावजूद कि

कई बार यह बाज़ार की माँग पर भी किया जाता है। यह काम एक तरह से सप्रयास है जो समाजशास्त्रीय अध्ययन का रचनात्मक रूप कहा जा सकता है। या इसे आप पत्रकारिता का कथात्मक रूप कह सकते हैं। क्योंकि यह उस समाज के या ऐच्छिक विषय के सर्वेक्षण और अध्ययन का परिणाम होता है। लेखक सामान्यतः अपने पूर्व निर्धारित विषय के भौगोलिक क्षेत्र यानी समाज और स्थान में जाये, वहाँ रहे, देखे और समझे तब उसे लेखन में बदले।

लेकिन इसके साथ यह भी सच है कि अधिकांश घटनाएँ समय के साथ अपना महत्त्व खो देती हैं या दब जाती हैं। उनकी प्रासंगिकता भी ख़त्म हो जाती है। और इस तरह की रचनाएँ चूँकि मूल मानवीय सम्बन्धों, सरोकारों, पीड़ाओं और आनन्दों से जटिलता और सूक्ष्मता से गहरे नहीं जुड़ पाती हैं इसलिए अपना महत्त्व भी खो देती हैं।

दूसरी ओर वे रचनाएँ जिनकी जड़ें समाज विशेष में गहरे होती हैं, जो उसकी संवेदना के न्यूएन्सेज (सूक्ष्मताएँ) को अभिव्यक्त कर रही होती हैं, नाटकीयता या स्पेक्टेकुलेरिटी (चमत्कारिक भव्यता) की अनुपस्थिति के बावजूद ये कथाएँ या रचनात्मक अभिव्यक्तियाँ अपनी मानवीय सम्बन्धों की विशिष्ट अभिव्यक्ति के कारण समय को 'ट्रांसेंड' (कालातीत) कर देती हैं। पर ऐसी रचनाएँ भी उतनी ही विरल होती हैं। ज़रूरी नहीं है कि हर युग ऐसा बड़ा रचनाकार पैदा ही करे जो समय और समाज यानी स्थान की सीमाओं को पार करता हुआ मानव समाज की थाती बन पाये।

इस सन्दर्भ में एक और महत्त्वपूर्ण बात यह है कि विभिन्न माध्यमों के विकास के साथ, बल्कि कहना चाहिए प्रौद्योगिक विकास के साथ, अभिव्यक्ति के नये रूपों या विधाओं की भी तलाश हुई है और ये विधाएँ कुल मिलाकर अपने से पहले की विधाओं और माध्यमों की सीमाओं की क्षमताओं से आगे जाने की सामर्थ्य रखती हैं। इस क्रम में जहाँ तक प्रौद्योगिकी का सवाल है उसे मैं नहीं दोहराऊँगा। बल्कि सिर्फ़ विधागत विशिष्टताओं पर बात करूँगा। जर्मनी के स्ट्रेसबर्ग शहर से 1601 में निकले साप्ताहिक से लेकर बीसवीं सदी के प्रारम्भ यानी सवा तीन सौ साल तक अख़बारों का समाचारों पर एकछत्र राज्य रहा। उसके बाद रेडियो और फिर टीवी का जन्म हुआ जिसने अपनी तरह से मुद्रित पत्रकारिता को प्रभावित किया। इसका सामना करने के लिए नियो जर्नलिज़्म नाम की विधा का जन्म हुआ। इस विधा ने नये माध्यमों की नाटकीयता की काट

के तौर पर साहित्यिक कथा–रूप का इस्तेमाल किया जिससे तथ्यों को ज़्यादा आकर्षक बनाया जा सके और उन्हें भावनात्मकता, सघनता प्रदान की जा सके। पर ऐसा लगता है इंटरनेट की सहस्रबाहुता का जवाब मुद्रित पत्रकारिता के पास नहीं है और यह अपने अस्तित्व के ढलान पर पहुँच चुकी है। जो भी हो, ये अपनी तरह से सामाजिक सरोकारों, और विकृतियों को भी, अभिव्यक्ति दे रही है।

सत्य यह है कि कलाओं का सरोकार मूलतः आधारभूत मानवीय मूल्यों, चिन्ताओं और सरोकारों से ही है और ये अभिव्यक्तियाँ जिन मूल्यों का निर्माण करती हैं अन्ततः वही मूल्य व सरोकार हममें सही और गलत, नैतिक और अनैतिक, न्याय और अन्याय का विवेक पैदा करने में मददगार साबित होती हैं तथा अन्ततः ऐसा नैतिक बल पैदा करती हैं जो हमें अपना पक्ष तय करने में निर्णायक भूमिका निभाती है।

हम जानते हैं अधिकांश गम्भीर पर तात्कालिक समस्याओं के हल निकाले जा सकते हैं या निकाल लिए जाते हैं। पर सवाल है, यह निर्णायक स्थिति आयेगी कैसे? उन लोगों को मिटाकर जिन्हें ये विस्थापित कर रही हैं या उनके पक्ष में वहाँ से हट कर, जैसा कि केरल की साइलेंट वैली के सन्दर्भ में हुआ था? पर वह सफलता एक अपवाद की तरह है। इसलिए मेरी चिन्ता और सरोकार यह है कि वे लोग जिन्हें विस्थापित किया जा रहा है उन्हें उनकी तरह से जीने का हक कैसे मिले। उनके समाज अपनी जगह पर कैसे बने रहें और फलें फूलें। वे लोग शान्ति और सम्मान से जी सकें।

मैं कुछ बातें स्वयं अपने उदाहरण से कहना चाहूँगा। मैं उम्मीद करता हूँ कि इसे न तो आत्ममुग्धता माना जायेगा और न ही आत्म प्रदर्शन। अगर कुछ अंशों तक यह हो भी तो इस धृष्टता के लिए मैं क्षमाप्रार्थी हूँ।

यह एक तरह की आत्मस्वीकृति है। साहित्य बल्कि कहना चाहिए कलाओं की इस मूल्य निर्माण की प्रक्रिया ने स्वयं मेरे अन्दर जो बेचैनी पैदा की हुई थी उसने मुझे अन्ततः 18 वर्ष पूर्व इस द्वन्द्व से मुक्त कर दिया कि मुझे आगे क्या करना है। निश्चय ही साहित्य मेरा पहला प्रेम है पर मेरा सबसे बड़ा सरोकार, जिस समाज में मैं रहता हूँ उसमें हो रहे अन्याय के विरुद्ध, जो भी प्रतिभा मेरे अन्दर है, उसका इस्तेमाल करते हुए, आवाज़ उठाना है। उसका विरोध करना है। मुझे यह मानने में

कभी कोई झिझक नहीं रही है कि मैं, कम–से–कम अपने लेखन में, इस उथल–पुथल, असन्तुलित, दमनकारी और शोर–शराबे से भरे समाज को एक सीमा से आगे अभिव्यक्त करने में अक्षम पाता हूँ। हिन्दी में मुझे वीरेन्द्र जैन के 'डूब' जैसे उपन्यास के अलावा और कोई रचना भी देखने को नहीं मिली है जो सही अर्थों में विस्थापन की समस्या को केन्द्र में रखकर लिखी गयी हो। हाँ, कुछ कविताएँ और उनसे भी कम कहानियाँ ज़रूर देखी जा सकती हैं। हालात यह हैं कि हिन्दी साहित्य का मुख्य 'डिसकोर्स' आज भी यह नहीं है। वह दलित चिन्तन और स्त्री विमर्श तक ही सीमित है। मुझे नहीं लगता कि अन्य किसी भाषा में ही यह नज़र आता हो।

एक बार मुझसे एक आलोचक ने कहा था आज जो कर रहे हैं वह सब समय के साथ कूड़े में चला जायेगा। उनका इशारा समयान्तर की ओर था। मैंने कहा, मेरी अमर होने की कोई इच्छा नहीं है। वैसे सच तो यह है कि मैं चाहूँ तो भी ऐसा नहीं हो सकता है। अमरता की तलाश में हताश मरने से, मैं अपने समय में, चाहे जितना भी सीमित हो हस्तक्षेप कर पाना बेहतर समझता हूँ और इसी के साथ ख़त्म हो जाना उपलब्धि मानता हूँ।

अन्त में मैं एक कविता से अपनी बात समाप्त करना चाहता हूँ।

यह कविता किसकी है, आप में से कई लोग जानते होंगे– कविता है : पलाश।

यह पलाश के फूलने का समय है
रेत पर बने बच्चों के घरौंदों से
उठ रहा है धुआँ
हवाओं में घुल रहा है बारूद
चट्टानों से रिसते पानी पर
सूरज की चमक लाल है और
जंगल की पगडंडियों में दिखाई पड़ता है दन्तेवाड़ा
यह पलाश के फूलने का समय है।

यह पलाश के फूलने का समय है।
नियमगिरि से निकले नदी के तट पर
कन्दू पक कर लाल हो चुकी है मकड़े की जाली
गुफ़ाओं की ख़बर है

खदानों में वेदान्ता का विज्ञापन टंगा है
साखू के सागर सारंडा की लहरों में
बिछ गयी हैं बारूदी सुरंगें
हर दस्तक का रंग यहाँ लाल है।

यह पलाश के फूलने का समय है।
दूर–दूर तक जंगल का
हर कोना पलाश है
साखू पलाश है
केन्दू पलाश है
पलाश आग है
आग पलाश है
जंगल में पलाश के फूल को देख
आप भ्रमित हो सकते हैं कि
जंगल जल रहा है
जंगल में जलती आग को देख
आप कतई न समझें पलाश फूल रहा है
यह पलाश के फूलने का समय है
और, जंगल जल रहा है।

यह कविता मैंने दो कारणों से उद्धृत की है। एक अपनी शक्तिशाली अभिव्यक्ति के लिए और दूसरा इस बात के लिए कि यह एक हद तक मेरी बात की ताकीद भी करती है। कहने की ज़रूरत नहीं है कि कवि उसी क्षेत्र का है जो आज विकास के नाम पर रणक्षेत्र बना हुआ है। वह जानता है कि कौन–सी बारीक़ से बारीक़ वस्तु या स्थिति, या सन्दर्भ अपने भावनात्मक महत्त्व और प्रतीकात्मकता में बड़े–से–बड़े लेख से ज़्यादा प्रभावशाली, संवेदनशील और सम्प्रेषणीयता से भरा है।

कविता जितनी निर्ममता से समकालीन यथार्थ को अभिव्यक्त करती है उतने ही शक्तिशाली ढंग से संघर्ष और उम्मीद भी जगाती है।

अन्त में, यह समस्या जिस पर हम बात करने जा रहे हैं, कोई छोटी और आसान नहीं है। इसका समाधान खोजना भी इतना ही चुनौतीपूर्ण है। प्रसन्नता की बात यह है कि इस विषय पर, यहाँ केरल में बात करने की

शुरुआत की जा रही है। जहाँ तक मेरी जानकारी है, हिन्दी भाषी किसी भी विश्वविद्यालय या शैक्षणिक संस्था में, कहीं भी इस पर बात नहीं की गयी है। मैं इस विश्वविद्यालय के हिन्दी विभाग को हृदय से बधाई देता हूँ कि उन्होंने इतने जीवन्त विषय को चर्चा के लिए चुना। इस अर्थ में भी कि साहित्य को एक हद तक यह सीधा समाज से जोड़ने का प्रयत्न है, जो अतिरिक्त साधुवाद का पात्र है।

विकास की अवधारणा पर पुनर्विचार की आवश्यकता

रघुवंश मणि

विश्व भर में एक ख़ास समूह ने, जो व्यापार से सीधा जुड़ा रहा है और सफलता अर्जित करता रहा है, विकास की एक निश्चित परिभाषा की है। यह परिभाषा आर्थिक और अर्थशास्त्रीय सन्दर्भों में एक विशेष ढाँचे के रूप में देखी जाती रही है। द्वितीय विश्वयुद्ध के बाद से औद्योगिक विश्व के लिए सामाजिक और आर्थिक विकास का यही एक मुख्य प्रतिमान रहा है। ख़ूब भौतिक समृद्धि, स्वास्थ्य के क्षेत्र में विकास, उच्च और माध्यमिक शिक्षा में विकास, नयी तकनीकी प्रगति, स्वतन्त्रता और प्रजातन्त्र के विकास और जनरुचि संस्कृति के विकास में यह अवधारणा सिद्ध होती भी दिखलायी दी। ऐसा किसी–न–किसी रूप में पूरे विश्व में हुआ और भारत भी कमोबेश ऐसे ही विकसित हुआ। भारत के पूरे नगरीय परिदृश्य में इस परिवर्तन को स्पष्ट देखा जा सकता है। इस विकास की अवधारणा के प्रतिपक्ष में खड़ी समाजवादी अवधारणा एक दौर के बाद गिरती दिखायी दी। बर्लिन की दीवार के गिरने और सोवियत रूस के टूटने के बाद यह कहा गया कि अब समाजवाद की चुनौती भी समाप्त हुई। विकास की पूँजी और उपभोक्ता केन्द्रित अवधारणा को तमाम कट्टरतावादी इस्लामी राज्यों से लेकर महाद्वीप जैसे लगने वाले चीन तक में विजय प्राप्त करते देखा जा रहा है। ऐसे में यह सम्भावना नहीं दिखलाई पड़ती कि इस व्यवस्था के समर्थक किसी भी तरह से इसके तत्त्वों और परिणामों पर सन्देह व्यक्त करेंगे। यदि वे सन्देह को सिद्धान्त के स्तर पर स्वीकार भी कर लें तो उसे व्यावहारिक रूप से स्वीकार करेंगे, ऐसा नहीं लगता क्योंकि ऐसा करने में उनके तमाम हित प्रत्यक्षतः बाधित होंगे। कुल मिलाकर यह एक ऐसी

विश्व व्यवस्था बन गयी है जिसके चक्रवर्ती साम्राज्य में ही सारी सामाजिक और आर्थिक विकास की प्रक्रिया चलती लगती है। इस व्यवस्था के समर्थकों के लिए सारे संघर्ष हो चुके हैं और समय राजभोग का है।

वैश्विक और राष्ट्रीय विकास की यह आर्थिक और राजनीतिक संरचना बड़ी शक्तिशाली है। उसकी शक्तिशीलता में उसकी पिछले दशकों की सफलता निहित है। इस सफलता को ही इस व्यवस्था की वैधता के तर्क के रूप में प्रस्तुत किया जाता है, यद्यपि हम यह जानते हैं कि सफलता ही किसी चीज़ की वैधता की निर्धारक नहीं हो सकती। वह सैद्धान्तिक संरचना भी महत्त्वपूर्ण है, जो इसके ढाँचे में छिपी है। इस ढाँचे को संक्षेप में इस प्रकार वर्णित किया जा सकता है। आर्थिक गतिविधियों का पहला उद्देश्य आय बढ़ाना है। आय वृद्धि लोगों के जीवन को बेहतर बनाती है। इस आय वृद्धि से लोग अधिक अभौतिक और भौतिक चीज़ों का बड़ी मात्रा में उपयोग कर सकते हैं। टैक्स के द्वारा सरकार शिक्षा, स्वास्थ्य और सामाजिक सुरक्षा जैसी सार्वजनिक सेवाओं को सुलभ करा सकती है। व्यक्तियों के लिए यह आय वेतन अथवा मजदूरी से प्राप्त होगी। तकनीकी विकास के परिणामस्वरूप न केवल उत्पादन और वार्षिक आर्थिक विकास होता है, बल्कि रोज़गार के अवसर पैदा होते हैं और बने रहते हैं। यह माना गया कि इस सबका प्रमुख कारक है स्वतन्त्र व्यापार। जैसे–जैसे विदेशी मुद्रा नियन्त्रण, आयात और दूसरे प्रकार के नियन्त्रण तथा प्रोटेक्शन समाप्त होंगे, अधिक सम्पत्ति अर्जित होगी। ग़रीबी दूर होगी क्योंकि आय अमीर क्षेत्रों से ग़रीब क्षेत्रों की ओर जायेगी। इस प्रकार के स्वतन्त्र व्यापार ने आधुनिकता को जन्म दिया, आधुनिकीकरण को जन्म दिया। इसके तहत कृषि पैदावार में वृद्धि और लोगों का शहर की ओर जाना और पारम्परिक संस्कृति के स्थान पर आधुनिक संस्कृति का आना हुआ। वैज्ञानिक प्रगति से तकनीकी विकास और उससे आर्थिक और सामाजिक विकास सम्भव हुआ। यह माना गया कि इस व्यवस्था में सामाजिक और पर्यावरण सम्बन्धी समस्याओं को सुलझाया जा सकेगा क्योंकि उनसे निपटने के संसाधन विकसित किये जायेंगे। बाज़ार तथा संस्थाओं की कमियों को संशोधित किया जायेगा।

विकास के इस प्रारूप को लेकर विचारकों में कभी एकमत नहीं बन सका है। वामपन्थियों और दक्षिणपन्थियों में सार्वजनिक और निजी क्षेत्रों के सापेक्षिक आकार, बाज़ार के नियमन और योजनाबद्धता को

लेकर विवाद रहे हैं। वामपन्थ ने यदि राज्य के नियन्त्रण तथा योजनाबद्ध वितरण का समर्थन किया है तो दक्षिणपन्थ ने स्वतन्त्र बाज़ार के द्वारा अधिक सम्पत्ति पैदा करने की वकालत की है। अधिकतम स्थानों पर बीच की स्थिति बनी रही है। स्वतन्त्रता के बाद से 1980 तक की भारतीय अर्थव्यवस्था इसका एक उदाहरण है। पूर्वी एशिया के भोरों के बारे में भी यह बात कही जा सकती है कि वहाँ परम्परागत विचारधारा के साथ अपरम्परागत आर्थिक स्थितियाँ अपनायी गयीं। परन्तु यह अन्तर आर्थिक विकास और सामाजिक विकास के जिस प्रारूप पर खड़े रहे उस पर सामान्यतः कोई विवाद नहीं रहा। उनकी सफलता और असफलता के प्रश्नों का मामला दीगर है।

1980 के दशक में एक ख़ास तरह का परिवर्तन आया जिसके तहत एक विशेष प्रकार के प्रारूप का वर्चस्व बनता दिखाई दिया। यह परिघटना ख़ासकर विकसित देशों में रेखांकित करने योग्य है। इन देशों में पूर्ण रोज़गार की नीति को त्याग दिया गया। मुद्रास्फीति के प्रश्न को महत्त्वहीन माना गया और मुद्रास्फीति के नियन्त्रण के स्थान पर माँग को बढ़ाने का उपक्रम ही विकास की प्रमुख नीति बनी। सार्वजनिक क्षेत्रों का निजीकरण तेज़ी से हुआ और कल्याणकारी सेवाओं के लिए निजी संस्थाओं पर निर्भरता बढ़ी। शिक्षा, स्वास्थ्य और पेंशन के क्षेत्र में इस प्रकार के परिवर्तन स्पष्टतः परिलक्षित हुए। विकसित देशों के अलावा आर्थिक और सामाजिक नीतियों के ये सिद्धान्त अविकसित देशों पर अन्तर्राष्ट्रीय मुद्राकोष और विश्व बैंक तथा अन्य संस्थाओं के प्रत्यक्ष अथवा परोक्ष दबाव द्वारा लागू कराये गये। कहा यह गया कि कम विकास जनता द्वारा किये कम व्यय के कारण हो रहा है। इसी सिद्धान्त के तहत बचत को हतोत्साहित किया गया जिसके परिणामस्वरूप सामाजिक सुरक्षा ख़तरे में पड़ी।

प्रारम्भिक दौर में कुछ देशों में विकास का यह प्रारूप काफ़ी सफल रहा। यह सफलता पूर्वी एशिया के देशों में स्पष्टतः दिखाई दी। कुछ देश अविकसित देशों से विकसित होकर आर्थिक शक्ति के केन्द्र बन गये। यहाँ प्रति व्यक्ति आय बढ़ गयी तथा ऐसे बहुत से देशों में शिक्षा, स्वास्थ्य और सामाजिक स्तर ऊँचा हुआ। वहाँ ग़रीबी के स्तर में गिरावट आयी और आर्थिक समृद्धि के साथ–साथ सांस्कृतिक मुक्ति भी दिखायी दी। लेकिन ये बातें आगे चलकर समस्याग्रस्त हुईं और बहुत–सी दिक्कतें सामने आयीं।

सबसे महत्त्वपूर्ण बात यह है कि इस प्रारूप की खामी इधर बहुत अधिक स्पष्ट हुई है। सभी लोग इस प्रारूप से एक ही प्रकार से लाभान्वित नहीं हो सके। पिछले 25 सालों में पूरे विश्व में ग़रीब लोगों की संख्या घटने के बजाय बढ़ी है। मानव विकास रिपोर्ट यह बताती है कि यद्यपि ग़रीब लोगों का प्रतिशत घटा, ऐसा जनसंख्या वृद्धि की तुलना में नहीं हुआ। इसी प्रकार संयुक्त राष्ट्र की रपट 'रिपोर्ट आन वर्ल्ड सिचुएशन' भी ऐसा ज़िक्र करती है। यद्यपि पूर्वी एशिया में तेज़ आर्थिक विकास हुआ, सहारा क्षेत्रीय अफ्रीका में आय घटी। लातिन अमेरिका के बड़े हिस्से में राष्ट्रीय स्तर पर आर्थिक विकास के साथ–साथ ग़रीबी के स्तर में भी वृद्धि हुई है। थोड़ा कम स्तर पर ऐसी ही विसंगतिपूर्ण असन्तुलित विकास की स्थिति इंग्लैण्ड सहित तमाम विकसित देशों में हुई है। यह आश्चर्यजनक है। समृद्धि के ट्रिकल डाउन करने के सिद्धान्त गलत साबित हो चुके हैं। केवल अविकसित या विकासशील देशों में नहीं अपितु विकसित देशों में भी। अब ऐसा लगता है कि वर्तमान वैश्विक आर्थिक स्थिति में धन भौगोलिक और आर्थिक वर्ग सीमाओं में ही फैल रहा है और इन क्षेत्रों से बाहर खड़े लोग वंचित रह जा रहे हैं।

इस प्रकार के विकास का एक दूसरा पक्ष भी है। प्रश्न यह है कि जो लोग आर्थिक समृद्धि को प्राप्त नहीं कर सके हैं, वे कितने सन्तुष्ट हैं अथवा वे कैसा महसूस करते हैं। जनकल्याण के मामले में व्यक्तिगत सम्पत्ति कोई बहुत सहायता नहीं करती। रोज़गार के असुरक्षित होने की स्थिति में मानसिक तनाव अधिक दिखाई देता है। यह असुरक्षा व्यक्तिगत जीवन के तमाम पक्षों को प्रभावित करती है और आदमी की स्वतन्त्रता को छेंकती है। अपराधों में होती तेज़ बढ़ोतरी, बच्चों पर प्रदूषण का प्रभाव, सामाजिक संरचना का टूटना, बढ़ती हुई अरागानता, सामूहिक जीवन का नष्ट होना समाज के चरित्र को तोड़ रहा है। इस सबके साथ–साथ तेज़ होता भ्रष्टाचार भी इसी का परिणाम है, जो विशेषकर ग़रीबों को प्रभावित करता है और उन्हें आगे नहीं बढ़ने देता। इस प्रकार देखें तो जीवन समृद्धि से प्रभावित होता दिखता है, मगर उसके अन्धपक्ष गहरे होते जा रहे हैं।

वैश्विक व्यवस्था के समर्थकों ने एक दौर में यह कहा था कि पर्यावरण सम्बन्धी समस्याओं को तकनीकी आविष्कारों से सुलझा लिया जायेगा। मगर यह लगने लगा है कि बहुत कम पर्यावरण सम्बन्धी समस्याएँ

सुलझ पायी हैं। तमाम ऐसी समस्याएँ हैं जिनका विस्तार ही होता रहा है और किसी भी स्तर पर वे नियन्त्रित होती नहीं लगतीं। पिछले बीस वर्षों में अधिक बड़ी कठिन समस्याएँ दिखलायी पड़ी हैं। उनमें से बहुत–सी ऐसी हैं जो पारम्परिक ढंग से सुलझाये जाने वाले तात्कालिक समाधानों के परे हैं। ग्रीन हाउस इफेक्ट, ओज़ोन पर्त का कम होना, जैविक विभिन्नता का संकटग्रस्त होना, जिसके परिणामस्वरूप ग्लोब पर जीवन को सहायता देनेवाले तत्त्वों का कम होना, यातायात में भीड़–भाड़ और उससे जुड़ा वायु प्रदूषण इस व्यवस्था के द्वारा पुरस्कृत एक ख़ास तरह के आधुनिकीकरण की चुनौतियाँ हैं। ये ऐसी समस्याएँ हैं जिनका सामना करने से हर देश की सरकार मुँह चुराती है। इसके स्थान पर झूठे मुद्दों की राजनीति की जाती है जो सिवाय एक त्रासद नाटक के और कुछ नहीं होती।

एक समय ऐसा था जब इन वास्तविक मुद्दों को लेकर बुद्धिजीवियों में चर्चाएँ थीं। राजनीति में भी ये प्रश्न उठते थे, भले ही ऐसा प्रश्न उठाने वाले लोग अधिक गम्भीर न रहे हों। गम्भीर होते तो अब तक क्या कुछ होता ही न? वैश्वीकरण के दौर में भी चली बहसें सिर्फ़ संवैधानिक राजनीति तक ही सीमित थीं। चुनाव के आसपास इनको लेकर चर्चाएँ होती हैं, और फिर एक गहरी चुप्पी छा जाती है, क्योंकि राजनीतिक दल इस पर गम्भीरतापूर्वक कार्रवाई करते नज़र नहीं आते थे। आज भी यही स्थिति है। कभी–कभी किसी सेमिनार को सम्बोधित करते हुए किसी मन्त्री को इन मुद्दों पर दो शब्द कहते हुए टी.वी. पर सुना जा सकता है या अख़बार में पढ़ा जा सकता है, जो एक औपचारिक समाचार कवरेज जैसा होता है। सैद्धान्तिक स्तर पर यह कहा जाता रहा है कि पर्यावरण सम्बन्धी समस्याएँ प्राक् औद्योगिक युग की विरासत हैं और तकनालजी के विकास के साथ–साथ आवश्यक साधन और ज्ञान दोनों बढ़ेंगे। लेकिन उस प्रकार के दावे अब बेमानी लगने लगे हैं क्योंकि अधिकतम क्षेत्रों में समस्याएँ बढ़ती ही चली जा रही हैं। ऐसा मुश्किल–सा लगता है कि उपरिलिखित दावों द्वारा इन समस्याओं को सुलझाया या कम किया जा सकता है।

इसके विपरीत इस आर्थिक और राजनीतिक व्यवस्था से पैदा हुई विसंगतियों के बीज और उनके विकसित हो पाने के समस्त तत्त्व इसी व्यवस्था में अन्तर्निहित हैं। इन समस्याओं के आगे आज की परिस्थितियों से पैदा होने वाली भविष्य की सम्भावनाओं पर भविष्यवादी

लोग समय–समय पर घोषणाएँ करते रहे हैं। दूसरे शब्दों में ये समस्याएँ किसी ग़ैरजानकारी या दुर्घटना का परिणाम न होकर व्यवस्था के साथ कार्य कारण सम्बन्ध रखती हैं। बात साफ़ है कि ये समस्याएँ विकास की अवधारणा और उसकी प्राप्ति के लिए अपनाये गये आर्थिक–राजनीतिक ढाँचे की सफलताओं का परिणाम हैं, न कि उसकी असफलताओं के। ध्यान से देखा जाय तो इस ढाँचे के विकास के साथ ही साथ ये समस्याएँ भी विकसित होती रही हैं। अतः यह बात साफ़ हो जानी चाहिए कि विकास की अवधारणा ही प्रश्नित है। विकास की उक्त अवधारणा पर टिका यह आर्थिक–राजनीतिक–सामाजिक ढाँचा जितना ही सफल होगा समस्याएँ उतनी ही बढ़ती जायेंगी। एक बात यह भी है कि चूँकि ये सभी समस्याएँ एक दूसरे से गुँथी–विंधी है। अतः उनके अलग–अलग हल तलाशने कठिन होंगे। अतः समस्याओं पर एक साथ विचार करते हुए विकास की अवधारणा के साथ–साथ इस आर्थिक सामाजिक ढाँचे में परिवर्तनों की बात सोचनी पड़ेगी।

इस प्रकार दो बातें सामने आती हैं। एक बात यह कि विकास के इस वर्चस्वी प्रारूप की क़ीमत ऐसी है, तज्जनित समस्याएँ इस प्रकार की हैं, कि उन्हें नैतिक स्वीकृति नहीं दी जानी चाहिए। पहले यह तर्क दिया जाता था कि ग़रीबी और पर्यावरण की क़ीमत अस्थायी है और उनकी तुलना में लाभ बहुत अधिक है। यह तर्क नैतिक रूप से ऐसा न था कि इसे आँख बन्द कर स्वीकारा जाता। पहले यह नैतिक रूप से अस्वीकार्य था, मगर अब तो इसके समर्थक भी कुछ कहने की स्थिति में नहीं हैं। जब विश्व में लगभग 35,000 बच्चे प्रतिदिन भूख और बीमारी से मरते हैं जिनसे उन्हें बचाना सम्भव हो सकता है, जब बेरोज़गारी बढ़ती जा रही है, जब प्रदूषण की समस्या विकराल होती जा रही है तो लाभ का तर्क बिल्कुल समझ में नहीं आता। वैश्विक व्यवस्था से लाभ कम लोगों को है और हानि अधिक लोगों को।

फिर दूसरी बात जो सामने आती है वह यह है कि इस व्यवस्था के लाभ पाने वाले लोग भी इसकी हानियों से बचे न रहेंगे। पर्यावरण सम्बन्धी प्रदूषण अब समृद्ध लोगों को भी प्रभावित करने लगे हैं। विकसित देशों में भी ग़रीबी और असमानता दिखाई देती है। ग़रीबी आर्थिक रूप से असमर्थ होती है और विकास में अपना–अपना समुचित योगदान नहीं कर पाती। अपराध और सामाजिक विघटन धीरे–धीरे, पूरे समाज को प्रभावित

कर रहे हैं, जिनसे समृद्ध लोग भी नहीं बच सके हैं। इसी प्रकार ग़रीबी, जनसंख्या विस्फोट और पर्यावरण प्रदूषण का एकीकृत प्रभाव पूरे विश्व पर पड़ना ही पड़ना है। संसाधनों को लेकर टकराव जनविस्थापन के कारण पैदा हुई राजनीतिक और अन्य समस्याएँ अभी और बढ़ेंगी।

यहाँ मेरा मात्र यह कहना मन्तव्य नहीं कि वर्तमान वर्चस्वी आर्थिक व्यवस्था अपने में नैतिक रूप से गलत है। यह केवल नैतिक रूप से गलत नहीं अपितु अपने समर्थकों के लिए भी नुक़सानदायक है। जिन क़ीमतों पर यह आगे बढ़ रही है वे धीरे–धीरे असहनीय होती जा रही हैं। अतः केवल आर्थिक विकास के घटकों को बदलना नाकाफ़ी है। वास्तव में उस ढाँचे में परिवर्तन आवश्यक है जिससे यह आर्थिक विकास निसृत होता है। सामाजिक और आर्थिक विकास को पुनःपरिभाषित करते हुए किसी व्यावहारिक रास्ते पर निकलने की आवश्यकता है।

विकास का आतंकवाद, मुख्यधारा का भोगवाद और आदिवासी प्रति-संस्कृति

रणेन्द्र

मुनाफ़ा और वर्चस्व केन्द्रित 'विकास मॉडल' प्रश्नों के घेरे में रहा है। 1991 के बाद विकल्पहीनता के उसके भाव ने उसकी आक्रामकता को एक तरह से चरम पर पहुँचा दिया है। जो मुखौटा उसके एजेंडे को लागू करने में असमर्थ दिख रहा था, उसे आसानी से बदल दिया गया है। नया मुखौटा उसके तीव्र आक्रामक भाव के अनुरूप दिख सा रहा है। लेकिन विकल्पहीन नहीं रही है दुनिया। लातीन अमेरिकी देश एवं ग्रीस अति आक्रामक पूँजीवाद को वैकल्पिक साम्यवादी/समाजवादी नीति का ही आईना दिखा रहे हैं। आदिवासी जीवन और संस्कृति के बरअक्स इस 'कट–पेस्ट' वाले सर्वग्रासी 'विकास मॉडल' पर प्रश्न खड़े करने का उद्देश्य भारत में बहुजन के मानस के लिए मूल तत्त्व को रेखांकित करना है जो आवश्यकता से अधिक उपभोग में संकोच करता रहा है। न्यूनतम में जीवनयापन में ही सन्तोष, सुख–आनन्द की अनुभूति करता रहा है। "गौतम बुद्ध इसे ही 'सम्यक आजीव' कहते हैं यानी अपनी आजीविका इस प्रकार चलाना जिससे समाज को हानि नहीं पहुँचे।"[1]

'प्रकृति पर विजय' के दुर्दान्त दर्शन के साथ साम्राज्यवादी हथियार से पूरी दुनिया को छिन्न–भिन्न कर रही इस कथित विकास नीति पर तो सबसे पहले महात्मा गाँधी ने ही सवाल खड़े करने शुरू किये थे, यथा : "ईश्वर ही बचाये अगर भारत को कभी पश्चिम की तर्ज पर औद्योगीकरण करना पड़े। एक अकेले छोटे से द्वीप (इंग्लैंड) के आर्थिक साम्राज्यवाद ने आज दुनिया को ज़ंज़ीरों में बाँध रखा है। अगर तीस करोड़ लोगों का एक पूरा राष्ट्र वैसा ही आर्थिक दोहन शुरू करता है तो यह दुनिया को टिड्डियों की तरह ठूँठ करके छोड़ देगा।"[2]

दो साल पहले 1926 में उन्होंने दावा किया था कि "भारत को इंग्लैंड और अमेरिका जैसा बनाने का मतलब धरती पर नयी नस्लों और जगहों को उत्पीड़न के लिए खोजना है, क्योंकि पश्चिमी राष्ट्रों ने पहले से ही दोहन के लिए यूरोप से बाहर की सभी ज्ञात नस्लों का ही बँटवारा कर लिया है और अब खोजने के लिए कोई नयी दुनिया नहीं बची है। उन्होंने साफ़–साफ़ पूछा था : पश्चिम की नकल करने की कोशिश करने वाले भारत की गति क्या हो सकती है?"[3]

विकास का आतंकवाद

'विकास या विकास का आतंक' पदबन्ध का सबसे पहले प्रयोग अर्थशास्त्री अमित भादुड़ी ने किया। उनकी एक पुस्तक का शीर्षक ही 'विकास का आतंक' था जो सन् 2011 में 'फिलहाल प्रकाशन' द्वारा प्रकाशित हुई थी जिसमें 'विकास के मॉडल' को प्रश्नांकित किया गया था जो ग़रीबों–वंचितों को ज़्यादा ग़रीब–वंचित बनाता है और सम्पन्नों को ज़्यादा सम्पन्न। राजसत्ता कॉरपोरेट्स के पक्ष में अपनी ही जनता के आर्थिक हितों के विरुद्ध कार्य करती है।

माननीय सर्वोच्च न्यायालय ने नंदिनी सुन्दर और अन्य बनाम छत्तीसगढ़ राज्य (सलवा जुडूम) मामले में जुलाई 2011 को अपना फ़ैसला सुनाया। उस फ़ैसले के पैराग्राफ़ 14 में माननीय सर्वोच्च न्यायालय ने 'विकास के आतंकवाद' पदबन्ध का कई बार प्रयोग किया है, यथा "ऊँची संवृद्धि के लिए हर दिन बढ़ती संख्या में कुपोषित, अप्रशिक्षित, अशिक्षित और असहाय ग़रीबों को उनकी नियति पर बेरहम वैश्विक बाज़ार के तर्क के सामने छोड़ दिया जाये। यह सिर्फ़ एक अन्यायी प्रक्रिया नहीं है। इस तरह से हासिल की जाने वाली ऊँची संवृद्धि सिर्फ़ आय के वितरण के सवाल की ही उपेक्षा नहीं करती है, इसकी हक़ीक़त कई गुना ज़्यादा बुरी है। यह विकास के नाम पर ग़रीबों को क्रूर हिंसा की धमकी देती है। यह एक तरह का 'विकास का आतंकवाद' है।"

माननीय सर्वोच्च न्यायालय ने अपने उक्त निर्णय के पैराग्राफ़ (6) में 'विकास के आतंकवाद' को कुछ यूँ व्याख्यायित किया है। "आज़ादी के बाद विकास के जिस प्रतिमान (पैराडाइम) को अपनाया गया, उसने समाज में हाशिए पर पड़े तबकों में पहले से मौजूद असन्तोष को और भी ज़्यादा बढ़ाया...। नीति–निर्माताओं द्वारा तय किये गये विकास के प्रतिमान को

इन समुदायों पर थोप दिया गया...इससे इन लोगों को अपूरणीय क्षति हुई। इस विकास प्रतिमान की अधिकांश क़ीमत ग़रीबों ने चुकाई, लेकिन इसके फ़ायदों के बड़े हिस्से पर समाज के प्रभुत्वशाली तबके का कब्ज़ा होता रहा है और ग़रीबों को बहुत ही कम फ़ायदा मिला है। दरअसल, विकास इन समुदायों की ज़रूरत के प्रति असंवेदनशील ही रहा है। इस कारण इन्हें अनिवार्य रूप से विस्थापन का सामना करना पड़ा है और इसने इन्हें अमानवीय ज़िन्दगी जीने को मजबूर किया है। ख़ासतौर पर आदिवासियों के मामले में इसने उनके सामाजिक संगठन, सांस्कृतिक पहचान और संसाधनों को नष्ट किया है...इन सबके कारण इनका शोषण और भी आसान हो गया है ...विकास के तरीक़े और इसके क्रियान्वयन ने नौकरशाही के भ्रष्ट व्यवहार और ठेकेदारों, बिचौलियों, व्यापारियों और व्यापक समाज के लोभी तबकों द्वारा किये जाने वाले खूँखार शोषण को और भी ज़्यादा बढ़ाया है जो इनके संसाधनों पर कब्ज़ा करने और उनकी गरिमा का हनन करने पर उतारू हैं।''

माननीय सर्वोच्च न्यायालय ने अपने उपर्युक्त फ़ैसले के पैराग्राफ–13 में आदिवासियों की बड़ी आबादी का विकास योजनाओं के कारण हुए विस्थापन पर टिप्पणी की है,'' ...भारतीय राज्य दशकों तक विकास की परियोजनाओं से उखड़े लोगों को जीविका के वैकल्पिक साधन उपलब्ध कराने में नाकाम रहा है। एक अनुमान के मुताबिक़ 1950 से 1990 के बीच विकास परियोजनाओं के कारण अनुसूचित जनजातियों के 85 लाख लोग विस्थापित हुए। यह कुल विस्थापित हुए लोगों का 40 प्रतिशत हिस्सा है। इनमें से केवल 25 प्रतिशत लोगों का ही पुनर्वास हो पाया।...''[4]

चूँकि विश्व के लगभग सभी विकासशील देशों ने विकास के यूरोपीय मॉडल को हू–ब–हू अपनाया है अतएव बृहद् परियोजनाओं के साथ–साथ बड़ी आबादी का विस्थापन एक अपरिहार्य घटना है।

बोगुमिल सेरामिन्सकी, (पोलैंड के शोध लेखक), एन्थोनी ओलिवर स्मिथ (फ्लोरिडा के मानवशास्त्री) एवं माइकल एम सेर्निया (अमेरिकन –रोमानिया समाजविज्ञानी) के अध्ययन के अनुसार बृहद् विकास परियोजनाओं से पूरी दुनिया में लगभग 15 मिलियन लोग प्रत्येक वर्ष विस्थापित होते हैं।

नॉर्थ ईस्टर्न सोशल रिसर्च सेंटर, गौहाटी के वाल्टर फर्नान्डिस के अनुसार, ''अपने देश में सबसे दिक़्कत यह है कि आज़ादी के बाद विकास

जनित विस्थापितों का कोई प्राधिकृत आँकड़ा संधारित नहीं किया गया, पुनर्वास एवं पुनर्स्थापन के गम्भीर प्रयास नहीं हुए। 2007 ई. से कोई पुनर्वास–पुनर्स्थापन की नीति भी उपलब्ध नहीं थी। सबसे दुर्भाग्यपूर्ण तथ्य यह है कि 'विस्थापित व्यक्तियों' एवं 'परियोजना प्रभावित व्यक्तियों' का बहुलांश समाज के हाशिएकृत हिस्से का है यानी कि उनमें आदिवासी एवं दलित समुदायों का प्रतिशत सबसे ज़्यादा है।''

वाल्टर फर्नान्डिस ने 1990 के पूर्वार्द्ध में उपलब्ध द्वितीयक आँकड़ों के विश्लेषण के आधार पर यह निष्कर्ष निकाला कि 1951 से 1990 के बीच विस्थापितों की संख्या 213 लाख थी।[5]

इंडियन इंस्टीट्यूट ऑफ़ पब्लिक एडमिनिस्ट्रेशन द्वारा 54 बाँधों को लेकर किये गये एक विस्तृत अध्ययन के मुबाबिक़ एक बड़े बाँध से विस्थापित होने वाले लोगों की औसत संख्या 44,182 है। 1997 ई. में 3,300 बड़े बाँधों में से 54 बाँधों का नमूना पर्याप्त नहीं है। लेकिन चूँकि यही हमारे पास उपलब्ध है, और ज़्यादा एहतियात बरतते हुए प्रति बड़े बाँध विस्थापित होनेवालों की संख्या 10,000 मान लेते हैं। तब भी विस्थापितों की संख्या तीन करोड़ तीस लाख हो जायेगी।

ग्रामीण क्षेत्र एवं रोज़गार मन्त्रालय द्वारा 21 जनवरी, 1999 को दिल्ली में आयोजित एक बैठक में योजना आयोग के सचिव एन.वी. सक्सेना ने कहा कि उनके ख़याल से यह संख्या पाँच करोड़ के आसपास है (जिसमें से चार करोड़ लोग बड़े बाँधों द्वारा विस्थापित हैं)। (अरुन्धति राय, न्याय का गणित, पृ. 44–45)

विस्थापितों में बड़ा प्रतिशत आदिवासी लोगों का है (सरदार सरोवर बाँध के मामले में 57.6 प्रतिशत)। इनमें दलितों को भी शामिल कर लीजिए तो सारा आँकड़ा अश्लील हो जाता है। अनुसूचित जाति और जनजाति आयोग के मुताबिक़ यह आँकड़ा लगभग 60 प्रतिशत है।[6]

भट्टा–परसौला, उत्तर प्रदेश के किसानों के आन्दोलन के पूर्व तक सरकारें बिना किसी हिचक के 1894 ई. के औपनिवेशिक भूमि अधिग्रहण क़ानून के आधार पर अपनी ही जनता की भूमि का जबरन अधिग्रहण करती रही हैं। 1894 ई. के भूमि अधिग्रहण क़ानून के पीछे ब्रिटेन के 'इन्क्लोजर क़ानूनों' की छाप थी। इन्क्लोजर क़ानून का बहुलांश 1750 से 1860 ई. के बीच आया था जिसके माध्यम से आम ब्रिटिश कृषक के व्यक्तिगत–सामुदायिक उपयोग में आने वाली सार्वजनिक भूमि उनसे

छिनकर बड़े ज़मींदारों, बड़े व्यापारी भेड़ पालकों के कब्ज़े में दे दी गयी। 1860 तक कुल कृषि योग्य भूमि का 21 प्रतिशत (28,000 किलोमीटर) भूमि उजाड़ कर 'इन्क्लोज' कर ली गयी। भूमिहीन तबाह ब्रिटिश किसानों की भीड़ से ही नये कारख़ानों के लिए बँधुआ मज़दूर मिले।

ब्रिटिश हुक्मरान अभारतीय 'एमिनेन्ट डोमेन' के सिद्धान्त के साथ पधारे थे जिसमें प्राकृतिक सम्पदा (जल, जंगल, ज़मीन) का मालिक समुदाय नहीं राज्यसत्ता होती है। आज़ादी के बाद की राज्यसत्ता सच्चे उत्तराधिकारी की तरह उस सिद्धान्त का अनुपालन करती रही है।

वाल्टर फर्नान्डिस के शोधों के अनुसार ''विस्थापितों में से मात्र 20 प्रतिशत लोगों का ही पुनर्वासन हो पाया। ...पुनर्स्थापन और पुनर्वास दोनों दो भिन्न प्रक्रियाएँ हैं। पुनर्स्थापन मात्र एक बार (वन टाइम) सहयोग की प्रक्रिया है। किसी विस्थापित परिवार बिना कोई अन्य सहयोग के कहीं स्थापित कर देना–आवासीय सुविधा मात्र दे देना। जबकि पुनर्वास आर्थिक संसाधनों, सांस्कृतिक–सामाजिक संरचनाओं के पुननिर्माण एवं सामुदायिक सहयोग पद्धति के पुनः सक्रिय करने की प्रक्रिया से जुड़ा है। अपने देश में पुनर्स्थापन तो दिखता भी है किन्तु पुनर्वास की प्रक्रिया पूर्ण होती नहीं दिखती।''

दीर्घकालिक क्षेत्रीय योजनाओं के अभाव के कारण एक ही परिवार को कई–कई बार विस्थापन की त्रासदी झेलनी पड़ती है : यथा मध्य प्रदेश के रिहान्द बाँध से साठ दशक के पूर्वार्द्ध में विस्थापित हुए परिवारों को अगले तीस वर्षों में तीन बार विस्थापन झेलना पड़ा। कर्नाटक के काबिनी बाँध से सत्तर के दशक में विस्थापित हुए सोलिगा आदिवासी समुदाय के विस्थापितों को पुनः 'राजीव गाँधी नेशनल पार्क' के कारण विस्थापन झेलना पड़ा। मंगलौर बन्दरगाह के कारण साठ के दशक में विस्थापित हुए मछुआर परिवार जब कृषक की तरह जीवन व्यतीत करने लगा तो उन्हें पुनः कोंकण रेलवे परियोजनाओं के कारण अस्सी के दशक में विस्थापित किया गया।

मानवाधिकार के सन्दर्भ में देखें तो विस्थापितों को 'गरिमापूर्ण जीवन जीने' के मूलभूत अधिकार से ही वंचित होना पड़ता है। उसकी जीवन आधार, खेती की भूमि से वंचित होते और गाँव के छूटते ही वह रोज़गारविहीन, गृहविहीन हो जाता है। खाद्य असुरक्षा, स्वास्थ्य सुविधाओं के अभाव के कारण मातृ–शिशु मृत्युदर में अभिवृद्धि आदि विस्थापन के

साथ अपरिहार्य रूप से सम्बद्ध हैं। गाँव से दूरी उसकी सामुदायिक सम्पदा तक पहुँच को समाप्त कर देती है। समुदाय के साथ रहने के कारण मिलने वाली सामाजिक–मानसिक सुरक्षा ख़त्म हो जाती है। वह अपनी विशिष्ट सांस्कृतिक पहचान से महरूम हो जाता है। नयी असुरक्षित जगह पर उसके और उसके परिवार के सदस्यों को अक्सर शारीरिक और यौन हिंसा से रू–ब–रू होना पड़ता है।

विस्थापन के कारण कुछ भी हों विस्थापित व्यक्ति के मानवाधिकारों के हनन की प्रकृति एक तरह की होती है। वह जीवन जीने के मूलभूत प्राकृतिक अधिकार से ही वंचित हो जाता है। उसके जीवन से 'गरिमा' लुप्त हो जाती है। उसके प्राण और देह निरन्तर असुरक्षा के दबाव में रहते हैं।

विकास जनित विस्थापन के विस्थापितों के अधिकारों की रक्षा के लिए संयुक्त राष्ट्र संघ ने भी कई क़दम उठाये हैं यथा :

1. 'विकास एवं स्वनिर्णय का अधिकार' : संयुक्त राष्ट्र की महासभा ने 1986 में इन अधिकारों की घोषणा की कि लोगों का यह हक है कि वे निर्णय लें कि उनके लिए किस तरह के विकास की आवश्यकता है।
2. सहभागिता का अधिकार : मानवाधिकारों की सार्वभौमिक घोषणा, सिविल और राजनीतिक अधिकारों के अन्तर्राष्ट्रीय कन्वेंशन एवं आर्थिक, सामाजिक, सांस्कृतिक अधिकारों के अन्तर्राष्ट्रीय कन्वेंशन के साथ–साथ अन्तर्राष्ट्रीय श्रम संगठन के 1991 के जनजातीय समुदायों से सम्बद्ध कन्वेंशन के अनुच्छेद 7 के अनुसार लोगों को अपने विकास हेतु लिए जाने वाले निर्णय की प्रक्रिया में शामिल होने का अधिकार है।
3. जीवन और आजीविका का अधिकार : मानवाधिकारों की सार्वभौमिक घोषणा के अनुच्छेद 3 एवं सिविल और राजनीतिक अधिकारों के अन्तर्राष्ट्रीय कन्वेंशन के अनुच्छेद 6 के तहत प्रत्येक इन्सान को ये अधिकार प्राप्त हैं। इनसे उन्हें वंचित नहीं किया जा सकता।
4. समाधान का अधिकार : मानवाधिकारों की सार्वभौमिक घोषणा के अनुच्छेद 8 और सिविल–राजनीतिक अधिकारों के अन्तर्राष्ट्रीय कन्वेंशन के अनुच्छेद 2 के अनुसार विकास जनित विस्थापन

से उत्पन्न समस्याओं से नागरिकों को समाधान प्राप्त करने का अधिकार है।

उपराष्ट्रपति मो. हामिद अन्सारी ने 23 अगस्त, 2009 को इन्स्टीट्च्यूट ऑफ़ ह्यूमेन डेवलपमेंट के अन्तर्राष्ट्रीय सेमिनार का उद्घाटन करते हुए यह रेखांकित किया कि "जनजातीय समुदायों की 80 प्रतिशत आबादी खेती से अपनी आजीविका चलाती है जिनमें से 45 प्रतिशत किसान हैं और 37 प्रतिशत खेतिहर मज़दूर। उनके लिए ज़मीन आजीविका के सबसे बड़े संसाधन, भावनात्मक लगाव और सामाजिक स्थायित्व के आधार हैं। उनकी खेती, बाग़वानी, वानिकी और पशुपालन उसी पर निर्भर करता है। उनकी ज़मीन से उनका बिलगाव उनकी दरिद्रता, उनकी संकटग्रस्त आर्थिकी की बरबादी का सबसे बड़ा कारण है। ...राष्ट्रीय जनजातीय नीति के प्रारूप के अनुसार आज़ाद भारत के विकास के प्रतिमानों ने जनजातीय आवासन और बसावटों को विखण्डित कर दिया, उनकी संस्कृति को विघटित कर दिया और उनके समुदायों को बिखरा दिया। नगद मुआवज़ा उनके हाथों से फिसल गया क्योंकि जनजातीय समुदाय नगद धन के संचालन कौशल से अपरिचित था। इस प्रकार प्राकृतिक संसाधनों का स्वामी और भावनात्मक रूप से अपने समुदाय पर निर्भर जनजातीय इन्सान शहरों में मज़दूर के रूप में अकेला, अनिश्चित भविष्य और अपने अस्तित्व के संकट से जूझ रहा है।"[7]

मुख्यधारा का भोगवाद

स्विट्जरलैंड के दाबोस शहर में 21 से 24 जनवरी, 2015 को वर्ल्ड इकॉनोमिक फोरम की वार्षिक बैठक सम्पन्न हुई। इस बैठक की ख़ास बात यह थी कि जॉर्ज सोरेस जैसे अनोखे हेज फंडर, पॉल पोलमैन जैसे मुख्य कार्यकारी पदाधिकारी एवं क्रिस्टीना लगार्द जैसी अन्तर्राष्ट्रीय मुद्रा कोष की प्रबन्ध निदेशक, सब ने एक स्वर में विश्व में अमीरो–ग़रीबी के बीच बढ़ती खाई पर फौरी चिन्ता व्यक्त की।

ब्रिटिश पत्रकार–लेखक भयूमाश मिल्ने ने गार्जियन अख़बार के अपने आलेख 'इन दाबोस वरिंग एबाउट इनइक्यूलिटी' में इस दिखावे की चिन्ता का मज़ाक उड़ाते हुए आश्चर्य व्यक्त किया कि 'ऐसी वैचारिकी के संचालक अधिपतिगण अपने ही कृत्यों के परिणामों पर चिन्ता व्यक्त कर

रहे हैं, जिनके कारण मानवीय इतिहास में अभूतपूर्व अमीरी–ग़रीबी के बीच के ख़तरनाक खाई पैदा हो गयी है।'

भयूमाश मिल्ने के अनुसार 'दरअसल चैरिटी ऑक्सफैम नामक संस्था ने इस बढ़ती असमानता का विस्तृत खाका प्रस्तुत किया है। केवल अस्सी लोगों के पास दुनिया की आधी आबादी (साढ़े तीन अरब) की आमदनी के बराबर धन एकत्रित हो गया है। पिछले वर्ष दुनिया की आबादी के मात्र 1 प्रतिशत लोगों (पूँजीपतियों) ने विश्व की समस्त सम्पदा के 48 प्रतिशत हिस्से पर कब्ज़ा कर लिया जब कि एक वर्ष पूर्व तक यह केवल 44 प्रतिशत था। सम्पदा लूट की यह गति बनी रही तो आने वाले वर्षों में ये 'सुपरिचित' एक प्रतिशत लोग 99 प्रतिशत विश्व सम्पदा को हथिया लेंगे।[8]

सुख्यात फ्रांसीसी अर्थशास्त्री थॉमस पिकेटी की चर्चित पुस्तक 'कैपिटल इन द ट्वेंटी फर्स्ट सैंचुरी' एवं अर्थशास्त्री जोसेफस्टिगलिट्ज की पुस्तक 'ग्लोबलाइजेशन एंड इट्स डिस्क्केन्ट्स' अमीरों के अन्तहीन भोग और ग़रीबों के बीच बढ़ती खाई को ही अपने–अपने ढंग से रेखांकित कर रहे हैं।

हाल ही में वेल्थ–एक्स और यूवीएस ने वर्ल्ड अल्ट्रा वेल्थ नामक अपनी रिपोर्ट–2013 (विश्व अतिरेक सम्पत्ति रिपोर्ट) जारी की। इस रिपोर्ट में दुनिया भर के अमीरों की सूची बनायी गयी है। धनकुबेरों की इस गणना में भारत भी शिखर के दस में से छठवें स्थान पर जगह बनाने में सफल रहा है। इस रिपोर्ट के मुताबिक़ सिर्फ़ मुम्बई में ही 30 अरबपति हैं। आई.एम.एफ. की प्रबन्ध निदेशक क्रिस्टीना लगार्दे ने भी डिंबलवी व्याख्यानमाला में बोलते हुए कहा कि भारत के अरबपतियों की अकूत सम्पत्ति में पिछले पन्द्रह सालों में बारह गुना वृद्धि हुई है। इन मुट्ठी भर अमीरों के पास इतना पैसा है जिससे पूरे देश की ग़रीबी एक बार नहीं, दो बार मिटाई जा सकती है।[9]

अर्थशास्त्री अमित भादुड़ी का मानना है कि दरअसल, भारत जैसा विकासशील देश जब पूँजीवादी मॉडल को अपनाता है और ऊँची संवृद्धि और फटाफट औद्योगीकरण की दौड़ में शामिल होने की कोशिश करता है तो उनके पास विकल्प और भी सीमित होते हैं। विकास के नाम पर सरकार अपने ही नागरिकों की ज़मीन छीनकर निजी कम्पनियों के हवाले करने लगती है। खनन, उद्योग और विशेष आर्थिक क्षेत्र कायम करने के लिए ऐसी कम्पनियों की लागत कम हो जाती है क्योंकि इन्हें लगभग

मुफ्त में ज़मीन, पानी और संसाधन मिल जाते हैं। इस तरह उनके उत्पाद अन्तर्राष्ट्रीय बाज़ार में टिक सकते हैं। इन संसाधनों के जबरन हस्तान्तरण के ज़रिये आज भारत में निजी कम्पनियों की दौलत ताबड़तोड़ बढ़ती जा रही है। यही वजह है कि ग़रीबी से ग्रस्त इस देश में ख़तरनाक रफ़्तार से अरबपति पैदा होते जा रहे हैं।[10]

जीव विज्ञानी माधव गाडगिल एवं इतिहासकार समाजविज्ञानी रामचन्द्र गुहा देश की आबादी को दो भागों में बाँटते हैं जिन्हें सर्वभक्षी और पारिस्थितिकीय जन का नाम दिया गया है। इस तरह सर्वभक्षी, जिनमें उद्योगपति, धनी किसान, राज्य के अधिकारी और शहरों में केन्द्रित उभरता हुआ मध्य वर्ग शामिल है (अनुमानतः तीस करोड़ से ज़्यादा)। अपनी जीवन–शैली को बरकरार रखने के लिए पूरे भारत के प्राकृतिक संसाधनों के इस्तेमाल की क्षमता रखते हैं। दूसरी तरफ़ पारिस्थितिकीय जन, जिनमें मोटे तौर पर ग्रामीण आबादी का एक तिहाई हिस्सा या क़रीब 40 करोड़ लोग शामिल हैं–ज़्यादातर अपने आसपास के संसाधनों पर निर्भर हैं, जिसकी अधिक से अधिक मात्रा कुछ दर्जन वर्ग मील भर होगी। ये छोटे और मँझोले किसान हैं, जिनकी ज़मीन की सिंचाई बारिश के पानी पर निर्भर है, भूमिहीन मज़दूर हैं और शिकार संग्राहकों, झूम की खेती करने वालों, पशुपालकों और लकड़ी का काम करने वाले कारीगरों के विभिन्न संसाधन आधारित समुदाय हैं। ये सभी ज़िद्दी, पूर्व आधुनिक समुदाय, एक निरन्तर उत्तर–आधुनिक होती जा रही स्थिति में अपना अस्तित्व बनाये हुए हैं।

स्वतन्त्र भारत में विकास की प्रक्रिया की विशिष्टता सर्वभक्षी और पारिस्थितिकीय जनों के बीच यह बुनियादी और भारी असन्तुलन है। पिछले साठ वर्षों में ऐसे आर्थिक विकास की एक पंक्ति में परिभाषा इस तरह दी जा सकती है : 'राज्य के उपकरणों के ज़रिए और ख़जाने के ख़र्च पर, ग्रामीण तथा शहरी सर्वभक्षियों के हितों को पूरा करने के लिए प्राकृतिक संसाधनों को निरन्तर बढ़ी हुई मात्रा में निकाला जाना ही विकास है।'[11]

द हिन्दू के पूर्व सम्पादक श्री पी. साईनाथ के आलेख 'टू द सोशल सब्सिडी व्हिनर्स, प्लीज चेक कॉरपोरेट राइट–ऑफ़ कॉलम'[12] में उल्लेखित किया है कि वित्तीय वर्ष 2005–06 से 2013–14 तक कॉरपोरेट्स को दी गयी छूट (कोरपोरेट इनकम टैक्स, एक्साइज़ ड्यूटी) कुल 36.5 लाख

करोड़ थी जबकि इस अवधि में आम आदमी को खाद्य, उर्वरक और पेट्रोलियम पर मात्र 9,57,138 करोड़ रुपयों की सब्सिडी मिली।

आदिवासियों के लिए ट्राइबल सब प्लान एवं दलितों के लिए शिड्यूल्ड कास्ट सब प्लान में आबादी प्रतिशत 8.67 एवं 16.6 प्रतिशत के हिसाब से केन्द्रीय योजना बजट की राशि का आवंटन होना चाहिए था। इस राशि को 2005–06 से 2013–14 तक 8,75,380.36 करोड़ होना चाहिए था लेकिन आवंटित मात्र 3,47,656.44 रुपये ही हुए यानी समाज के इन वंचित वर्गों के लिए वैधानिक रूप से जितनी राशि आवंटित होनी चाहिए थी उसकी लगभग 40 प्रतिशत राशि ही आवंटित की गयी। लगभग 5,27,723,72 करोड़ की राशि से उन्हें वंचित कर दिया गया।

तहलका के 21 जनवरी, 2015 के अंक में इसी विषय के आलेख में पूर्व केन्द्रीय सचिव पी.एस. कृष्णन को उद्धृत किया गया है जिन्होंने शुरुआती वर्षों में टीएसपी और एससीएसपी की नींव रखने में अहम भूमिका निभाई है, "राजनीतिक नेतृत्व और असंवेदनशील नौकरशाही संविधान के उन आधारभूत सिद्धान्तों को ध्वस्त कर रही हैं, जिनके आधार पर टीएसपी और एससीएसपी का ढाँचा बनाया गया है। आवंटन के अनुमानित और काल्पनिक आँकड़े देकर इनकी वैधता का जामा पहनाया गया है और इसे महत्त्वहीन बनाया गया है। लिहाजा यह पूरी प्रक्रिया महज़ अंकगणितीय कवायद बनकर रह गयी है। इसका आदिवासियों और दलितों के विकास के लिए ज़रूरी उपायों से कोई नाता नहीं है। केन्द्र और राज्य सरकारें अनुसूचित जातियों और जनजातियों की आर्थिक स्वतन्त्रता और शैक्षिक समानता के अहम आयामों को भुला बैठी है। (नोशनल एलोकेशन वह आवंटन है जो केवल काग़ज़ पर है, जहाँ ज़रूरी बजट का ज़िक्र तो होता है, लेकिन उसका समुदायों के लाभ के लिए उपयोग नहीं होता)। ऐसे में अनुसूचित जातियों और जनजातियों को संस्थागत रूप से वंचित किये जाने की प्रक्रिया में इनको फंड से वंचित करना और इनके लिए आवंटित फंड का दूसरी जगह इस्तेमाल करना एक घातक संयोग बन जाता है।"

असंवेदनशीलता केवल आवंटन के स्तर पर ही नहीं दिखती बल्कि क्रियान्वयन में यह ज़्यादा निर्लज्ज प्रतीत होती है। तहलका के उसी आलेख में प्रान्तवार 'ट्राइब्ल सब प्लान' एवं 'शिड्यूल कास्ट सब प्लान'

की आवंटित राशि को दूसरे मदों में किये गये व्यय का ब्योरा है जिसकी एक झलक निम्न उदाहरणों से मिल सकती है–

''झारखण्ड सरकार के योजनागत व्यय के विस्तृत अध्ययन से पता चलता है कि टीएसपी फंड के करोड़ों रुपयों के इस्तेमाल दो वीआईपी जहाज़ों (एक ट्रेनर एयरक्राफ्ट और एक मोटर ग्लाइडर) की ख़रीद, हजारीबाग, पलामू, धनबाद, दुमका और गिरिडीह में झारखण्ड फ्लाइंग इंस्टीट्यूट के बुनियादी ढाँचे के विकास, कई ज़िला मुख्यालयों में रनवे के निर्माण और न्यायालय से सम्बन्धित अन्य निर्माण कार्यों, प्रशासनिक भवनों के निर्माण आदि में किया गया।

मध्य प्रदेश सरकार के वित्तीय वर्ष 2014–15 के बजट के विश्लेषण से भी टीएसपी और एससीएसपी के अन्य कामों के लिए इस्तेमाल की बात पता चलती है, इस फंड को राजमार्गों और पुलों सहित बुनियादी ढाँचे से सम्बन्धित बड़ी परियोजनाओं में इस्तेमाल किया गया है। इसके अलावा इसे झीलों और तालाबों के सुन्दरीकरण, एनिमल इंजेक्शंस, सिंथेटिक हॉकी टर्फ बनाने, स्टेट इंडस्ट्रियल प्रोटेक्शन फोर्स के गठन के लिए इस्तेमाल किया गया है और तो और इस फंड को सिंहस्थ मेला, जिसे उज्जैन कुम्भ मेला के नाम से जाना जाता है, के लिए भी ख़र्च किया गया है, सामाजिक दृष्टि से देखें, तो यह मेला अछूत प्रथा को बढ़ावा देने के लिए कुख्यात है।

यही हाल मध्य प्रदेश के पड़ोसी राज्य छत्तीसगढ़ का भी है। अगर हम वित्त वर्ष 2014–15 के छत्तीसगढ़ के बजट पर नज़र डालें तो पता चलता है कि यहाँ टीएसपी और एससीएसपी फंड को अन्य कामों के अलावा 'स्पेशल पुलिस' और 'पुलिस' के लिए इस्तेमाल किया गया। एससीएसपी से 3.03 करोड़ रुपये पुलिस विभाग को दे दिये गये।

ओड़िसा के विश्लेषण में साफ़ हुआ कि टीएसपी और एससीएसपी फंड का इस्तेमाल पुलिस और अन्य बलों के आधुनिकीकरण, जेलों और पुलिस बैरकों के निर्माण, ओड़िसा पुलिस हाउसिंग एंड वेलफेयर कॉरपोरेशन के ज़रिए पुलिस के लिए आवासीय भवनों के निर्माण के लिए किया गया, आदि।''[13]

भारतीय समाज का आभिजात्य, उच्च मध्य एवं मध्यवर्ग को अपने उपभोग के लिए न केवल बजटीय प्रावधान से भारी छूट, अनुदान चाहिए बल्कि पिछले कई दशकों से वह सबसे वंचित वर्ग के आवंटन में 60

प्रतिशत तक की कटौती करता रहा है और लगभग 40 प्रतिशत आवंटित राशि को भी अपने ही उपभोग पर व्यय करता रहा है, यह भोग और निर्लज्जता की पराकाष्ठा है। ढाँचागत हिंसा की इससे ज़िन्दा मिसाल और क्या हो सकती है। दुखद यह कि यह प्रक्रिया पिछले तीन दशकों से जारी है और इसके प्रतिकार में कहीं कोई उद्वेलन, कोई विरोध की आवाज़ तक सुनाई नहीं पड़ी, कोई पता तक नहीं खड़का।

भूमि लूट का वैश्वीकरण

'भूमि अधिग्रहण विधेयक' को क़ानूनीजामा पहनाने के लिए जिस तरह पूर्ववर्ती सरकार और उसके ज़्यादा मारक स्वरूप के लिए वर्तमान सरकार व्यग्र है वह केवल स्थानिक मामला नहीं है। इसके पीछे वैश्विक आर्थिक–राजनीति की बड़ी भूमिका है। ख़ास कर जिस चिह्नित उद्देश्य से जो भूमि अधिगृहीत की गयी है अगर पाँच साल में उस उद्देश्य की पूर्ति नहीं हो तो किसानों को भूमि वापस करने की शर्त न मानने की ज़िद्द उस शक को पुख़्ता करता है। याद कीजिए कि कितनी 'सेज' (स्पेशल इकोनॉमिक ज़ोन) के लिए अधिगृहीत भूमि 'रेज' (रियल एस्टेट ज़ोन) को हस्तान्तरित की गयी।

सच तो यह है कि 2008 की मन्दी के बाद छोटे–बड़े हर निवेशक को यह लग रहा है कि ज़मीन में निवेश सर्वथा सुरक्षित है एवं हर हाल में मुनाफ़ा देने वाला है। यूरोपीय इन्वेस्टमेंट हाउसेज, प्राइवेट इक्विटी फंड्स, हेज फंड्स, वर्ल्ड बैंक, इंटरनेशनल फाइनेन्स कॉरपोरेशन, यूरोपियन बैंक फॉर रिकन्सट्रक्शन एंड डेवलपमेंट 'भूमि' में निवेश को न केवल प्रोत्साहित कर रहे हैं बल्कि राष्ट्रों पर यह दबाव बना रहे हैं कि वे भूमि हस्तान्तरण सम्बन्धी अपने क़ानून में बदलाव भी लायें। काजिकस्तान–ब्राजील जैसे देशों ने उक्त अभिप्रेरणा से वांछित बदलाव किये भी हैं।

ऐसी वैश्विक 'भूमि लूट' के लक्षित देश पूर्वी अफ्रीका, सोवियत संघ से विघटित हुए छोटे–छोटे देश एवं एशिया में कम्बोडिया, लाओस, फिलिपीन्स, इंडोनेशिया आदि हैं।

इस वैश्विक 'भूमि लूट' में भारतीय पूँजीपति भी पीछे नहीं हैं। उदाहरणार्थ बैंगलुरु के फ्लोरिकल्चर टायकून साई रामकृष्ण करुतुरु के निवेश की बानगी को देखा जा सकता है। जिन्होंने इथोपिया में 3000 (तीन हज़ार) वर्ग किलोमीटर ज़मीन झटक ली है। जहाँ मक्का की कमी

भूख के रूप में प्रकट हो रही है वहाँ करुतुरु जी गुलाब की खेती कर रहे हैं। तंजानिया, मोजाम्बिक, कांगो, सेनेगल, सियरा लियोन, दक्षिण सूडान उनकी उड़ान के अगले पड़ाव हैं।

आदिवासी प्रति-संस्कृति

झारखण्ड के सुदूर आदिवासी इलाकों में एक दशक से ज़्यादा समय बिताने के क्रम में उनकी जीवन–शैली, चिन्तन–दर्शन की चार बातें–चार स्तम्भ आकर्षित करते रहे हैं, ये हैं : (I) प्रकृति के साथ गहरा तादात्म्य का भाव–समभाव, (II) सामुदायिकता में प्रबल आस्था, (III) श्रमरस में पगा स्वभाव, (IV) स्त्री के प्रति सहज सम्मान–समता का भाव।

यूँ तो हम सभी उसी निसर्ग के एक तुच्छ अंश हैं किन्तु हमारी यूरो सेन्ट्रिक–जीवन–शैली, आर्थिक–सांस्कृतिक–सामाजिक धारा हमें निरन्तर प्रकृति से दूर ले जा रही है। यूरोप की तरह प्रकृति पर विजय, उसकी लूट और भोग हमारा भी लक्ष्य हो गया है। किन्तु आज भी आदिवासी संस्कृति–समाज और आर्थिकी के केन्द्र में प्रकृति है। उसकी आदिवासियत, भौतिक और आधिभौतिक आवश्यकताएँ प्रकृति से जुड़ी हैं। उसके सर्वोच्च देवता सिंगबोंगा–धर्मेश सखुआ वृक्ष के झुण्ड में निवास करते हैं। वृक्षों की पूजा एक तरह से वनस्पति जगत के प्रति कृतज्ञता ज्ञापन है। अगर जीव जगत के आगमन के पूर्व लाखों वर्ष तक वनस्पति जगत वायुमण्डल से कार्बन डाईऑक्साइड ग्रहण कर प्रकाश संश्लेषण के द्वारा ऑक्सीजन नहीं छोड़ते रहते तो पृथ्वी जीवविहीन ही रहती। जीवमण्डल ही निर्मित नहीं होता। अतएव पूजा के रूप में यह कृतज्ञता ज्ञापन आदिवासी समाज के वैदिक–ब्राह्मण समाज में भी तुलसी पूजा, पीपल–वट पूजा के रूप में शामिल हुआ।

शंकराचार्य का अद्वैत दर्शन सभी जीवों में ईश्वर के अंश को महसूस करता है यह उसका एक ओर अपूर्व विस्तार है तो सीमा भी है। लेकिन जहाँ अद्वैत दर्शन की सीमा ख़त्म होती है वहीं से सरना दर्शन का प्रस्थान बिन्दु प्रारम्भ होता है। आदिवासी दर्शन, 'आदि धर्म', 'सरना धर्म', न केवल समस्त जीवजगत में बल्कि अजीवों में भी ईश्वर की मौजूदगी का अहसास करता है। उससे आध्यात्मिक जुड़ाव महसूस करता है। वह मरांगबुरु बोंगा के रूप में पहाड़, इकिर बोंगा के रूप में नदियों की आराधना भी करता है। समस्त जीवजगत–समस्त वनसम्पत्तियाँ गोत्र–टोटम के तौर पर उसके जीवन से जुड़ी हैं।

केन्द्रीकृत पूँजीवादी उत्पादन प्रणालियों ने न केवल सामुदायिकता को बल्कि परिवार की अवधारणा को भी तोड़ा है। औद्योगीकरण और सर्विस सेक्टर ने न्यूक्लियर परिवार की अवधारणा दी तो सूचना प्रौद्योगिकी ने 'लिविंग टूगेदर' विवाह विहीन, ज़िम्मेदारी विहीन जीवन शैली को जन्म दिया। समृद्धि के साथ अकेलेपन ने कई नयी बीमारी, मानसिक बीमारियों–विकारों को जन्म दिया। 'आत्महत्या' को उकसाया किन्तु आदिवासियत सामुदायिकता के साथ नाभिनाल के रूप में जुड़ी है। वही उसकी जिजीविषा है, वही आपदा–विपदा उसकी रक्षा करता है। कृषि और वन आधारित आर्थिकी बिना सामुदायिकता के चल नहीं सकती।

वर्णव्यवस्था से मुक्त समाज को हाथ से मेहनत को लेकर कोई कुण्ठा या झिझक नहीं है। श्रम की महत्ता को मार्क्सवाद का दर्शन या गाँधी की जीवन–शैली, वर्चस्वशाली धारा के सामन्ती–वर्णवादी मन में बैठा नहीं सकी वहीं आदिवासी समाज के पहान–पूजार–मानकी–पड़हा राजा के लिए भी हल, फावड़ा, खुरपी टाँगी पकड़ना वैसा ही है जैसा मछली के लिए पानी में तैरना।

श्रम आधारित जीवन–शैली ने स्त्रियों के प्रति सहज समता–सम्मान भाव का संस्कार दिया है। मुख्यधारा का 'जनानी–जननी' और आदिवासी समाज का 'सियानी' शब्द की व्याख्या इस गहरे फ़र्क़ को स्पष्ट करता है। जहाँ आदिवासी समाज अपनी स्त्रियों की बुद्धिमता–मस्तिष्क के सौन्दर्य, सियानेपन को 'सियानी' कह कर रेखांकित करता है। वहीं वर्चस्ववाली समुदाय स्त्री के गर्भ–त्वचा के स्तर पर ठिठका हुआ है। जबकि नारीवाद की धाराएँ इसी मस्तिष्क के सौन्दर्य को रेखांकित किये जाने की माँग तो दर्शकों से कर रही हैं।

''भारोपीय भाषा परिवार'' से जुड़ी कथित वर्चस्ववादी धारा का समाज अपने संस्कृत, लैटिन–अंग्रेज़ी, अरबी–फ़ारसी आदि की समृद्धि–सम्पन्नता पर इतना आत्ममुग्ध, इतना अहम्मन्यता भाव से भरा है कि अन्य भाषा परिवार की विशिष्टताओं पर नज़र भी नहीं डालना चाहता।

मुण्डा, सन्ताल, हो, खड़िया, खेरवार, बिरहोड़, असुर, उत्तरपूर्व के अधिकांश आदिवासी समुदायों की भाषाएँ ''आस्ट्रो–एशियाटिक भाषा'' परिवार की सदस्याएँ हैं। यह भाषा–परिवार ऑस्ट्रेलिया से एशिया तक फैले आदिवासी समुदायों में बोली–लिखी जाती है जो भाषा झारखण्ड के

मुण्डा बोलते–लिखते हैं वही भाषा न्यूज़ीलैंड के 'माओरी' और हंगरी के 'मग्यार' भी बोलते हैं।

इस भाषा–परिवार की सम्पन्नता का अन्दाज़ इस बात से लगाया जा सकता है कि कथित 'देव भाषा' संस्कृत या अंग्रेज़ी का कोई शब्दकोश मैंने अभी तक सोलह खण्डों में नहीं देखा। किन्तु जब बेल्जियम का एक युवा पादरी फादर जॉन हॉफमैन 1892 ई. में राँची पहुँचा तो मुण्डारी गीतों से आकर्षित हो कर 1898 ई. से मुण्डारी सीखनी प्रारम्भ की। 1914 ई. में प्रथम विश्व युद्ध के प्रारम्भ होते उसे भारत छोड़ना पड़ा। लेकिन उनका अध्ययन–लेखन चलता रहा और सोलह खण्डों में एन्साइक्लोपीडिया मुण्डारिका का प्रकाशन सम्भव हुआ।

उसी सन्तालों की इसी भाषा परिवार की भाषा सन्ताली का दस खण्डों में शब्दकोश पी.ओ. बडिंग ने प्रकाशित करवाया। डब्लू.जी. आर्चर की उपलब्धियाँ कुछ पंक्तियों में नहीं समा सकतीं।

आदिवासी सपने

वेरियर ऐल्विन और मरांग गोमके जयपाल सिंह मुण्डा के तर्कों से प्रभावित हो कर प्रथम प्रधानमन्त्री पण्डित नेहरू ने पंचशील का सिद्धान्त दिया था। इस सिद्धान्त के तत्त्व निम्नवत थे :

(i) आदिवासी जन अपनी चेतना और बोध के अनुसार आगे बढ़ें और हमें इन पर कोई चीज़ थोपने से परहेज करनी चाहिए।

(ii) आदिवासियों के ज़मीन एवं जंगल सम्बन्धी अधिकारों का आदर होना चाहिए।

(iii) हमें आदिवासियों के एक ऐसे कार्यदल को प्रशिक्षित करना चाहिए जो स्वयं प्रशासनिक और विकास कार्यों का संचालन कर सके। इसमें सन्देह नहीं है कि प्रारम्भ में कुछ तकनीकी व्यक्तियों की आवश्यकता होगी, जो बाहरी होंगे, लेकिन हमें आदिवासी क्षेत्रों में बाहरी लोगों की अधिकता बढ़ाने की प्रवृत्ति से बचना चाहिए।

(iv) इन इलाकों में प्रशासन अधिक नहीं बढ़ाया जाना चाहिए और न वहाँ कार्यक्रमों की भरमार होनी चाहिए। आदिवासियों की सामाजिक और सांस्कृतिक संस्थानों से

प्रतिस्पर्द्धा के बजाय उनके माध्यम से काम किया जाना चाहिए।

(v) हमें नतीजों की परख ख़र्च की गयी राशियों, आँकड़ों से नहीं करनी चाहिए बल्कि मानवीय जीवन के गुणवत्तापूर्ण विकास के आधार पर करनी चाहिए।

वैकल्पिक विकास का मॉडल

आदिवासी राष्ट्र भूटान के राष्ट्राध्यक्ष पूर्व राजा जिग्मे सिग्मे वांकचूक ने ग्रॉस नेशनल हैप्पीनेस का सिद्धान्त दिया था। जिसके चार स्तम्भों की व्याख्या बाद में निम्नवत की गयी :

(i) टिकाऊ विकास

(ii) सांस्कृतिक मूल्यों का संवर्द्धन एवं परिवर्द्धन

(iii) प्रकृति–पर्यावरण का संरक्षण एवं

(iv) सुशासन

लाभ–लोभ–लूट–वर्चस्व के पूँजीवादी कथित विकास के दर्शन के प्रतिकूल समता सामुदायिकता–सामंजस्य–सम्मान का सपना आदिवासी दुनिया अपनी आँखों में सँजोये है।

वैकल्पिक विकास का मॉडल-II

बैंगलुरु इंडियन इंस्टीट्यूट ऑफ साइंस के जीव विज्ञानी माधव गाडगिल एवं इतिहासकार, समाजविज्ञानी रामचन्द्र गुहा का वैकल्पिक विकास पर दस्तावेज़ नवम्बर 1989 :

1. वैकल्पिक विकास के रास्ते की, एक ऐसी रणनीति की तलाश हो रही है जो टिकाऊ होगी, जो बढ़ती हुई सामाजिक और आर्थिक असमानताओं के बढ़ते रुझानों को पलटेगी।
2. सबसे ऊपर, इनमें फ़ैसले लेने की प्रक्रिया के विकेन्द्रीकरण, उच्च प्राथमिकता के साथ ग्रामीण रोज़गार के निर्माण और एक अधिक खुली हुई, जवाबदेह शासन व्यवस्था की ज़रूरत शामिल है। ये सारे क्षेत्र पर्यावरणवादियों के सरोकारों के लिए बेहद प्रासंगिक हैं, क्योंकि यह केन्द्रीकृत नौकरशाह तरीक़े से निर्णयों का लिया जाना ही है, जो बहुत कम सार्वजनिक जवाबदेही के साथ इतने अदूरदर्शिता भरे, विध्वंसक विनाश की तरफ़ ले गया है।

3. यह विकास प्रक्रिया बिना इसके दूरगामी नतीजों या संसाधनों के इस्तेमाल की कारगरता के बारे में सोचे, संसाधनों के फौरी इस्तेमाल पर ज़ोर देती है। इस तरह संसाधनों की फ़िज़ूलख़र्ची बढ़ रही है, जिससे जुड़ी पर्यावरणीय और सामाजिक क़ीमत कहीं अधिक है। इन क़ीमतों को आबादी का वह हिस्सा, और बेशक अब तक अजन्मी पीढ़ियाँ, चुकाता है, जो ग़रीब, असंगठित और निरक्षर बना हुआ है। परियोजनाओं के विस्थापितों के पुनर्वास की समस्या की भारी अनदेखी ऐसा ही एक तरीक़ा है, जिसके ज़रिए ये क़ीमतें समाज के कमज़ोर तबकों पर थोपी जाती हैं। इसका एक दूसरी तरीक़ा जनता को अपने स्थानीय क्षेत्र के संसाधनों पर किसी भी नियन्त्रण से अलग देना और संसाधनों को व्यावसायिक ज़रूरतों को पूरा करने के लिए सौंप देना है। केन्द्रीकृत, नौकरशाह विकास की इसी पद्धति का नतीजा रहा है कि चल रही ग्रामीण रोज़गार योजनाओं ने नष्ट स्थानीय पर्यावरण के पुनर्वास में बहुत कम योगदान दिया है।
4. देश में जो कुछ भी चल रहा है, उसे सभी नागरिकों को जानने के अधिकार को कबूलना, विकास योजनाओं की निगरानी उस मशीनरी से स्वतन्त्र कराया जाना जो उन्हें कार्यान्वित कर रही हैं, और इसे सुनिश्चित किया जाना कि थोड़े भर अभिजात हिस्सेदार तबकों की व्यापक सहमति के बग़ैर फ़ैसलों को थोप नहीं सकते हैं, इन विकृतियों को दूर करने के क्रम में ये महत्त्वपूर्ण क़दम हैं। रक्षा योजनाओं समेत सभी विकास योजनाओं से सम्बन्धित, जिनमें पुनर्वास किया जाना है, सभी सूचनाएँ सभी नागरिकों के लिए खुली होनी चाहिए। (विशेष रूप से पहचाने गये सुरक्षा सम्बन्धी मामलों को छोड़कर) असल में उस व्यक्ति के लिए कड़ा दण्ड निर्धारित किया जाना चाहिए जो सूचनाओं तक पहुँच को बाधित करे और उनको पुरस्कार दिये जायें जो इसकी सूचना देने के लिए विशेष प्रयास करें।

सभी विकास परियोजनाओं के सामाजिक और आर्थिक लाभ–लागत का विश्लेषण विस्तृत परियोजना रिपोर्ट (डीपीआर) तैयार करते वक़्त ही ज़रूर किया जाये जबकि परियोजना अधिकारियों पर ऐसा विश्लेषण किये जाने को सुनिश्चित बनाने की ज़िम्मेदारी हो, उन्हें इसके लिए बाध्य

किया जाना चाहिए कि वे यह विश्लेषण स्वतन्त्र एजेंसियों के ज़रिए करायें, जिनकी पूरी पहुँच सभी प्रासंगिक सूचनाओं तक हो। साथ ही, यह एजेंसी भी अपने कामकाज के क्रम में, प्रासंगिक स्थानों पर जन–सुनवाई के ज़रिए सभी सम्बद्ध नागरिकों को इस प्रक्रिया में शामिल करे। परियोजनाओं के विस्थापितों के पुनर्वास की योजनाएँ, मुआवज़ा देकर वनों की कटाई की योजनाएँ, जलग्रहण क्षेत्र (कैचमेंट एरिया) का ट्रीटमेंट वग़ैरह को भी, डीपीआर बनाने के साथ–साथ, सभी विकास परियोजनाओं का एक अभिन्न हिस्सा बनाया जाना चाहिए और उनके पर्यावरणीय और सामाजिक क़ीमत–लाभ का आकलन भी इसी तरह जन–सुनवाई वाली एक प्रक्रिया के ज़रिए स्वतन्त्र एजेंसियों द्वारा किया जाना चाहिए।[14]

लेकिन ज़िद्द तो विकास के अमेरिकी मॉडल को लागू करने की ही है। 'ग्लोबल गाँव के देवता' के समालोचना के क्रम में डॉ. मैनेजर पाण्डेय राष्ट्र–राज्य द्वारा संसाधनों के जबरन हथियाने की इस प्रक्रिया को ज़्यादा बेहतर ढंग से व्याख्यायित करते हैं, "जब से पूँजी की शक्ति ने मिलजुल कर खनिज पदार्थों को हथियाने के लिए आदिवासी क्षेत्रों के जंगल और ज़मीन पर सम्मिलित रूप से हमला शुरू किया है तब से विभिन्न क्षेत्रों के आदिवासी समुदायों ने अपने अस्तित्व और अस्मिता की रक्षा के लिए सक्रिय प्रतिरोध करना आरम्भ किया है। इस प्रतिरोध को दबाने के लिए सरकार ने अभियान चला रखा है। आदिवासियों को ज़मीन से बेदखल करने और मार भागने के लिए पहले उनको दानव कहा जाता था अब उनको माओवादी कहा जाता है। यह दानवीकरण की प्रक्रिया की नयी भाषा है।"[15]

खनन प्रक्षेत्र कॉरपोरेट पूँजी की हृदयस्थली हैं। आदिम जातियों पर इनका ध्वंसात्मक प्रभाव कोई क्षेत्रीय स्थानीय समस्या भर नहीं है। नाइजिरिया–इक्वाडोर से लेकर उड़ीसा, छत्तीसगढ़, झारखण्ड, मध्य प्रदेश, कर्नाटक तक एक ऐसा ट्रीटमेंट। 'उनके' लिए विकास की डगर 'रेड इंडियन्स' की लाशों से होकर गुज़रती है। 'लिचिंग कार्निवल' अतीत की बात नहीं है। यह बदले रूपों नामों के साथ जारी है। 'मिथकीकरण' और 'दानवीकरण' की तरह ही इस इलाकों में चल रही 'अनुकूलन' और 'उन्मूलन' की प्रक्रिया समझने की आवश्यकता है।

अपने कार्यकाल के बाद के दिनों में पण्डित नेहरू ने 'विशालकाय परियोजनाओं' के आभासी सत्य को समझ लिया था। केन्द्रीय सिंचाई एवं

बिजली बोर्ड की 29वीं वार्षिक बैठक (17 नवम्बर, 1958) को सम्बोधित करते हुए नेहरू ने कहा था, ''लेकिन, पिछले कुछ समय से मुझे लगने लगा है कि हम उस बीमारी के शिकार हैं जिसे हम चाहे तो 'महाकायता की बीमारी' कह सकते हैं। हम दिखाना चाहते हैं हम बड़े बाँध बना सकते हैं और बड़े काम कर सकते हैं। भारत में यह एक ख़तरनाक नज़रिया पनप रहा है–महाकायता का विचार यानी सिर्फ़ यह दिखाने के लिए कि हम बड़े काम कर सकते हैं बड़े उद्यमों का निर्माण और दूसरे बड़े काम करना, एक स्वस्थ नज़रिया कतई नहीं है। और, ...देश का चेहरा आधा दर्जन जगहों पर जारी बड़ी परियोजनाओं, छोटे उद्योगों और छोटे विद्युत–संयन्त्रों से कही ज़्यादा बदलेगा।''[16]

महात्मा गाँधी के सबसे मशहूर कथनों में से एक यह है कि 'दुनिया में हरेक की ज़रूरतों को पूरा करने के लिए पर्याप्त चीज़ें हैं, लेकिन हरेक के लालच को पूरा करने के लिए नहीं।'

अन्त में अपनी कविता की इन पंक्तियों के साथ :

समझिए साहब

कैसे समझाएँ साहब
ये खतियान में दर्ज
ज़मीन के टुकड़े भर नहीं हैं,
हमारे खेत
हमारी भूख का विस्तार हैं
हमारे होने के सबूत।
यहाँ की हवा में
हमारे पूर्वजों की साँसें घुली हैं,
उनकी देह का ताप शेष है
इस पीली धूप में अब भी।
सब जानते हैं साहब
विश्वविजयी हैं
आपके यज्ञ के अश्व,
आपकी चतुरंगिणी सेना,
अरज बस इतनी
यहाँ आहिस्ता धरियेगा पाँव,
यह मिट्टी,

हमारे पूर्वजों की राख से बनी है,
उनके पसीने की नमकीन गन्ध
और हमारे बच्चों की किलकारियाँ
उठंग कर सोयी हैं वहीं।
हरीतिमा की गहरी जड़ों से
जुड़ी हैं हमारी सभ्यता की जड़ें
पहाड़, नदी, पेड़ों में
हमारे देवताओं का वास है।
और इस साखू का क्या करेंगे
जिसकी जड़ें मरती ही नहीं
हर चट्टान फोड़ कर फुनगती हैं।
हर गरजन पर भारी हैं
महुआ के टपकने
गुलईची के खिलने
और धान में दूध भरने की ध्वनियाँ
और आपको
कैसे समझाएँ साहब?

सन्दर्भ

1. धर्मानन्द कोसम्बी, 'भगवान बुद्ध : जीवन और दर्शन', पृ. 105
2. डिस्कशन विद ए कैपिटलिस्ट, यंग इंडिया, महात्मा गाँधी, 20 दिसम्बर, 1928
3. 'द सेम ओल्ड आर्ग्यूमेंट,' यंग इंडिया, महात्मा गाँधी, 2 जून, 1927
4. समयान्तर, अगस्त 2011, पृ. 13–14
5. प्रोग्रेस : एट हूज कास्ट, फर्नाडिंस, वाल्टर, पृ. 15–16
6. भारत सरकार, 28वीं व 29वीं रिपोर्ट ऑफ द कमिश्नर फॉर शिड्यूल कास्ट्स एंड शिड्यूल ट्राइब्स, नयी दिल्ली, 1988–89
7. सोशल इक्सक्लूज़न एंड एडवर्स इन्क्लूजन, पृ. 252–253
8. द हिन्दू, शुक्रवार, 23 जनवरी, 2015
9. समयान्तर, नवम्बर, 2014, आतिफ रब्बानी, आर्थिक असमानता का बढ़ता दायरा
10. अमित, भादुड़ी, विकास का आतंक, पृ. 9

11. उपभोग की लक्ष्मण रेखा, रामचन्द्र गुहा, पृ. 252–253
12. टू द सोशल सब्सिडी व्हिनर्स, प्लीज़ चेक कॉरपोरेट राइट ऑफ़ कॉलम
13. तहलका, अभिशप्त आदिवासी, अंक–31, जनवरी 2015
14. उपभोग की लक्ष्मण रेखा, रामचन्द्र गुहा, पृ. 223–225
15. उपन्यास और लोकतन्त्र, पाण्डेय, डॉ. मैनेजर, पृ. 212–213
16. अरुन्धति राय, न्याय का गणित, पृ. 209–210

विकास, विस्थापन और साहित्य

(सन्दर्भ : झारखण्ड)

रामजी राय

"...भूमण्डलीय अर्थव्यवस्था के आश्चर्यजनक विस्तार ने पर्यावरण को उपेक्षित किया है और इसलिए अन्धाधुन्ध और अनियन्त्रित आर्थिक विकास पर लगाम ज़रूरी हो गया है। हमारे पर्यावरण पर आर्थिक विकास के ख़तरनाक प्रभावों को रोकने अथवा नियन्त्रित करने और पूँजीवादी बाज़ार की आवश्यकताओं के बीच एक स्पष्ट द्वन्द्व खुलकर सामने आया है : लाभ की तलाश में विकास की अधिकाधिक निरन्तरता। यही पूँजीवाद की सबसे कमज़ोर कड़ी है। इस समय यह कहना मुश्किल है कि दोनों में से जीत किसकी होगी–पर्यावरण की अथवा लाभ की अनियन्त्रित मनोवृत्ति की।

मानव समाज और इतिहास के मार्क्स के विश्लेषण के तमाम केन्द्रीय पक्ष आज भी वैध और संगत हैं। स्पष्ट ही इसमें सर्वप्रथम है पूँजीवादी आर्थिक विकास की मोहासिक्त भूमण्डलीय गतिकी तथा इसके पूर्व के पारिवारिक संरचना सहित मानवीय अतीत की विरासत के ऐसे सभी अंगों का विनाश करने की इसकी क्षमता का मार्क्स द्वारा किया गया विश्लेषण। मार्क्स ने इस बात पर भी ज़ोर दिया है कि पूँजीवाद अतीत की विरासत के उन अंशों का भी विनाश करने में नहीं हिचकिचाता जिनसे यह स्वयं कभी लाभान्वित हुआ था। ...जिसे मार्क्स का अनुसरण करते हुए शुम्पीटर ने अन्तहीन 'सृजनात्मक विनाश' कहा है।" (एरिक हाब्सवास : हाउ टु चेंज द वर्ल्ड, 2011)

आज इस बात में किसी को कोई सन्देह नहीं रह गया है कि ग्लोबल पूँजीवाद के लाभ–लोभ के चलते दुनिया में ग़रीबी और पर्यावरण का संकट बढ़ता जा रहा है। अपनी लालच के सिवा उसके सामने आदमी

और प्रकृति की चिन्ता का कोई मायने नहीं रह गया है। विकास की पूँजीवादी अवधारणा या रास्ता विनाश का रास्ता बन गया है, वह जीवन और प्रकृति के विनाश का स्रोत बन गया है। आज दुनिया भर में कुलीन आर्थिक संस्थाओं–IMF (आइएमएफ), World Bank (वर्ल्ड बैंक), NFTA (एनएफटीए), WTO (डब्ल्यूटीओ), आदि के ख़िलाफ़ विद्रोह हो रहे हैं। विकास के वैकल्पिक रास्ते पर, न्यायोचित और टिकाऊ मानवीय विकास (Equitable and sustainable human development) के रास्ते का सवाल बहस के केन्द्र में आ गया है। यहाँ इस पर बहस में जाने का अवसर नहीं है लेकिन विकास के इस विनाश की पूरी तस्वीर देखनी हो तो हमें आदिवासी क्षेत्रों की ओर रुख करना चाहिए, जहाँ सबकुछ साफ़–साफ़ अपनी पूरी नग्नता के साथ मौजूद है।

झारखण्ड और उत्तर प्रदेश के सोनभद्र, मिर्जापुर के आदिवासी इलाके में मलेरिया महामारी के रूप में मौजूद है। बरसात में डायरिया फैलना एक आम बात। नदियों का पानी इस कदर प्रदूषित है कि स्वर्णरेखा के किनारे के ग्रामीणों में कुष्ट रोगियों की और सोनभद्र के कुछेक इलाकों में विकलांगों की संख्या तुलनात्मक रूप से बहुत ज़्यादा है। खान में काम करने वाली आबादी टीबी, और खाँसी के मरीज़ में बदल रही है। जादूगोडा के इलाके में रेडियो एक्टिव कचरे ने आदिवासियों की अगली पीढ़ी को ही विकलांग बना दिया। 90 के दशक के 'डायरेक्टरेट ऑफ़ हेल्थ सर्विसेज़' की और उसके बाद की भी इन इलाकों के स्वास्थ्य सम्बन्धी रिपोर्टें यही बयान करती हैं।

आदिवासी भारत के लगभग हर राज्य में हैं। 2011 की जनगणना के मुताबिक़ इनकी आबादी भारत की कुल आबादी का लगभग 8.6 फ़ीसद यानी 104 मिलियन है। पूरे देश में इन समुदायों की संख्या 600 से भी अधिक है। बेशक, हम 21वीं सदी में हैं और आदिवासी जीवन भी 21वीं सदी में आया है। इस नाते आदिवासी जीवन अब वही आदि जीवन नहीं है। उनके जीवन में बहुत कुछ बदलाव भी आये हैं, फिर भी पहले दुर्गम क्षेत्र होने के नाते आदिवासी इलाके जाति–वर्ण व्यवस्था से अपेक्षाकृत कम प्रभावित रहे। और श्रम की महत्ता, अन्तरसामुदायिक जीवन की उपस्थिति और व्यक्तिगत सम्पत्ति की अनुपस्थिति के नाते भी समानता का बोध, भोजन और अन्य ज़रूरतों के लिए वन, भूमि और जलस्रोतों पर इनकी

निर्भरता आदि ऐसी प्रवृत्तियाँ हैं, जो आदिवासी समाज की विशे आयीं और आज भी बहुत हद तक वे बनी हुई हैं जो इन्हें एक जोड़ती हैं।

पूँजीवादी विकास की तेज़ गति ने बड़ी संख्या में आदिवासी स को विस्थापित किया है। साथ में बहिरागतों की कई लहरों के आने यह भी हुआ कि जिन आदिवासियों की जनसंख्या पहले कुल आबाद में 70 : 30 के अनुपात में थी वह तब से लेकर आज तक में उलट कर 30 : 70 की हो गयी है। ज़मीन पर अधिकार के नाते आगे बढ़े और ईसाई मिशनरियों व ठक्कर बापा के आदिम जाति सेवा मण्डल के शिक्षण संस्थाओं के प्रयास से उराँव, सन्ताल, मुण्डा, खड़िया, हो समाज आदि के मुट्ठी भर लोगों ने शिक्षा पायीं, नौकरियाँ पायीं और एक छोटे मध्यवर्ग का निर्माण किया। बड़ी–बड़ी परियोजनाओं में छोटे–मोटे स्तर पर ठेका–पट्टी लेने, व्यवसाय–दूकान आदि में लगने से एक छोटे मध्यवर्ग का निर्माण हुआ। मगर इस मध्यवर्ग के इस छोटे से हिस्से को छोड़कर शेष आदिवासी समाज की स्थिति बद से बदतर होती गयी है।

बेघर होते, विनाश के कगार पर आदिवासी और प्रकृति

कबूतरों से उनके पेड़ विस्थापित हो चुके हैं
जड़ों में पानी नहीं कि वे सूख न सकें।

(अनुज लुगुन)

विस्थापन किसी का भी हो बहुत दुखदायी होता है। लेकिन आदिवासियों का विस्थापन तो मरण के दुःसह दुख की तरह है। कहने को तो देश हमारा घर है फिर विस्थापन का क्या मतलब? लेकिन विस्थापन किसी घर, स्थान या भूगोल से ही नहीं होता। वह घर, स्थान, भूगोल उस समुदाय या व्यक्ति का सभ्यता, संस्कृति और अन्तर्जगत होता है। आदिवासियों के लिए जंगल केवल जीविका का साधन नहीं, उनकी सभ्यता–संस्कृति का घर, उनके अन्तर्जगत का अंग है। आदिवासियों का विस्थापन उनके लिए अपने सभ्यता–संस्कृति के घर से, अपने अन्तर्जगत से विस्थापन होता है। वे जहाँ जाते हैं वह जगह उनके लिए अजनबी, अक्सर खूँखार होती है और वे उस जगह के लिए अजनबी और बाध्य हो जाते हैं।

पेड़, फल, फूल, जंगल, ज़मीन यही हमारे लिए सोना है

देश के 72 प्रतिशत वनज और अन्य प्राकृतिक संसाधन, 90 प्रतिशत कोयला खदान और 80 प्रतिशत खनिज सम्पदा आदिवासी इलाकों में ही है। इसके बावजूद आदिवासी यहाँ हाशिये पर ही हैं। 85 प्रतिशत आदिवासी सरकार द्वारा घोषित ग़रीबी रेखा के नीचे गुज़र–बसर कर रहे हैं। अंग्रेज़ों द्वारा बड़े पैमाने पर प्राकृतिक संसाधनों के दोहन की प्रक्रिया में अपनी ज़मीन और जंगल से आदिवासियों की बेदखली और उनकी सामुदायिक आर्थिक–सांस्कृतिक व्यवस्था के नाश का जो सिलसिला शुरू हुआ था, वह और भी विकराल रूप में जारी है। सलवाजुडूम को उसके प्रतिनिधि उदाहरण के रूप में देखा जा सकता है।

आदिवासियों की अपनी आज़ादी की लड़ाई का सिलसिला लम्बा है और आज भी जारी है। आदिवासियों ने भारत की अंग्रेज़ों की गुलामी से आज़ादी की लड़ाई को अपनी आज़ादी के रूप में देखा था।

देश की आज़ादी मिलने के साथ आदिवासी समाज ने भी राहत की साँस ली थी। उनके कण्ठ से विजय और उल्लास के गीत निकले : रावण–राज्य समाप्त हुआ, सती सीता धरती पर आयी, आकाश में तिरंगा लहराने लगा (अब हमारे दिन भी बहुरेंगे।)

रावण–राज सेनो जना
सती सीता हिजु लेना, धरती रे
तिरंगा उटंग जना, सिरमा रे

(रामदयाल मुण्डा)

पंचवर्षीय योजनाओं में विकास के काम शुरू हुए तब झारखण्ड के आदिवासी लोगों ने भी उमंग का अनुभव किया–

गूँजे बी.डी.ओ. के नाम
काम खुले धूमा–धाम
गाँवें–गाँव सड़क बनवाएँ गोइ साजइन,
मिली–जुलि रुपिया गनवाएँ गोइ साजइन

(नईमउद्दीन मिरदाहा)

खोरठी भाषा के कवि श्रीनिवास पानुरी ने सन्तोष व्यक्त किया–

आइज छोटानागपुरें,
प्रगतिक चक्का घुरें।

लेकिन यह सपना ज़्यादा देर कायम नहीं रहा, बिखरने लगा। यह स्पष्ट होने लगा कि यह आज़ादी यहाँ के मूल निवासियों की नहीं बल्कि नवागंतुकों के लिए आयी है।

अब शोषण का चक्र और भी रफ़्तार से घूमने लगा। विस्थापन और दरिद्रता आदिवासियों की जैसे नियति दिखने लगी। गीतों के सुर अब बदलने लगे। उमंग की जगह उदासी और अपनत्व की जगह परायेपन के तल्ख स्वर गूँजने लगे–

बनली परदेशी निज घरे
छोइड़ के भगलयं डेरा सोमरा मँगरा,
सेइ ठाँवें बनल रे भवन अनकरे,
बनलीं परदेशी निज घरे

(मुकुन्द नायक)

अब इस क्षेत्र की सभी भाषाओं में यह पीड़ा और बेचैनी अभिव्यक्त होने लगी। क्षितीश कुमार ने कुडुख भाषा के अपने गीत में कहा–मत रो माँ, मत रो, मैं तेरे लिए अपना सारा जीवन निछावर कर दूँगा :

अम्बा चींखय आइयो, अम्बा चींखय,
निंघर लागि जनम गंवाबोन आइयो, अम्बा चींखय।

जातीय जागरण, प्रकृति प्रेम और जीवन सौन्दर्य के गीत गाने वाले यहाँ के मूर्धन्य कवि और गीतकार ढलती सन्ध्या के गीत गाने को विवश हो गये–

साँझ पूछे किरन हम कहाँ चइल आली गो
भोर पातर गली, दूरे–दूरे छोड़इ आली,
दुपहरी ताप पथ में हेराली गो,
साँझ पूछे किरन, हम कहाँ चइल आली गो
हम कहाँ चइल आली
नींद टूइट गेलइ बीचा–बीचे, मोर सपना महल मेइट गेल,
नींझल दीया जइसन करम विधि देल

(नींझल दीया)

आज़ादी के बाद

एक मोटे आँकड़े के मुताबिक़ हमारे देश में पिछले 50 वर्षों के दौरान बड़ी परियोजनाओं मसलन बड़े–बड़े बाँधों, खदानों, उद्योगों, वन्य–जीव संरक्षण

क्षेत्रों (वाइल्ड लाइफ सैन्क्चुअरिज), फिल्ड फायरिंग रेंज आदि के चलते लगभग 2 करोड़ 13 लाख लोग विस्थापित हुए हैं। इसमें से 40 प्रतिशत संख्या, लगभग 85 लाख, अकेले आदिवासी/मूलवासी लोगों की है। इन विस्थापितों में से महज़ एक चौथाई का रिसेटिलमेंट हुआ। बाक़ी बचे लोगों को स्थानीय प्रशासन द्वारा क्षतिपूर्ति के एवज़ में मनमाने तरीक़े से कुछ नकद ले–दे कर उन्हें सदा के लिए भुला दिया गया।

आइए एक उड़ती नज़र झारखण्ड में 1950 से 1995 तक की अवधि में विस्थापन और अधिगृहीत ज़मीन की स्थिति पर एक सरसरी नज़र डालें।

(1990–1995)

परियोजना का नाम	**गाँवों की संख्या**	**लोगों की संख्या**	**क्षेत्रफल (एकड़)**
नेत्रहाट फील्ड फायरिंग	245	235 लाख	6,25,000
कोयल कारो बाँध	250	2.5 लाख (90% आदिवासी)	66,000
संघ बाँध	208	46694 (35187–आदिवासी)	19,000
वाइल्ड एनिमल सेंक्चुरी	79 मौजा		45,790
चंडिल बाँध (सिंहभूम ज़िला)	120	6773	43,500
ईचा बाँध (सिंहभूम)	5600 परिवार	28,800	21,000 एकड़ बिहार 10,500 एकड़ उड़ीसा इसमें 10,000 एकड़ फॉरेस्ट लैंड शामिल है।
मयूरबोली बाँध (बिहार)			
मेझन बाँध (बिहार–बंगाल)			
हिरकुम बाँध (उड़ीसा)			
मदिरी बाँध (उड़ीसा)	18,936 परिवार	94,680	37,645
		कोयला कम्पनी	
सीसीएल	32,751 परिवार	163,755	1,20,300
इसीएल			80,000
	पूर्व परियोजनाएँ		

टिस्को	7,000 परिवार	35,000	3,564 एकड़ जमशेदपुर 34,432 एकड़ आदित्यपुर
बोकारो स्टील प्लांट	12,487 परिवार	64,950	9,200
सुवर्णरेखा मल्टी परपर प्रोजेक्ट	68,400 परिवार		34,2000 85,000
तेनूघाट थरमल पावर	76,300 परिवार		3,81,500 97,843
कुल जोड़ (टोटल)	17,10,787 लोग		24,15,698 एकड़

सरकारें उद्योग और खदानों के लिए नीतियाँ बनाने में तो पूरी तत्परता से व्यस्त हैं लेकिन यह जो औपनिवेशिक काल से विस्थापन चला आ रहा है उसमें आज भी आदिवासियों/मूलवासियों के पुनर्वास (रिहैबिलिटेशन) की कोई योजना, कोई नीति किसी सरकार के पास नहीं है, न ही इससे उनकी कोई दिलचस्पी है।

जो हो, लेकिन इस स्वप्नभंग से उपजे उदासी और अवसाद के बीच भी आदिवासी समाज जल्दी ही फिर इस सबसे बाहर आता है और अपने हक की लड़ाई में उतरने लगता है। आदिवासी जीवन, उसकी समस्याओं और संघर्षों से हिन्दी साहित्य की दूरी बनी रही है जो बाद को टूटती है, फिर भी उतनी नहीं जितनी चाहिए। इस पर अपनी बात 1960–61 में लिखी मुक्तिबोध की एक कविता के अंश से शुरू करना शायद ठीक होगा।

आदिवासी

हम आदिवासी जन बहुत–बहुत अनुभवी
अनेक विधि फल चख कर बार बार
हमने ही दुनिया में प्रथम बार
खाद्य अखाद्य सब ठहराया
मनुष्य का भोजन निश्चित किया
हम आदि वैज्ञानिक।
किन्तु है हममें भी दोष एक
कई बार ज़हरीली नालियाँ
दिमाग़ी रगों में बह उठती हैं
किन्तु हमें दुख है कि उनमें का पोटैश सब

और गन्धक निकाल नहीं पाते हम
बस उन द्रव्यों को महसूस ही करते रह जाते हैं!!
पीले पोटैश और पीले उस गन्धक से
ज्वाल–रूप दुलहिन की साड़ियाँ बनती हैं!!
ओ आदिवासियो, बनाओ ये साड़ियाँ
मनुष्य के जंगल के
दण्डकारण्य का दहन करो
एक कृष्ण ने दाह किया खाण्डव का
वही कृष्ण तुममें भी पैदा हो
ध्यान रखो
मनुष्यों के जंगल में
तुम्हारी कुमारियाँ और नारियाँ भ्रष्ट हुईं
कौन नहीं जानता कि कई रोग हमारे ये
उनके ही देन हैं।
स्याह आदिवासी हम
कुली हम खलासी हम
हम हब्शी हम मेहतर हम ग़रीब शिक्षक हैं
कि जिन्हें पिछले महीनों से
अवेतन ही रहना पड़ा है और
मनुष्यों के जंगल में पड़ा है ख़ूब घूमना
निःसहाय!!
किरासिन–बू–लदी भभक और दाव
हमें नित्य कहना पड़ा है–'सा' ब!!''
ओ आदिवासियों, पृथ्वी के पहचानो अपने को...

'मैला आँचल' (1954) हिन्दी का सम्भवतः पहला उपन्यास है जिसमें संथाल आदिवासियों के थोड़े से जीवन प्रसंग हैं। पूर्णियाँ में ज़मींदार संथाल आदिवासियों को खेती के काम के लिए लाये थे। संथालों ने जंगल काट कर खेत भी बनाया था। ज़मींदारी प्रथा ख़त्म होने की घोषणा से उन्हें लगा कि अब ज़मीन उनकी हो जायेगी। जब ज़मीन पर कब्ज़े के नारे के साथ सोशलिस्ट पार्टी सदस्यता अभियान चलाती है, रेणु ने लिखा है कि तब 'संथाल टोली का एक भी आदमी ग़ैर–मैम्बर नहीं रहा।' लेकिन ज़मीन बन्दोबस्ती के वक़्त संथाल अकेले पड़ जाते हैं। सभी

जातियों के भूस्वामी एकजुट होकर उन्हें बाहरी घोषित कर देते हैं। यहाँ तक कि सभी पार्टियों–कांग्रेस, हिन्दूवादी और सोशलिस्ट का भेद ख़त्म हो जाता है। आदिवासी हक़ के लिए लड़ते हैं, उसमें चार संथालों की जान जाती है, सात घायल होते हैं और उनकी औरतों के साथ बलात्कार होता है। (पूर्णियाँ में आज भी आदिवासी समाज का भूस्वामियों के ख़िलाफ़ प्रतिरोध संघर्ष जारी है। हाल ही में दिवंगत हुए साहित्यकार सुरेन्द्र स्निग्ध का उपन्यास 'झाड़न' उस संघर्ष को अपना विषय बनाता है।)

'मैला आँचल' में क़ानून और पुलिस प्रशासन का चेहरा भी आदिवासी–विरोधी दिखाई पड़ता है। देश की आज़ादी की घोषणा के साथ मुक़दमे का फ़ैसला आता है, वह 'सुराज' का चरित्र स्पष्ट कर देता है। रेणु लिखते हैं–मुक़दमा में भी सुराज मिल गया। सभी संथालों को 'दामुल हौज' (आजीवन कारावास) हो गया।

1967 नक्सलबाडी आन्दोलन

बेशक, 'मैला आँचल' में ग़ैर–आदिवासी खेहितर मज़दूरों की संथालों से दूरी बनी रहती है, मगर उपन्यास के प्रकाशन के 13 साल बाद 1967 में नक्सलबाडी में भूमिहीन आदिवासी किसानों ने विद्रोह किया, तब उसकी लपट ग़ैर–आदिवासी खेतिहर मज़दूरों और किसानों तक पहुँचने में कोई बाधा नहीं आयी।

नक्सलबाडी आन्दोलन ने जैसे साहित्य की धुरी ही बदल दी। नगराभिमुख साहित्य गाँवों की ओर मुड़ा। (आलोक धन्वा : गोली दागो पोस्टर) उसी के साथ हिन्दी साहित्य का भूगोल भी बदला। उसने हिन्दी साहित्यकारों को भी आदिवासी समस्याओं और संघर्षशील एवं प्रतिरोधी आदिवासी चरित्रों के बारे में लिखने के लिए प्रेरित किया। महाश्वेता देवी के 'जंगल के दावेदार', 'तिलका मांझी पर सालगिरह की पुकार', 'चोटिमुण्डा और उसका तीर', 'अग्निगर्भ', 'टेरोडैक्टिल' आदि उपन्यास और कहानी संग्रह आये और उसी रफ़्तार से हिन्दी में उनके अनुवाद भी। इसी के साथ हिन्दी साहित्य में आदिवासी जीवन और प्रश्नों पर मौलिक रचनाओं की भी शुरुआत हुई। बेशक, अब भी उतनी नहीं जितनी चाहिए।

तथ्य यह है कि अभी भी 90 प्रतिशत आदिवासी जीविका के लिए कृषि और वनज उत्पादनों पर निर्भर हैं। मगर एक ओर जहाँ कृषि की हालत ख़राब होती गयी है, वहीं वनों को आदिवासियों के लिए लगभग

प्रतिबन्धित कर दिया गया है। आदिवासी मज़दूरों की संख्या निरन्तर बढ़ती जा रही है और उनका विस्थापन भी तेज़तर हुआ है। हिन्दी में आदिवासी केन्द्रित उपन्यासों की संख्या अभी भी बहुत नहीं है लेकिन जो भी है उनमें आदिवासी जीवन के इन मूल प्रश्नों और उनके संघर्षों को अपना विषय बनाया गया है। मिजो आन्दोलन के कारणों को उजागर करता उपन्यास 'जहाँ बाँस फूलते हैं' (श्रीप्रकाश मिश्र), अपनी ज़मीन, रोज़गार, स्त्री–सम्मान, प्राकृतिक संसाधनों के सामूहिक उपयोग की चेतना से सम्बन्धित 'धार' (संजीव), आदिवासी जीवन की बुनियादी समस्याओं को केन्द्र कर धर्मान्तरण पर सवाल उठाता 'काला पादरी' (तेजिन्दर), जरायमपेशा जाति घोषित कबूतरा जनजाति की स्त्री के जीवन–संघर्ष पर केन्द्रित 'अल्मा कबूतरी' (मैत्रेयी पुष्पा), राजस्थान की जनजातियों पर केन्द्रित 'गमन' (हबीबी कैफ़ी), झारखण्ड आन्दोलन पर केन्द्रित 'गगन घटा घहरानी' (मनमोहन पाठक), झारखण्ड आन्दोलन पर बहस छेड़ता 'पाँव तले की दूब' (संजीव), आदि के उपन्यास इस दृष्टि से महत्त्वपूर्ण हैं।

शातिर भूमिका में सरकार

हाल के वर्षों में नयी बात यह हुई है कि भूमि अधिग्रहण के औपनिवेशिक काल से चले आये क़ानून में किसान आन्दोलनों के बाद 2013 में जो संशोधन हुआ, उसके बाद से सरकारों ने अब यह काम पूरी तरह से देशी–विदेशी पूँजीपतियों के हवाले कर दिया है। अब सरकार आमतौर पर भूमि अधिग्रहण में हाथ नहीं डाल रही। अब वह सीधे पूँजीपतियों को ज़मीन ख़रीदने में लगा रही है और ख़ुद इस काम में उनकी सहयोगी की भूमिका में आ गयी है।

अब अधिकांश मामलों में निजी कम्पनियाँ ही जमीन ख़रीदती हैं। वह भी औने–पौने में मनमानी तरीक़े से। इसके लिए वे आदिवासी जनता से कोई राय–बात भी नहीं करते। बेशक, अगर किसान, आदिवासी इसका विरोध करते हैं तो सरकार और स्थानीय प्रशासन उनके ख़िलाफ़ दमन करने में पूरी ताक़त लगा देते हैं। सच कहिये तो जंगल, जलस्रोत और खनिज सम्पदा पर अबाध अधिकार के रास्ते में आदिवासी/मूलवासी बाधक है और सरकार उन्हें हर क़ीमत पर ख़त्म कर देना चाहती है। अधिक हुआ तो पूँजीपतियों के हक़ में स्थानीय प्रशासन क्षतिपूर्ति के नाम पर मनमाने तरीक़े से कुछ नकद (कैश) देकर मामले को रफादफा करवा देता है।

झारखण्ड में विस्थापन आदिवासी मसलों के अध्येता स्टन स्वामी (stan swamy) ने अपने एक लेख में इस बाबत झारखण्ड के संथाल परगना क पाकुड़ ज़िले का एक दिलचस्प उदाहरण दिया है। झारखण्ड सरकार ने कोयला खदान के लिए एक निजी कम्पनी (PANEM) को लाइसेंस दिया। उस कम्पनी ने अपनी पुनर्वास नीति घोषित की–पहले एक एकड़ पर 50,000 रु., दूसरे पर 30,000 और तीसरे एकड़ पर 20,000 रु. दिये जायेंगे। अगल–बगल ली जाने वाली सारी ज़मीन एक तरह की, एक गुण वाली लेकिन रेट अलग–अलग। अब इस बेतुकी नीति के पीछे क्या तर्क है यह कोई भी समझ सकता है। लेकिन झारखण्ड सरकार ने इस प्रोजेक्ट को हरी झण्डी दिखा दी। ज़ाहिर है लोगों ने इसे मानने से साफ़ इन्कार कर दिया।

पुनर्स्थापन बनाम पुनर्वास

यहाँ इस बात को स्पष्ट कर देना भी ज़रूरी है कि पुनर्स्थापन (Resettlement) पुनर्वास (rehabilitation) नहीं है। पूँजीपति तो पूँजीपति सरकार भी पुनर्स्थापन को जैसे–तैसे मान लेती है लेकिन पुनर्वास को आज तक उसने भी नहीं माना है। पुनर्स्थापन में विस्थापित व्यक्ति को रहने या खेती के लिए ज़मीन का एक टुकड़ा और कुछ ज़रूरी सुविधा–साधनों के लिए कुछ पैसे दे दिये जाते हैं। अब यह उस विस्थापित व्यक्ति पर निर्भर करता है कि वह वहाँ जाकर बस जाये। यह समुदाय को बिखेर देने का आजमाया हुआ तरीक़ा भी है। इस तरह वह समुदाय बिखर जाता है। आदिवासियों के लिए सामुदायिक जीवन प्राणवायु है। इसके बग़ैर वे निष्प्राण हो जाते हैं। और इस तरह विस्थापन सरकारों के हाथों आदिवासी आबादी को मार डालने के हथियार में बदल जाता है।

दूसरी तरफ़ पुनर्वास का अर्थ है कि जिस समुदाय को आप विस्थापित कर रहे हैं उसे समुदाय के बतौर रहने की व्यवस्था आपको करनी पड़ेगी। आदिवासियों के मामले में आपको उनके पूजास्थल (सरना), उनके पूर्वजों के आरामगाह (क़ब्रगाह) पर रखा पत्थर (ससंदिरी), उनके पशुओं के सामूहिक चरागाह, उनके युवकों के लिए सांस्कृतिक प्रशिक्षण केन्द्र (दमकुरिया) आदि उनके सामुदायिक जीवन के अंग हैं। इन्हें जहाँ--तहाँ स्थानान्तरित नहीं किया जा सकता। अब धन के लोभी पूँजीपति और उनके सहयोग में खड़ी सरकारों को यह कैसे रुचे–पचेगा यह सहज ही

समझा जा सकता है। इसका सबसे बड़ा प्रमाण तो यही है कि आज तक किसी सरकार ने कहीं के भी विस्थापितों का पुनर्वास नहीं किया है। ऐसा तब जब झारखण्ड के 1984 के कोयल–कारो बाँध परियोजना के ख़िलाफ़ सुप्रीम कोर्ट में केस फ़ाइल किया गया, जिसपर अपने फ़ैसला में कोर्ट ने कहा कि पहले सरकार को लोगों की इच्छानुसार जैसा वे चाहते हैं दो मॉडल गाँव बनाने पड़ेंगे और उसे लोगों को दिखाना पड़ेगा। मज़ा यह है कि सरकार ने आज तक ऐसा नहीं किया लेकिन वह लगातार कहती आ रही है कि वह मुआवज़े की राशि को बढ़ा देगी बशर्ते लोग राजी हो जायें। ज़ाहिर है लोगों ने सरकार के इस प्रस्ताव को नकार दिया।

झारखण्ड जहाँ 36 लाख आदिवासी पहले से ही विस्थापित किये जा चुके हैं और सरकार हर रोज़ ज़मीन अधिग्रहण के एएमयू पर दस्तख़तें करती जा रही है, जिससे और बड़ी आदिवासी आबादी विस्थापित होगी लेकिन वह क्षण भर के लिए भी पुनर्वास की कोई नीति बनाने पर विचार करने के लिए तैयार नहीं है।

नये सिरे से पत्थरगड़ी आन्दोलन

इस हालात में झारखण्ड, उड़ीसा, छत्तीसगढ़ के भीतर आदिवासियों ने आन्दोलन के नये तरीक़े, जो उनके लिए उनकी पुरानी परम्परा रही है, अपनाने और संघर्ष में उतरने की ठान ली है। ऐसा ही एक परम्परागत तरीक़ा उन्होंने अपनाया है पत्थलगड़ी (पत्थर गाड़ना) का।

पत्थलगड़ी प्राचीन समय से चली आ रही परम्परा है जिसका निर्वाह लोग आजतक करते आ रहे हैं। लोग अनेको तरह की पत्थलगड़ी करते हैं। ब्रिटिश शासन काल में जब छोटानागपुर क्षेत्र में स्थायी बन्दोबस्ती क़ानून लागू किया गया और ज़मीन की लिखा–पढ़ी होने लगी तो इस क्षेत्र में बाहरियों ने अवैध रूप से ज़मीन अपने नाम मे लिखवा ली। इस कारण से यहाँ विद्रोह भड़क उठा और ये मामला न्यायालय में चला गया। उस समय न्यायालय कलकत्ता में हुआ करता था। जब न्यायालय ने ज़मीन का सबूत माँगा तो इस इलाके के लोग पत्थलगड़ी के पत्थर को ही ढो कर पैदल कलकत्ता ले गये और न्यायालय के समक्ष इसी पत्थलगड़ी के पत्थर को ज़मीन के सबूत के रूप में न्यायालय के समक्ष पेश किया। न्यायालय ने पत्थलगड़ी के पत्थर को सबूत के तौर पर माना और आदिवासियों की विधि और प्रथा को मान्यता प्रदान की। पत्थलगड़ी आदिवासी समुदाय की पारम्परिक प्रथा है और संवैधानिक भी।

आज़ादी के 70 साल के बाद भी यहाँ के लोग मूलभूत सुविधाओं से महरूम हैं। यहाँ के आदिवासियों का विश्वास सरकार के ऊपर से उठ चुका है। इसलिए उन्होंने अब अपने गाँवों की सीमाओं में पत्थलगड़ी करने का काम ज़ोरशोर से शुरू कर दिया है। इस पत्थल में वे संविधान के अनुच्छेदों यथा 13 (3) (क), 244 (1), 244 (2), 141 (1), 19 (5), 19 (6), सहित आदिवासियों से सम्बन्धित सुप्रीम कोर्ट के फ़ैसलों को पत्थर में उकेरना शुरू कर दिया है।

इस इलाके का पहला पत्थलगड़ी 09 मार्च 2017 को भंडरा गाँव में करने के साथ ही इस ज़िले के अन्य 300 गाँवों में पारम्परिक तरीक़े से कर दिया गया है। इसके बाद गाँव में बिना अनुमति अन्य लोगों के प्रवेश पर प्रतिबन्ध लगा दिया गया है। अगर आपको उस गाँव में प्रवेश करना है तो उन लोगों के माध्यम से गाँव के मुण्डा के पास जाकर गाँव में प्रवेश की अनुमति माँगना है। ग्राम सभा की अनुमति के बाद उन्हें गाँव में प्रवेश की अनुमति प्रदान की जाती है। यदि ग्राम सभा आगन्तुकों के उद्देश्य से सन्तुष्ट नहीं हो पाती है तो उन्हें अनुमति नहीं भी दी जा सकती है।

पत्थलगड़ी किये जाने के तात्कालिक कारण

15 सितम्बर, 2016 को सीएनटी और एसपीटी एक्ट में संशोधन के ख़िलाफ़ राँची में आयोजित विरोध प्रदर्शन में सम्मिलित होने के लिए जाने के क्रम में सायको के पास पुलिस ने शान्तिपूर्ण तरीक़े से जा रहे लोगों को रोका और गोली चलाकर कुछ लोगों की हत्या कर दी और कई लोग इस गोली चालन में घायल भी हुए। इस घटना के बाद पुलिस एवं प्रशासनिक अधिकारियों को रोकने का काम पत्थलगड़ी द्वारा शुरू हुआ। खूँटी ज़िला के पत्थलगड़ी आन्दोलन ने पिछले 6–8 महीना के दौरान ज़िला के उपायुक्त, डीसी सहित कई सरकारी अधिकारी व पुलिसकर्मियों को कम–से–कम 2 बार बन्धक बनाकर क़रीब 15–15 घण्टा गाँव में रात भर खुले आसमान के नीचे बैठाकर रखा था। झारखण्ड की सरकार इसे माओवादी/आतंकवादी/विदेशी एजेंट की संज्ञा देकर इस पर दमन भी चला रही है। अब इस आन्दोलन में ज़मीन अधिग्रहण से लेकर शिक्षा–स्वास्थ्य तक के मुद्दे जुड़ते जा रहे हैं। अब किसी भी क़ीमत पर आदिवासी जनता अपनी बची–खुची ज़मीन, जंगल, पहाड़, जलस्रोत, व खनिज सम्पदा को तथाकथित विकास और आर्थिक तरक्की के नाम पर कॉरपोरेट घरानों को देने के लिए तैयार नहीं है।

अपने नये तेवर में साहित्य

इधर हाल के वर्षों में आये और वंचित हुए उपन्यासों, कविताओं पर नज़र डालें तो नये दौर में साहित्य भी अपनी नयी भूमिका और तेवर लेकर सामने आ रहा है। असुर समुदाय के जीवन संघर्ष पर केन्द्रित 'ग्लोबल गाँव का देवता' और आदिवासी समुदाय के अपने अधिकार और जीवन मूल्यों पर कॉरपोरेट पूँजी के हमले के ख़िलाफ़ उनके प्रतिरोध को विषय बनाता 'ग़ायब होता देश' (रणेन्द्र) व महुआ माँजी के उपन्यास अपने समय और संघर्ष की जटिलताओं को गहराई से पकड़ने और रचनात्मक रूप देने के लिए उल्लेखनीय हैं।

हिन्दी कविताओं में भी आदिवासी जीवन के शौर्यपूर्ण संघर्षों की अनुगूँज लिए समकालीन संघर्षों को और जीवन दशाओं व आदिवासी जीवन मूल्यों को समेटे बहुत सारी अच्छी कविताओं ने अपनी ख़ास पहचान बनायी है। जिसमें आदिवासी और ग़ैर–आदिवासी दोनों तरह के रचनाकार हैं। अनुज लुगुन की एक कविता 'बाघ और सुगना मुण्डा की बेटी' में मुक्तिबोध और नागार्जुन दोनों की अनुगूँज और दृष्टि समाहित है, जिनसे हमने कविता पर बात की शुरुआत और अन्त किया है। अनुज लुगुन की इस कविता के 'अथ प्रवेश कथा' खण्ड का अंश आज मनुष्यों के दंडकारण्य की स्थिति स्पष्ट करने के लिए काफ़ी है–

'अब तक यह बताया जाता रहा है और जाना जाता रहा है कि बाघ का ठिकाना जंगल है। यह मानव सभ्यता के इतिहास का एकांगी और एकतरफ़ा ज्ञान रहा है, जिसने एक वर्चस्व को जन्म दिया और हम उस वर्चस्व का लगातार पालन करते रहे हैं। इस वर्चस्व का जिसने प्रतिरोध किया उसे मानवीयता के दरजे से भी पदच्युत कर दिया गया। चूँकि अब जंगल तेज़ी से समाप्त हो रहे हैं और इसलिए बाघ का ठिकाना और स्वरूप भी बदल गया है। अब एक तरफ़ जंगल, पहाड़ और नदियाँ हैं तो दूसरी तरफ़ बाघ है। एक तरफ़ बाघों की तस्करी हो रही है, दूसरी ओर बाघों की जनसंख्या बढ़ाने के लिए जंगलों में सरकारी 'बाघ प्रजनन परियोजनाएँ' चलाई जा रही हैं।

कल की ही बात है। सुगना मुण्डा की बेटी ने मनुष्यों के एक समूह को भूखे बाघ के हिंसक आवेग के साथ अपने गाँव में हमला करते हुए देखा। वह घबराई, 'इतने सारे 'कुनुईल' कहाँ से आ गये? चानर–बानर, उलट्बग्घा कहाँ से आ गये?' वह अपने समाज में अपने भाइयों की ओर

दौड़ी, वहाँ भी उसने कुछ 'चानर–बानर' को टहलते हुए देखा। वह डर कर उनके हमलों से बचने के बारे में योजना बनाने लगी।

उसने देखा कि एक तरफ़ तो समूहों में आये बाघ उसे और उसके समुदाय को 'जंगली' सम्बोधन देकर घृणा प्रकट कर रहे थे वहीं दूसरी ओर उसने देखा अपने लोगों के बीच से ही 'चानर–बानर' बनने वाले शिकार की खोज में घूम रहे हैं। उसने सोचा चूँकि उसके पुरखे, पिता और भाई ऐतिहासिक हैं इसलिए वह जो कुछ देख रही है वह स्वप्न नहीं हो सकता है और न ही कोई साहित्यिक परिकल्पना।'

चित्रकला में भी नये लोगों ने काफ़ी कुछ काम किया है। और फ़िल्मों के बारे में सब वाकिफ होंगे जिसमें हाल में आयी न्यूटन फ़िल्म की काफ़ी चर्चा हुई। इस दिशा में डाक्यूमेंट्री फ़िल्मों ने कठिन आदिवासी जीवन, उनकी जटिल समस्याओं और संघर्षों को सामने लाने में काफ़ी असरदार भूमिका निभाई है।

सोवियत संघ के बाद लिखी, सघन जंगल के बीच आदिवासियों की एक सभा पर नागार्जुन की एक कविता के अंश के साथ यहाँ बात समाप्त करना प्रासंगिक होगा–

"ज़िन्दाबाद हमारे तीर कमान
ज़िन्दाबाद हमारे जंगल
ज़िन्दाबाद हमारी नदियाँ
ज़िन्दाबाद हमारे पहाड़
ज़िन्दाबाद हमारे सूअर
ज़िन्दाबाद हमारी मुर्गियाँ
बाक़ी ने दुहराया–ज़िन्दाबाद
तीरों की होती है एक जात
किसी की नहीं सुनो आलतू–फालतू एक भी बात
ग़रीबों की होती है एक जात
किसी की नहीं सुनो आलतू–फालतू एक भी बात।"

इस पर सभा ख़त्म होती है। यह संघर्ष को वर्ग–संघर्ष की ऊँचाई तक ले जाना है। अन्ततः आदिवासी प्रश्न वास्तविक लोकतान्त्रिक राष्ट्र के निर्माण का ही प्रश्न है, आदिवासी अस्मिता, दलित अस्मिता में उसे नहीं डुबोया जा सकता।

विस्थापन : विडम्बना और त्रासदी

वीरेन्द्र मोहन

विस्थापन या विस्थापित उस व्यक्ति या समाज के लिए प्रयुक्त किया जाने वाला प्रत्यय है, जो अपनी स्थापित भूमि से उखड़ कर अन्यत्र स्थापित होता है। यद्यपि यह विस्थापन मनुष्य समाज के अतिरिक्त दूसरे प्राणियों में भी देखा जाता है। एक विस्थापन वह है, जिसका वरण व्यक्ति या समाज स्वयं करता है और एक विस्थापन वह भी है जहाँ व्यक्ति या समाज को अन्य कारकों या शक्तियों द्वारा उखाड़ा और उजाड़ा जाता है। यह स्वेच्छा के स्थान पर विवशता में किया जाने वाला विस्थापन है। स्वेच्छा से किया गया विस्थापन भी अनेक अवसरों पर घातक सिद्ध होता है और ऐसा विस्थापन प्रवासन का रूप भी ग्रहण कर लेता है। परन्तु इन दोनों अर्थात् उखड़े और उजाड़े जाने वाले व्यक्ति–समाज की परिस्थितियाँ और घटनाएँ एक जैसी नहीं होती हैं। रोज़ी–रोटी की खोज के लिए विस्थापन या प्रवासन एक बात है और उजाड़ कर बेदखल कर विस्थापन एक भिन्न बात है। इस विस्थापन में लौट कर पुनःस्थापित होने की सम्भावनाएँ समाप्त हो जाती हैं।

समय परिवर्तनशील है तो उस समय के भीतर रहने वाला व्यक्ति–समाज भी परिवर्तनशील है। विस्थापन भी परिवर्तन का एक रूप है। यह विस्थापन भी एक अनवरत प्रक्रिया है। व्यक्ति–समाज स्वयं विस्थापित होता है या विस्थापन के लिए विवश किया जाता है। पर विस्थापितों का यह व्यक्ति–समाज विकास की प्रक्रिया का हिस्सा भी बनता है तो अगति और दुर्दशा का भी। विस्थापन का कोई एक कारण बता पाना सम्भव नहीं है। विस्थापित प्रवासी भी विकास को गति देता है। कभी गिरमिटिया या कुली–मज़दूर के रूप में, बेहतर जीवन की आशा में

जो भारतीय दूसरे उपनिवेशों में गये, वे कभी लौट कर नहीं आये, उन्हें भी विस्थापन का दंश भोगना पड़ा। न जाने कितने तिब्बती चीन की यातनाओं के कारण विस्थापन के लिए विवश हुए या देश विभाजन के समय कितने शरणार्थी भारत आये या विश्व के अनेक देशों की आन्तरिक समस्याओं के कारण वहाँ के निवासियों को पलायन करना पड़ा, शिविरों में रहना पड़ा और नारकीय जीवन व्यतीत करना पड़ा, ऐसी घटनाओं से इतिहास भरा पड़ा है। खानाबदोशी का जीवन उन्हें किन–किन हालात तक नहीं ले गया, यह बताने की आवश्यकता नहीं है। जड़ों से उखड़ कर विश्व की एक बड़ी आबादी विस्थापितों का जीवन जीने को अभिशप्त है। हमारे आज के भारतीय समाज में विस्थापन के कारण एक बड़ी आबादी इधर से उधर मारी–मारी फिरती है। इस तरह विस्थापन इतिहास की एक प्रक्रिया बनता जा रहा है। सामाजिक संरचना का एक नया ताना–बाना भी इस विस्थापन में देखने को मिलता है। जहाँ मनुष्य समाज स्वयं विस्थापित होता है वहाँ उसका ताना–बाना भिन्न होता है और जहाँ उसे विस्थापन के लिए विवश किया जाता है, वहाँ ताना–बाना भिन्न होता है। पलायन किये गये समाज का विस्थापन एक भिन्न ताना–बाना की सृष्टि करता है। विश्व में आज विस्थापन और पलायन एक गम्भीर समस्या के रूप में सामने आ रहा। आज इसके कारण नयी–नयी स्थितियाँ निर्मित हो रही हैं।

पलायन भी विस्थापन का एक प्रमुख कारक है। पलायन का एक कारण तात्कालिक भी होता है। पर यह पलायन जिन कारणों से किया जाता है, उनके समाप्त होने या दूर होने पर यह विस्थापित व्यक्ति–समाज अपनी जड़ों की ओर फिर लौट आता है। इस तरह उसका विस्थापन समाप्त भी हो जाता है। प्राकृतिक कारणों से मानव निर्मित कारणों से यह पलायन या विस्थापन होता है। बाढ़ या सूखा के कारण होने वाला पलायन अलग तरह का है तो कश्मीरी पण्डितों का पलायन अलग तरह का है। विस्थापित व्यक्ति–समाज का जीवन क्रम बदल जाता है। उसका जीवन तहस–नहस भी हो जाता है। बरसात में बाढ़ वाले इलाकों में नदियों के किनारे रहने वाले लोग बाढ़ के कारण विस्थापित हो जाते हैं, पर बाढ़ का पानी उतरते ही, वे पुनः अपने मूल स्थान में वापस आ जाते हैं। यह क्रम पीढ़ियों तक चलता रहता है। पर सरदार सरोवर बाँध या टिहरी बाँध के विस्थापितों का सब कुछ जल–समाधि ले लेता है। फिर

एक स्थान से उखड़ कर दूसरे स्थान पर जाना सुखकर तो नहीं कहा जा सकता है। पर यह हो रहा है।

विस्थापन की समस्या पर विचार करते हुए यह सदैव ध्यान रखना चाहिए कि विस्थापन की अच्छी और बुरी दोनों स्थितियाँ हैं। पर अच्छी कम और बुरी अधिक हैं। बाँधों के लिए, अभयारण्यों के लिए, कारख़ानों के लिए जो इलाका खाली कराया जाता है अथवा जिस समाज को विस्थापित किया जाता है, उनकी परेशानियों का निराकरण कभी नहीं होता है। आज तो विशेष औद्योगिक क्षेत्रों के लिए ज़मीन अधिग्रहण के कारण विस्थापन एक नयी समस्या के रूप में पैदा हो गया है। विस्थापन, पलायन और प्रवास इन सब को बहुत गहराई से समझने की ज़रूरत है। ये सारी स्थितियाँ मनुष्य जीवन में कई तरह के परिवर्तन भी लाती हैं। खानाबदोश या घुमन्तू जातियों का पूरा जीवन और पीढ़ियाँ–दर–पीढ़ियाँ ही विस्थापित का जीवन व्यतीत करती हैं। आज के युग में भी उनको स्थायी आवास, शिक्षा, चिकित्सा और रोज़गार आदि के अवसर उपलब्ध नहीं हैं। विस्थापन स्वेच्छा के स्थान पर विवशता की देन है।

विवशता ने विस्थापन की समस्या को जटिल बनाया है। कई बार विकास और उन्नति की आकांक्षा भी विस्थापन को जन्म देती है। आधुनिक कल–कारख़ानों तथा अन्य कारणों से भी विस्थापन का प्रश्न जुड़ा हुआ है। क्षेत्रवाद और सम्प्रदायवाद जैसी समस्याओं से भी इसका सम्बन्ध देखने को मिलता है। विश्व में बढ़ते आर्थिक वर्चस्व और संसाधनों के कुछ हाथों तक केन्द्रित होने से भी विस्थापन की समस्या का सम्बन्ध है। संस्कृतियों के निर्माण में, सभ्यताओं के उत्थान में भी विस्थापितों और प्रवासियों की भूमिका को अस्वीकार नहीं किया जा सकता है। इसी विस्थापन ने नगर संस्कृति और ग्राम संस्कृति की अनेक अवधारणाओं को पुष्ट किया है।

विस्थापन के प्रसंग में आज की वैश्विक और औद्योगिक सभ्यता के चरित्र को, उसकी कार्य प्रणाली को नज़दीक से जानने वाले लोग बताते हैं कि उद्योगों का विस्तार नये–नये औद्योगिक क्षेत्रों की खोज और उस उद्योग के लिए कच्चे माल के रूप में प्रयुक्त होने वाले संसाधन और उनके विकास–विस्तार को विस्थापन की क़ीमत पर विकसित किया जा रहा है। सेज या नये आर्थिक व्यापारिक–औद्योगिक कारीडोर इस समस्या

को और भी गम्भीर बनायेंगे। आज तो धनबल और बाहुबल का सहारा लेकर भी, साम्प्रदायिकता का ज़हर फैलाकर भी विस्थापन किया जा रहा है। उद्योगों की स्थापना और उनकी ज़रूरतों के विस्तार के लिए भी विस्थापन को स्वीकार कर लिया गया है। लालच और भय का एक ऐसा गठबन्धन सामने आ रहा है, जो विस्थापन को वैधानिकता भी प्रदान करता है। विकास की योजनाओं के नाम पर न जाने विस्थापन का यह चक्र कब रुकेगा। रुकेगा भी या नहीं रुकेगा। नगरीकरण की ज़रूरतों को पूरा करने के लिए सरकारी और ग़ैर–सरकारी दोनों स्तरों पर प्रतियोगिता हो रही है। गाँवों को उजाड़ कर एक नयी शहरी दुनिया का विकास किया जा रहा है। इस प्रथा ने एक संयुक्त व्यवसाय और भ्रष्टाचार का रूप ले लिया है। विस्थापितों की नयी–नयी झुग्गी–झोंपड़ियाँ, स्लम एरिया विकसित हो रहे है, जहाँ नारकीय जीवन में विस्थापित समाज रहने को अभिशप्त है। अतः विस्थापन की समस्या केवल एक तरह की या सर्वत्र एक जैसी समस्या नहीं है। यह जैविक, आर्थिक, अनुवांशिकी, परिस्थितिकी से जुड़ी समस्या भी है। इसके सभी पक्षों को जानना आवश्यक है और जहाँ यह विकराल समस्याओं की जनक हो गयी है, उसका विश्लेषण भी आवश्यक है।

भारत में स्वाधीनता और देश विभाजन के समय से ही विस्थापन एक समस्या के रूप में चिह्नित किया गया है। शरणार्थियों की समस्या भी वस्तुतः विस्थापन से ही जुड़ी समस्या है। ब्रिटिशकालीन भारत और उसके पूर्व भी विस्थापन होता रहा है। सामन्ती ज़माने में भी इसके विवरण मिलते हैं, जब विस्थापन के कारण गाँव और नगर तक विकसित हो गये। परन्तु सीमित जनसंख्या और पर्याप्त संसाधनों के कारण इसे समस्या के रूप में नहीं देखा गया। दक्खिनी हिन्दी भी विस्थापन की उपज है। परन्तु ब्रिटिशकालीन भारत में विस्थापन विश्व के तमाम मुल्कों और उपनिवेशों तक फैले अंग्रेज़ी साम्राज्य को सम्पन्न और सुरक्षित बनाने के लिए, उत्पादन के लाभकारी हिस्से के लिए भी हुआ। आज अनेक नये राष्ट्रों के निर्माण में इन विस्थापितों की निर्णायक भूमिका है।

स्वतन्त्रता के पश्चात् औद्योगिकीकरण, नगरीकरण और अन्य अनेक निकायों–योजनाओं के विकास–विस्तार के निमित्त भी विस्थापन का क्रम जारी रहा है। आज अनेक कल–कारख़ाने, उद्योग तथा संसाधन, जिन्हें नौ रत्नों की श्रेणी में गिना जाता है, इनके निर्माण में वहाँ निवास करने वाले

ग्रामीण और आदिवासी समाज को विस्थापित होना पड़ा है। मेहनतकश ग्रामीण और आदिवासी समाज को उद्योगों की क़ीमत पर विस्थापित किया गया। फलतः कृषि और उपज का रकबा घटता गया, वनों का विनाश हुआ, पानी का संकट उत्पन्न हुआ और वहाँ की पूरी जैविक विविधता और पारिस्थितिकी को मटियामेट कर दिया गया। नदियों पर बड़े–बड़े बाँध बना कर गाँव और प्रकृति तथा जीवों को जल समाधि लेने के लिए विवश किया गया। ऐसे स्थानों का विस्थापित समाज आज भी तरह–तरह की यातनाओं का सामना कर रहा है और व्यवस्था कुछ मुआवज़ा देकर अपना पल्ला झाड़ लेती है। अभयारण्यों के नाम पर वन ग्रामों को उजाड़ कर विस्थापन की एक नयी समस्या को जन्म दिया जा रहा है। यह विस्थापन उद्योग, व्यवसाय तथा विकास और उन्नति का एक चमकीला और रंगीन स्वप्न अवश्य जगाता है, पर इससे विस्थापित हुए समाज पर क्या गुज़रती है, इसकी ख़बर लेने वाला कोई नहीं है। झारखण्ड और छत्तीसगढ़ के जंगलों–पहाड़ों के अन्दर रहने वाले आदिवासियों, पश्चिम बंगाल के कारख़ानों के लिए विस्थापितों, हीराकुण्ड, या सरदार सरोवर बाँध के कारण विस्थापित हुए समाज की यातनाओं का एक निरन्तर सिलसिला देखने को मिलता है। कृषि योग्य भूमि का निरन्तर कम होते जाना या वन, और प्रकृति का विनाश तो ऊपर से दिखाई देता है, पर धरती को जिस तरह से खोखला किया जा रहा है, घातक रसायनों का जिस तरह से प्रयोग किया जा रहा है अथवा तमाम ज़हरीली गैसें जिस तरह से विनाशकारी प्रभाव पूरे वातावरण में डाल रही हैं और जिनके कारण तरह–तरह के रोग हो रहे हैं, वह कम भयावह नहीं है। न दिखाई देने वाले कारकों का एक लम्बा सिलसिला है। आज वनस्पतियों और जीव जन्तुओं की अनेक प्रजातियाँ लुप्त हो गयी हैं। इस विस्थापन के कारण अपनी भाषा बोली का व्यवहार करने वाली सामाजिक संस्थाएँ निरन्तर कम हो रही हैं। भाषाओं के बोलियों के लुप्त होने का एक कारण यह विस्थापन तो नहीं है, इस पर विचार होना चाहिए। आज विविधता नष्ट हो रही है। इसके साथ एक पूरा संसार, एक पूरी उत्पादन पद्धति और जीवन पद्धति नष्ट हो रही है या नष्ट हो गयी है। यह भी विस्थापन का ही एक प्रतिफल है।

विस्थापन कभी भी सुखप्रद नहीं होता है। यह एक समस्या है। औद्योगिक और तकनालाजी के विकास के साथ, विश्व में होने

वाली उथल–पुथल के कारण विस्थापन एक त्रासदी के रूप में हमारे सामने आया है। इसलिए विस्थापन और पलायन को अलग–अलग रूप में देखना बहुत उचित नहीं है। क्योंकि पलायन केवल प्राकृतिक कारणों से ही नहीं होता। पलायन किया गया समाज कहीं–न–कहीं स्थापित तो होता ही है। और उसे विस्थापन की समस्याओं का सामना करना पड़ता है। उसे व्यवस्थित होने में पीढ़ियाँ खप जाती हैं। देश विभाजन की त्रासदी से उत्पन्न विस्थापन को हम भूल नहीं सकते हैं। विस्थापित और पलायन किया गया समाज जिस तरह की यातनाओं को भोगता है, उसे केवल साम्प्रदायिक आधार पर नहीं देखा जा सकता है। शरणार्थियों की समस्या भी इसी पलायन और विस्थापन से जुड़ी समस्या है और इसके मूल में केवल रोज़ी–रोटी की खोज की ही समस्या नहीं होती है। आबादी का बढ़ता दबाव और संसाधनों का लगातार कम होते जाना भी अनेक समस्याओं को जन्म देता है। चकमा शरणार्थियों की समस्या रोहिंग्या मुसलमानों का अवैध प्रवेश या बांगलादेशी घुस–पैठ को भी विस्थापन के सन्दर्भ में देखने की ज़रूरत है। कश्मीरी पण्डितों को घाटी से खदेड़ा जाना भी नये प्रश्नों और नयी समस्याओं की ओर हमारा ध्यान आकर्षित करता है। इनके मूल कारणों पर परदा नहीं डालना चाहिए, क्योंकि इसके परिणाम कभी भी अच्छे नहीं होते हैं। निश्चय ही विस्थापन और पलायन मानव सभ्यता में तबाही का एक नया अध्याय लिखता है। आज अनेक देश अपने यहाँ ऐसे कठोर नियम बना रहे हैं कि वहाँ किसी भी प्रकार की घुसपैठ को रोका जा सके। संयुक्त राष्ट्र संघ के सामने भी विस्थापन और पलायन एक कठिन चुनौती बन गया है।

जो किन्हीं भी कारणों से और कैसी भी परिस्थितियों में अपने मूल या स्थायी वास को छोड़ कर अन्यत्र वास करेगा और कभी भी लौट कर अपने मूल या स्थायी वास में वापस नहीं आयेगा, वह विस्थापित ही कहा जायेगा। इसलिए जो पलायन करेगा और फिर नहीं लौटेगा, उसे भी कहीं–न–कहीं स्थापित होना पड़ेगा। इसलिए पलायन और विस्थापन को एक साथ रखकर देखने का आग्रह मैंने किया है। पलायन विवशता और स्वेच्छा दोनों ही स्थितियों में सम्भव है। नदियों आदि पर बड़े–बड़े बाँध बना कर उनके पास रहने वाले निवासियों को पलायन ही करना पड़ता है, भले ही इसके लिए विस्थापन के नाम पर अन्यत्र बसने की सुविधा ही क्यों न दी जावे। उनकी ज़मीन, मकान तथा अन्य अचल

सम्पत्तियाँ जो बाँध के डूब क्षेत्र में आ रही होती हैं, उन्हें मुआवज़ा ही क्यों न दिया जाये, पर वहाँ की प्रकृति अन्य प्राणियों–जीवों को अन्यत्र बसाया नही जा सकता है। आज अनेक लेन वाले राजमार्ग बन रहे हैं, इनसे भी खेतिहर ज़मीन प्रभावित होती है। विकास और उन्नति के नाम पर आज ऐसी अनेक योजनाएँ लागू की जा रही हैं, जो कहीं–न–कहीं विस्थापन और पलायन का निमित्त बनती हैं। आज रोज़गार के अवसर निरन्तर कम होते जा रहे हैं। मनरेगा से इस समस्या को ख़त्म नहीं किया जा सकता है। सूखा और बाढ़ की स्थितियाँ निरन्तर कहीं–न–कहीं आती रहती हैं। इसलिए रोज़ी–रोटी की खोज में गाँव से नगरों–महानगरों की ओर तेज़ी से पलायन हो रहा है। यह पलायन ज़िले से प्रान्त और एक प्रान्त से दूसरे प्रान्त और यहाँ तक कि एक देश से दूसरे देश तक देखने को मिलता है। खेती–किसानी निरन्तर घाटे का सौदा होती जा रही है। किसानों की आत्महत्याएँ बढ़ती जा रही हैं। पैतृक और जातीय व्यवसाय भी लगातार ख़त्म होते जा रहे हैं। आज गाँव का लोहार हँसिया, खुरपी, फावड़ा आदि नहीं बनाता है। अब यह काम टाटा की कम्पनियाँ कर रही हैं। इसी प्रकार से अन्य कुटीर और ग्रामीण उद्योग हैं जो समाप्त हो गये हैं। इनके माध्यम से जीवन चलाने वाला समाज भी आज नगरों–महानगरों की ओर पलायन कर रहा है। अब वह अपने पूरे परिवार के साथ पलायन कर नगरों–महानगरों की झोंपड़ियों तक पहुँच गया है। ग्रामीण समाज का पूरा ताना–बाना ध्वस्त हो गया है। शिक्षा, स्वास्थ्य, परिवहन के मामले में देश की बहुसंख्यक आबादी की स्थिति अच्छी नहीं कही जा सकती है। ऊर्जा के संकट का समाधान नहीं हो पा रहा है। पीने के पानी की समस्या लगातार गहराती जा रही है और सिंचाई की सुविधाओं के अभाव के कारण तथा बीज, खाद, उर्वरक, मशीन, रसायन के कारण किसान लगातार क़र्ज़ में डूबते जा रहे हैं। उन्हें अपनी फ़सलों का उचित मूल्य नहीं मिल रहा है। उसका खेती से मोह–भंग हो रहा है। ऐसे में हमारा ग्रामीण समाज तेज़ी से पलायन कर रहा है। आज गाँव और नगरों में आबादी का अनुपात बदल गया है। यहाँ भी सन्तुलन गड़बड़ाया है। शहर इस बढ़ी हुई जनसंख्या का दबाव झेल नहीं पा रहे है। वहाँ भी संसाधन कम होते जा रहे हैं। प्रदूषण निरन्तर बढ़ता जा रहा है। जैविक और औद्योगिक कचरे के साथ गन्दगी अनेक बीमारियों को जन्म दे रही है। क्या इस समाज को जो गाँव से उखड़ कर शहर में बस गया है,

एक विस्थापित समाज नहीं कहा जायेगा। इस दिशा में भी सोचने की आवश्यकता है।

विस्थापन वस्तुतः एक दर–ब–दर की यातना है। विशेष रूप से सामाजिक, आर्थिक तथा सांस्कृतिक दृष्टि से विस्थापन में जितना छूट जाता है उसकी भरपाई किसी भी रूप से सम्भव नहीं है। एक स्थान का समाज विस्थापित होने पर पूरा का पूरा एक ही स्थान पर स्थापित नहीं होता है, वह छोटे–छोटे समूहों में बँट कर बिखर जाता है। वह बिखर कर ऐसे स्थान पर भी पहुँच सकता है, जो उसकी परम्पराओं, मान्यताओं और सांस्कृतिक प्रकार्यों से मेल न खाता हो। यहाँ तक कि उसकी भाषा–बोली, आचार–विचार, खान–पान की दृष्टि से भी भिन्न हो। ऐसा समाज प्रवासन की एक दीर्घ यात्रा में अपनी भाषा–बोली और परम्पराएँ तक अगली पीढ़ियों तक संरक्षित नहीं कर पाता है। इस बदलाव को स्वीकार या अस्वीकार करने का प्रश्न ही उठता है।

सम्पत्तिशाली और मुनाफ़ा कमाने वाली व्यवस्था ने भी विस्थापन की समस्या को उत्पन्न किया है। प्राकृतिक और भूमिगत संसाधनों के अन्धाधुन्ध दोहन ने भी इस समस्या को जन्म दिया है। इस विस्थापन का एक वर्गीय आधार भी है। घटते और ख़त्म होते संसाधनों ने संसाधनों की अनवरत पूर्ति के लिए भी नये इलाकों की खोज के लिए प्रेरित किया है। पहाड़ समाप्त होते जा रहे हैं, जंगल सिमटते जा रहे हैं और धरती खोखली होती जा रही है। वनस्पतियाँ, जीव–जन्तुओं की अनेक प्रजातियाँ ख़त्म होती जा रही हैं। इन्सान निरन्तर विस्थापित किया जा रहा है। इसका हमारे पर्यावरण, मौसम और पारिस्थितिकी पर क्या प्रभाव पड़ रहा है। इन सबका अध्ययन आँख खोलने वाला है। तकनालाजी, प्रौद्योगिकी और विज्ञान ने धरती के भीतर दबे ख़ज़ाने के बल पर उद्योगों को नये आयाम दिये हैं। आवश्यकता के साथ भोग–विलास की संस्कृति का एक नया वर्ग भी इससे उत्पन्न हुआ है। सत्ता व्यवस्था ने इस अतार्किक विकास को समझे बिना विकास का एक नया शोषण पर आधारित मॉडल विकसित होने का अवसर दिया है। भ्रष्टाचार के विकास का एक नया अध्याय इसके माध्यम से सामने आता जा रहा है। आज देश के विकास का स्वप्न दिखाकर पुश्तों से निवास कर रहे समाज को विस्थापित किया जा रहा है। इस विस्थापन को भी विकास और मुख्य–धारा से जोड़ने का कपटपूर्ण जाल फैलाया जा रहा है। प्राकृतिक रूप से निवास करने

वाले उस वनवासी और गिरिजन को दड़बों की तरह तैयार किये गये कांक्रीट के जंगल में फेंका जा रहा है, जहाँ वह घुटन महसूस कर रहा है। यह घुटन भी विस्थापन की ही देन है। मुनाफ़ा कमाने वाली शक्तियाँ कमज़ोर समाज को अपने लालच के लिए बेदखल कर रही हैं। शासन में किसी भी प्रकार की सुनवाई ग़रीब के हित के लिए न होकर सम्पत्तिशाली वर्ग के लिए ही होती हैं। मुनाफ़ा कमाने वाली शक्तियाँ वहाँ उपलब्ध संसाधनों का अधिकाधिक दोहन कर, उसे मटियामेट कर छोड़ देती हैं। वहाँ भयानक बीमारियाँ पैदा होती हैं। विस्थापित समाज इस प्रकार अपनी पहचान खो देता है। उसके जीवन का ताना–बाना पूरी तरह से नष्ट हो जाता है।

विस्थापन से केवल मनुष्य का ही संसार नहीं बदलता है, या नष्ट होता है, बल्कि एक पूरा संसार नष्ट होता है, जिसमें जड़–चेतन के रूप में न जाने कितने–कितने तरह का जीवन–संसार होता है। फलतः लोक ज्ञान का एक अध्याय भी समाप्त हो जाता है। स्मृतियाँ भी धीरे–धीरे समाप्त होने लगती हैं। समय और स्थान का इतिहास और भूगोल बदल जाता है। इसलिए लाभ कमाने की क़ीमत पर, भयानक उथल–पुथल के बीच भी व्यापक समाज का विस्थापन कहीं से भी न्याय संगत नहीं कहा जा सकता है। विस्थापन, पलायन व प्रवासन के कारण अपनी जड़ों से उखड़ना अपने पीछे एक गहरी त्रासदी को भी जन्म दे रहा है। अनेक स्थानों पर नक्सली हिंसा के सूत्र भी इससे जुड़े दिखाई देते हैं। असामाजिक और अपराधी तथा हिंसा और विनाश में विश्वास रखने वाली शक्तियाँ ऐसे लोगों का उपयोग करती हैं। नक्सली, आतंकवादी और रोहिंग्याओं के सन्दर्भ में इस तरह की बातें प्रायः सुनने को मिलती हैं, जो हमारे सामाजिक और सामाजिक–आर्थिक तथा राजनीतिक ढाँचे को तहस–नहस करती हैं।

देश में अनेक दिशाओं से घुसपैठ हो रही है। ये घुसपैठिये पड़ोसी देशों से आ रहे हैं। ये घुसपैठिये भी विस्थापित ही कहे जायेंगे, भले ही ये किन्हीं भी कारणों से अपने देश से पलायन कर रहे हों। इन्हें वैधानिक रूप से शरणार्थियों का दर्जा प्राप्त नहीं हैं। इसलिए विस्थापन भी एक से अधिक रूपों में हमें देखने को मिलता है। इनके कारण सामाजिक सन्तुलन भी गड़बड़ाता जा रहा है। युद्ध काल में, गृह युद्ध की स्थिति में भी एक स्थान या देश से दूसरे स्थान या देश की ओर लोगों का पलायन होता है।

इन विस्थापितों को अनेक प्रकार की समस्याओं का सामना करना पड़ता है। शासकीय मदद या समाजसेवी संस्थाओं की अनुकम्पा से विस्थापन की समस्या समाप्त नहीं हो जाती है। ख़ुशी–ख़ुशी कोई भी विस्थापित नहीं होना चाहता है। अपनी जड़ों से जुड़े रहने का भावलोक समाज में देखने को मिलता है।

विस्थापन के सन्दर्भ में जलवायु और वातावरण का प्रश्न भी विचारणीय है, एक वातावरण और जलवायु से उखड़कर दूसरे स्थान पर स्थापित होने से वातावरण और जलवायु में भी परिवर्तन होता है। यह परिवर्तन अनेक समस्याओं का कारण बनता है। इससे जीवन जीने की पद्धति भी बदलती है। आज विस्थापन की भावनाओं का एक नया रूप भी देखने को मिल रहा है। बढ़ते क्षेत्रीयवाद और स्थानीयतावाद के कारण पीढ़ियों से रह रहे समाज को विस्थापित होना पड़ता है। यह हिंसक रूप ग्रहण कर चुका है और उसने एक राष्ट्रीय बीमारी का रूप ले लिया है। असम से लेकर कश्मीर तक इसका विस्तार हो चुका है। आज प्रान्तीयतावाद की आग अनेक कारणों से बढ़ती जा रही हैं। विस्थापन, पलायन और प्रवासन के सन्दर्भ में इन प्रश्नों पर भी विचार करने की आवश्यकता है। अन्यथा कहीं देर न हो जाये और विघटनवादी शक्तियाँ अपने खेल में सफल हो जायें। अन्यथा विस्थापित समाज को दर–दर भटकने के लिए, सब कुछ उजड़ जाने के बाद उसे सहेजने के लिए दूसरों की कृपा पर आश्रित होना पड़ेगा। आज इस प्रकार शक्तिमानों का एक साम्राज्य विकसित होता जा रहा है जो सत्ता–व्यवस्था के लिए भी अनुकूल सिद्ध हो रहा है।

विकास की भूमण्डलीय नीति और आदिवासी समाज का यथार्थ

विनोद तिवारी

बीसवीं सदी के आख़िरी दशक में जब इस देश में भूमण्डलीकरण की नीतियाँ लागू करने की बहसें और कवायदें तेज़ हो रही थीं, समर्थन और विरोध दोनों के स्वर सामने आ रहे थे तब जो लोग भूमण्डलीकरण की वकालत कर रहे थे, तरह–तरह से उसके समर्थन में लगे हुए थे, वे लोग कथित विकास के समर्थक थे और जो लोग विरोध कर रहे थे, उसकी जन–विरोधी, किसान–विरोधी नीतियों, श्रम–विरोधी नीतियों का उजागर कर रहे थे वे कथित विकास के विरोधी ठहराये गये। आज जब इस देश में भूमण्डलीकरण की नीतियों को लागू किये हुए लगभग तीन दशक पूरे हो गये और तब सवाल यह उठता है कि विकास का क्या हुआ? क्या इस ग्लोबलाइज़ेशन में सबके साथ और सबके विकास की संकल्पना नहीं थी, जिसे आज भाजपा शासित सरकार अपना मोटो बनाये हुए है और जिसे प्रधानमन्त्री नरेन्द्र मोदी दावोस में आयोजित 'वर्ल्ड इकॉनमिक फोरम' (WEF) के 48वें अधिवेशन के उद्घाटन भाषण में ग्लोबलाइज़ेशन के दूसरे चरण की ओर क़दम बढ़ाने की ओर इशारा करते हुए दोहराते हैं। क्या सचमुच ग्लोबलाइज़ेशन की इस दूसरी पारी की वैश्विक आर्थिक नीतियों की राह पर चलकर 'सबका साथ सबका विकास' मिलेगा? 23 जनवरी, 2018 को 'क्रिएटिव अ शेयर्ड फ्यूचर इन अ फ्रैक्चर्ड वर्ल्ड' विषय पर प्रधानमन्त्री के उद्घाटन भाषण के कुछ प्रमुख बिन्दुओं पर ध्यान दिया जाय तो ग्लोबलाइज़ेशन की इस दूसरी पारी में विकास का रोडमैप क्या है, उसकी असलियत क्या है? ख़ुद ही सामने आ जायेगा। मसलन :

1. ग्लोबलाइज़ेशन की गति मन्द पड़ गयी है, उसकी चमक कम हो रही है।

2. द्विपक्षीय और बहुपक्षीय व्यापार समझौते रुक से गये हैं।
3. 'ग्लोबल सप्लाई चेन' की वृद्धि भी रुक गयी है।
4. 'हम खुलेपन की ज़रूरत' पर ज़ोर देते हैं।
5. हम रेड टेप से रेड कार्पेट तक पहुँच गये हैं।
6. अब भारत में व्यापार करना बहुत आसान हो गया है, हमने विश्व–व्यापार को सरल करने के लिए 1400 से अधिक क़ानून ख़त्म किये हैं।
7. हमने भात–प्रतिशत एफ.डी.आई. के लिए दरवाज़े खोल दिये हैं।
8. सबका साथ सबका विकास हमारा मन्त्र है।
9. नौकरी देना हमारा मकसद नहीं, रोज़गार देना हमारा मकसद है।
10. हमें ग़रीबी, बेरोज़गारी और अलगाववाद को दूर करना है।

यह तो ग्लोबलाइज़ेशन की दूसरी पारी के खेल के कुछ बिन्दु हैं जो कि निश्चित तौर पर जन–विरोधी, किसान–विरोधी और श्रम–विरोधी हैं। दरअसल, ग्लोबलाइज़ेशन की मूल संकल्पना में दुनिया के मुट्ठी भर कुछ ख़ास लोगों का विकास ही लक्ष्य है। भाषणों की बात चली है तो प्रसंगतः भारत के पूर्व राष्ट्रपति के. आर. नारायणन के एक भाषण का ज़िक्र करना यहाँ ज़रूरी प्रतीत हो रहा है। 19 नवम्बर, 1999 को 'इवैलुएशन एंड इंटरेक्शन ऑफ़ टेक्नॉलॉजी, इकॉनमी पॉलिटी एंड सोसाइटी' विषय पर वाशिंगटन में आयोजित एक अन्तर्राष्ट्रीय सम्मेलन को सम्बोधित करते हुए अपने उक्त भाषण में के. आर. नारायणन ने भूमण्डलीकरण के ख़तरे को रेखांकित करते हुए कहा था–"भूमण्डलीकरण की वर्तमान प्रवृत्ति स्थानीय बुनियादी अस्मिताओं और समूहों की पहचान के ख़िलाफ़ है और अब तो 'नेशन स्टेट' को भी भूमण्डलीकृत विश्व के लिए पुराने ज़माने की चीज़ और इससे मेल न खाने वाली व्यवस्था बताया जा रहा है। मुझे नहीं लगता कि यह सही दिशा में की जा रही प्रगति है। मानव सभ्यता काफ़ी कुछ राष्ट्र के रूप में विकसित सामूहिक अनुभवों से जुड़ी है। ऐसे में अगर भूमण्डलीकरण इन सामूहिक अनुभवों को पीछे धकेलने वाली चीज़ बन जाता है तो मनुष्य जाति द्वारा किया गया अधिकांश मूल्यवान अनुभव इस भूमण्डलीकरण की प्रक्रिया में यूँ ही पीछे छोड़ दिया जायेगा। इसलिए ज़रूरी है कि जब पूरी दुनिया एक विश्व की तरफ़ बढ़ रही है और हम

वैश्विक होते जा रहे हैं तब विभिन्न समुदायों, राष्ट्रों और समूहों द्वारा किये गये अनुभवों को सँभाल कर रखा जाय, उन्हें भूमण्डलीकरण के नाम पर नष्ट न किया जाय।''

स्पष्ट तौर पर हम देख सकते हैं कि पूर्व राष्ट्रपति के. आर. नारायणन भूमण्डलीकरण से किन चीज़ों को नष्ट होने से बचाने की अपील कर रहे हैं। पर, दुर्भाग्य से पिछले 25–30 वर्षों में विकास के नाम पर सबसे अधिक जातीय–विविधता, सांस्कृतिक–बहुलता, सामुदायिक चेतना, जल, जंगल और ज़मीन को अपनी सामूहिक चेतना में जीने वाली जातियों की जातीय पहचान को ही नष्ट किया जा रहा है। पूरा आदिवासी समाज इस तथाकथित विकास की लहर में अपने मूल स्वाभाविक जीवन से विच्छिन्न और विस्थापित हो रहा है। इस चिन्ता को केन्द्र में रखकर हिन्दी में इधर कई उपन्यास लिखे गये हैं। वीरेन्द्र जैन का 'डूब', संजीव का 'जंगल जहाँ शुरू होता है', मदन मोहन का 'जहाँ एक जंगल था', राकेश कुमार का 'जो इतिहास में नहीं है', कुणाल सिंह का 'आदिग्राम उपाख्यान', शैलेय का 'हलफनामा', रणेन्द्र का 'ग्लोबल गाँव का देवता' और 'ग़ायब होता देश' जैसे नाम लिए जा सकते हैं। यहाँ पर 'ग्लोबल गाँव के देवता' और 'ग़ायब होता देश' को आलेख का विषय बनाया गया है।

रणेन्द्र ने अपने दोनों उपन्यासों–'ग्लोबल गाँव के देवता' और 'ग़ायब होता देश' में झारखण्ड की प्राकृतिक संसाधनों से सम्पन्न धरती, पहाड़, नदियों और जंगलों के साथ यहाँ के मूल निवासी असुर और मुण्डा समुदायों को अपनी कथा का विषय बनाया है। रणेन्द्र ने 'ग्लोबल गाँव के देवता' के लिए कीकट प्रदेश[1] के जिस कोयलबीघा अंचल को कथा–भूमि के लिए चुना है वह कोयलबीघा अंचल प्रेमचन्द, रेणु, शिवपूजन सहाय आदि के उपन्यासों में आये अंचलों की तरह नहीं है? न तो अपने जीवन में और न ही अपनी संस्कृति में। बेलारी, पूर्णियाँ, शिवपालगंज आज के भारतीय गाँव व अंचल के पूरी तरह से प्रतिनिधि नहीं हो सकते। भूमण्डलीकरण ने गाँवों को जिस तरह से अपनी चपेट में लिया है, वे अंचल, वे गाँव अब केवल ज़मींदारी, मलेरिया, ग़रीबी और शोषण या तन्त्र की नाकामी जैसी किसी प्रत्यक्ष सी दिखने वाली बहसों और समस्याओं में ही नहीं वरन् इन सबके साथ–साथ अनेकानेक नये तरह के लूट–खसोट, छल और शोषण के दानवी तरीक़ों और क़ानूनों के शिकार हैं। अब स्टेट और कॉर्पोरेट मिलजुल कर, रोज़गार और विकास के नाम पर अन्तर्राष्ट्रीय

अन्धाधुन्ध लूट में शामिल हैं। साम्राज्यवाद का यह नया ढंग है। सब कुछ को ग्लोबल बना देने के इस नये ढंग के साम्राज्यवाद में धरती, आकाश और पाताल में जो कुछ भी उपलब्ध है उस पर एक ख़ास वर्ग के लोगों का वर्चस्व कायम हो सके, इसकी हर सम्भव कोशिश पिछले 25–30 वर्षों से जारी है। प्राकृतिक, जैविक, खगोलीय विविधताओं के साथ–साथ जातीय विविधताओं को तहस–नहस कर उसे एक रंग, एक गन्ध, एक रस, एक स्वाद में सब कुछ को पटरा कर देना इस 'ग्लोबलाइज़ेशन' का मुख्य लक्ष्य है। ग्लोबलाइज़ेशन इसका ग्लोबल एजेंडा है। यह सब, जल, जंगल और ज़मीन को अपनी संस्कृति, अपना जीवन, अपना देश मानने वाले जिन किसानों और आदिवासियों की क़ीमत पर किया जा रहा है उनकी हालत दिनों–दिन बद से बदतर होती जा रही है। 'ग्लोबल गाँव के देवता' उस हर चीज़ को ग्लोबल मॉर्केट में पहुँचा देना चाहते हैं जो उनके लिए मुनाफ़े पर मुनाफ़ा दिला सके। बाक़ी उनको यहाँ के लोगों के रहन–सहन और जीवन के अनगिनत अभावों से कोई लेना–देना नहीं। पेट भरने के लिए किस–किस तरह के करतब करने पड़ते हैं, फिर भी पेट भर की चीज़ें नहीं मिलतीं। यह उपन्यास, आंखों–देखी की कथा–शैली में कहा गया उपन्यास है। नैरेटर के रूप में सरकारी स्कूल का मास्टर कोई और नहीं ख़ुद उपन्यासकार ही है। अपनी पढ़ाई पूरी कर लेने के बाद दर–बदर भटकने के बाद नैरेटर को सरकारी स्कूल में नौकरी मिलती है और कोयलबीघा अंचल के एक गाँव भौंरापाट के एक सरकारी स्कूल में (न चाहने के बावजूद) उसकी पोस्टिंग होती है। मन मसोस कर, नौकरी करनी है तो जाना ही पड़ेगा; के समझौतावादी विचार के तहत वह भौंरापाट के पीटीजी रेसिडेंशियल स्कूल (प्रीमिटिव ट्राइब्स गर्ल्स रेसिडेंशियल स्कूल) विज्ञान शिक्षक के रूप में पहुँचता है क्योंकि लम्बी बेरोज़गारी, बदहाली, उपेक्षा, अपमान की गाढ़ी काली रात के बाद रौशनी आयी थी। परन्तु, वहाँ की बदहाली देखकर तो उसका दिल डूबा जा रहा था। शुरू में ही, मुड़ीकटवा से भिड़कर किसी तरह अपनी जान बचाकर भाग आये लहूलुहान लालचन असुर से उसकी मुलाक़ात होती है और उसकी मरहम–पट्टी करने वाले डॉक्टर रामकुमार से जो बदहाली का ककहरा सुनने को मिलता है वह उसे किसी दूसरी दुनिया में ले जाकर पटक देते हैं–"अभी तो आप आये ही हैं, देखिएगा कि मक्का की एक बरसाती फ़सल के भरोसे ज़िन्दगी कितनी कठिन हो जाती है। मजूरी और

जंगल का सहारा नहीं हो तो लोग फिर आसाम–भूटान निकल जायें। लेकिन एक तरफ़ इन खानों ने मजूरी दी तो दूसरी तरफ़ बरबादी के सरंजाम भी खड़े किये। पिछले पच्चीस–तीस सालों में खान मालिकों ने जो बड़े–बड़े गड्ढे छोड़े हैं, बरसात में इन गड्ढों में पानी भर जाता है और मच्छर पलते हैं। सेरेब्रल मलेरिया यहाँ के लिए महामारी है, महामारी। मुड़ीकटवा से साल–दो साल पर भेंट होती है किन्तु जानमारू से तो हर रोज़ भेंट होगी।"[2]

रणेन्द्र ने इस पूरे अंचल में अन्धाधुन्ध बाक्साइट खनन के व्यापार को उपन्यास का मुख्य विषय बनाया है। हम सब जानते हैं कि बाक्साइट अल्युमीनियम का मुख्य स्रोत है। कोयलबीघा अंचल की ज़मीन के नीचे पायी जाने वाली यह धातु कैसे वहाँ के मूल रहवासियों के लिए अभिशाप बन गयी है और दिकू लोगों के लिए सोने के अंडे देने वाली मुर्गी। जिनकी ज़मीन, जिनका जंगल वे बस गड्ढे खोदने और उन गड्ढों से बाक्साइट निकालने वाले मज़दूर भर हैं। पर इनके श्रम, इनकी प्राकृतिक सम्पदा के बल पर शानो–शौकत की ज़िन्दगी जीने वालों की बात ही और है। इस पूरे प्रसंग में रुमझुम असुर की यह पीड़ा देखने लायक है–"हमारा बाक्साइट यहाँ से डेढ़–दो सौ किलोमीटर दूर जहाँ प्रोसेस होकर अल्युमीनियम में ढलता है, वह जगह 'सिल्वर सिटी ऑफ़ इंडिया' कहलाती है। एक बार घूमने का मौक़ा मिला था। फूलों–पार्कों से लदी हरी–भरी ख़ूबसूरत कॉलोनी। एक से एक स्कूल, चमचमाते बाज़ार, क्लब घर, योगा केन्द्र, लाइब्रेरी, खेल के मैदान और न जाने क्या–क्या। सुन्दर–सुन्दर कुत्तों को घुमाती सुन्दर–सुन्दर महिलाएँ, बर्फ़ के गोलों से गुलथुल उजले–उजले बच्चे रंग–बिरंगी गाड़ियाँ। लगा इन्द्रलोक धरती पर उतर आया हो। और यहाँ पाट में, अब तो आप आ ही गये हैं मास्टर साहब, धीरे–धीरे सब जान जाइएगा। पानी और जलावन जुटाने में ही हमारी औरतों की आधी ज़िन्दगी गुज़र जाती है। बरसात के गिंजन की तो मत पूछिए। बन्द खदान सैकड़ों गड्ढे विशाल पोखरों में बदल जाते हैं। कीचड़ में लोटते सूअरों और हमारे बच्चों में फ़र्क़ करना मुश्किल हो जाता है। वहाँ के गेस्ट हाउस में छत्तीस तरह के व्यंजन, मुहावरे वाले नहीं, सचमुच के। क्या खायें–क्या नहीं खायें! एक ही दिन में पेट ख़राब हो गया। यहाँ मकई का घट्टा खा–खाकर जीभ पर घट्टा पड़ जाता है। हमारे ज़्यादातर घरों में भात–दाल सब्ज़ी भी पर्व–त्योहार का भोजन है।"[3]

रुमझुम की यह पीड़ा केवल शिकायत भर नहीं है, बल्कि विलाप है। उपन्यासकार ने ठीक ही कहा है, "अन्दर से बुरी तरह टूट चुके समाज का विलाप। भूख और ग़रीबी ने अन्दर से इतना खोखला कर दिया है कि सामाजिक व्यवस्था भरभरा गयी है।"[4]

उपन्यासकार ने उपन्यास में जिस शिंडाल्को कम्पनी के लूट–खसोट और नियम–क़ानून से परे जाकर अवैध खनन का जो चित्र खींचा है वह कोई और नहीं बल्कि बिड़ला की कम्पनी हिंडाल्को का ही चित्र है। इस कम्पनी के ज़रिए कार्पोरेट घरानों का धर्म, राजनीति, पूँजी, कार्पोरेट मीडिया और भ्रष्ट ब्यूरोक्रेसी से जो नायाब गठजोड़ दिखाया गया है वह ग्लोबलाइज़ेशन के नये चरित्र का बेहतरीन नमूना है। शिंडाल्को कम्पनी सखुआपाट के मैनेजर श्री किशन कन्हैया पाण्डेय उर्फ़ के.के. पाण्डेय, कोयलाश्रम के पूज्य शिवदास बाबा, विधायक जी, ज़िला कलेक्टर सिन्हा सब ग्लोबल गाँव के वे देवता हैं जिनके इशारे पर सबकुछ हस्तामलकवत् है। यह जो चाहते हैं सबकुछ हासिल कर लेते हैं–आदिवासियों की ज़मीन से लेकर उनके घर की बेटियों तक को। यहाँ के लोगों को इस बात का अब पक्का यकीन हो चला है कि, "युद्ध में विजय सत्य और न्याय की नहीं हुआ करती, जैसा क़िस्सों–कहानियों में हमें बताया जाता है। वे तो विजयी जाति के चारण–भाँट, कवि–कथाकार, पौराणिक होते हैं जो सत्य और न्याय के क़िस्से गढ़ते हैं और हम आँख मूँदकर जिन पर विश्वास करते हैं। उनकी लेखनी की ताक़त यह प्रमाणित करने में ख़र्च होती है कि पराजित नस्ल कितनी बेईमान, अन्यायी और अनाचारी थी।"[5] लालचन असुर, रुमझुम असुर, बालचन, बुधनी दी, ललिता सबको यह सब पहले से ही पता है कि क्या हो रहा है। लेकिन, शिवदास बाबा की ओर से किसी को यह अन्देशा न था कि वे भी इनसे मिले हुए हैं। आश्चर्य तो तब होता है जब, आस्था और धर्म के नाम पर इनको छलने वाले बाबा शिवदास का घिनौना और विश्वासघाती रूप सबके सामने आता है। जिन लोगों की आस्था और श्रद्धा उसकी पूँजी थी, उन्हीं लोगों के घरों की बेटियों के साथ वह आवासीय आश्रम–विद्यालय में शिक्षा, शील और संस्कार के नाम पर कुकर्म करता है। डॉक्टर रामकुमार तो उसे एक पर्वर्टेड इन्सान मानते हैं जिसे मानसिक इलाज की ज़रूरत थी। पर उसका असली ख़ूनी और विश्वासघाती चेहरा तो तब पता चलता है जब केन्द्र सरकार 'भेड़िया अभयारण्य' बनाये जाने की घोषणा करती है।

इस अंचल में बाक्साइट निकालने का काम तो पिछले कई वर्षों से अनवरत चल ही रहा था, केन्द्र सरकार की एक घोषणा ने अचानक से इस क्षेत्र का माहौल ही बदल दिया। एक दिन केन्द्र सरकार की ओर से इस अंचल के 37 गाँवों को उजाड़कर, लोगों को उनकी अपनी ज़मीन और जोत से विस्थापित कर उस पूरे क्षेत्र में ख़त्म हो रहे 'भेड़ियों' की प्रजाति के संरक्षण के लिए 'भेड़िया अभयारण्य' बनाये जाने की घोषणा की जाती है। डॉक्टर रामकुमार की ख़बर थी कि, "वन विभाग ने बहुत पहले रिपोर्ट भेजी थी कि लगभग चौंसठ किलोमीटर के क्षेत्र में पहले भेड़ियों की संख्या सात सौ अट्ठासी हुआ करती थी, वह घटती–घटती एक सौ छिहतर रह गयी है। तैंतीस पेज तो केवल इन भेड़ियों की इस ख़ास नस्ल पर ही लिखा गया है, तब यह बताया गया है कि इनका बचाया जाना कितनी ज़रूरी है। वन विभाग असुरों और आदिवासियों को अपने क्षेत्र में घुसपैठिया मानता है। वह यह मानने के लिए तैयार नहीं है कि वन–गाँवों में लोग सैकड़ों वर्षों से रहते आये हैं। वन विभाग ही बाद में आया है। वनस्पतियों और जीवों की तरह आदिवासी–आदिम जाति भी जंगल के स्वाभाविक बाशिन्दे हैं। सबसे ख़ास बात डॉक्टर साब को यह लगी कि अभयारण्य के लिए कँटीले तारों का घेरा डालने का काम 'वेदांग' जैसी बहुराष्ट्रीय कम्पनी ने लिया है। इतनी बड़ी कम्पनी ने इतने छोटे काम में हाथ डाला, इसमें ज़रूर कोई राज है। बहुत वर्षों से बाक्साइट बाहर न भेजकर यहीं कारख़ाना खोलने की बात उठती रही है। लगता है वेदांग उसी टोह में आ रहा है। ग्लोबल गाँव का बड़ा देवता है वेदांग। यह उंगली पकड़कर बाँह पकड़ने वाली बात लगती है।"[6] डाक्टर रामकुमार का यह सोचना सही भी है। भेड़ियों का संरक्षण तो बहाना है असल कार्य तो सैंतीस वन–गाँवों को उजाड़कर भेड़िया संरक्षण की आड़ में केन्द्र सरकार द्वारा एक बहुराष्ट्रीय कम्पनी 'पेदांग' को कोयलबीघा अंचल में बाक्साइट का कारख़ाना स्थापित करने के लिए ज़मीन मुहैया कराना है। इस ख़बर ने अब पूरे कोयलबीघा अंचल के माहौल को गरम कर दिया है। लोग बेतरह भयभीत और हताश हैं। अब क्या होगा? इन सैंतीस गाँवों में अकेले बाईस गाँव असुरों के हैं बाक़ी के पन्द्रह गाँव उराँव, खेरवार और सरना लोगों के। रुमझुम को लगता है कि ये ग्लोबल गाँव के देवता अब कुछ नहीं छोड़ेंगे, सबकुछ हड़प लेंगे। वह जुनून में एक आदिवासी गीत की यह पंक्ति दोहराने लगता है–

शिकारियों के बूटों की धमक
साफ़ सुनाई दे रही है
बच नहीं पाओगे
जख्मी हिरण
बच नहीं पाओगे।

अभी लोग इस नयी विपत्ति से कैसे निपटा जाय, इस सोच–विचार में ही हैं कि बाबा शिवदास का एक चेला सखुआपाट में डॉक्टर साहब के क्लीनिक पर बाबा का सन्देश लेकर प्रकट होता है। सन्देश यह है कि केन्द्र सरकार की इस परियोजना का विरोध करना है। लड़ाई में बाबा पूरी तरह से साथ देंगे। बाबा के इस नये पैंतरे से सबलोग आश्चर्यचकित होते हैं। नैरेटर के रूप में उपन्यासकार का यह विचार कि, ज़रूर बाबा 'वेदांग' कम्पनी से एक मोटी रकम चाहा रह होगा, मामला तय न हो पाने के चलते कम्पनी पर दबाव बनाने के लिए हमारे साथ सहयोग की बात कर रहा है, उचित ही है। ख़ैर, अम्बाटोली में लालचन दा के बुलावे पर सब लोग जुटते हैं। कीकट प्रदेश का कोयलबीघा अंचल गरम है। सबके बीच यह तय होता है कि इस बार संघर्ष आर–पार का होगा। लड़ाई के लिए एक 'संघर्ष समिति' तैयार की जाती है। इस बार यहाँ के असुर और आदिवासी अपनी ज़मीन यों ही नहीं जाने देंगे। 'जान देंगे पर ज़मीन न देंगे' के नारे के साथ सब एकजुट हो रहे हैं। 'जान देंगे, ज़मीन नहीं देंगे' का नारा समवेत रूप से हवा में फैलता जा रहा है। लालचन दा, रुमझुम, डॉ. राम कुमार, बालचन काका, भीखा के हाथ से जब लड़ाई निकलती हुई दिखती है तो सोमा, बुधनी दी और ललिता नेतृत्व सँभालती हैं। यहाँ उपन्यासकार समूचे भारत में जल, जंगल और ज़मीन के अपने अधिकारों से बेदखल किये जाने और अपनी ही नदी, अपने ही जंगल, अपने ही खेत और अपने ही गाँव–गिराँव से विस्थापित किये जाने के विरुद्ध संघर्षरत उन सारी स्त्रियों का उदाहरण पेश करता है जो अपनी जान तक गँवा देती हैं। छत्तीसगढ़ के रायगढ़ ज़िले से होकर बहने वाली शिवनाथ नदी को एक इंडस्ट्री समूह को बेचे जाने के ख़िलाफ़ लड़ते–लड़ते अपनी जान दे देने वाली सत्यभामा सऊरा हैं तो मणिपुर की राजधानी इम्फाल में सशस्त्र बल के विशेषाधिकार क़ानून के विरोध में लगातार कई सालों से आमरण अनशन पर बैठी इरोम शर्मिला हैं तो केरल में वन विभाग की ज़िद्द के कारण 53 हज़ार बेघर आदिवासी परिवारों की लड़ाई लड़ती और वयनाड

ज़िले की ग़ैरमजरुआ ज़मीन पर उन्हें बसाने की बात सोचते पुलिसिया बर्बरता की शिकार सी.के. जानू हैं तो महाराष्ट्र–कोंकण में बेघर 13 हज़ार आदिवासी परिवारों की लड़ाई लड़ती सुरेखा देवी, मध्य प्रदेश के रीवाँ ज़िले में संघर्ष करती दुवसिया देवी, छिन्दवाड़ा की दयाबाई और न जाने कितने नाम इस लड़ाई में शुमार हैं। पर राष्ट्र–राज्य के आगे इन संघर्षों की क्या बिसात, जब वह पूरी तरह से इन्हें कुचलने के लिए उतारू हो। नैरेटर उर्फ़ मास्टर साहब उर्फ़ फूल और उसकी सहिया (दोस्त) ललिता, राष्ट्र–राज्य के इसी हिंसक दमन के बारे में बैठे–बैठे आपस में बातचीत कर रहे हैं। दोनों इस बात से सहमत हैं कि ग्लोबल गाँव के आकाशचारी देवता और राष्ट्र–राज्य, दोनों एक–दूसरे से घुलमिल गये हैं। दोनों को अलगाना अब मुश्किल है। ललिता इतिहास में एम.ए. है। ''इतिहास की पढ़ाई ने उसे समझ दी थी कि राष्ट्र–राज्य की हिंसा का कोई जवाब ही नहीं हो सकता उसका मानना था कि राज्य की नींव में ही केवल हिंसा की ईंटें नहीं लगी हैं बल्कि उसके महल की चिनाई भी हिंसा की ईंटों से ही हुई है। यही एकमात्र संस्था है जिसने हिंसा को भी सांस्थानिक रूप दिया है। उसकी सेना, सशस्त्र बल, पुलिस सब सैद्धान्तिक तौर पर हिंसा के लिए ही प्रशिक्षित हैं। राष्ट्र–राज्य अपने को सुरक्षित रखने के लिए इन्सानों के द्वारा ही मरवाता है। बजाफ़्ता इसके लिए अरबों–खरबों रुपये के बजट बनते हैं। ज़्यादा–से–ज़्यादा इन्सान जल्दी–से–जल्दी मारे जा सकें, इसके लिए शोध होता है। पूरे जीव–जगत में ऐसे कम ही जीव होंगे जो अपनी ही प्रजाति से अपनी भूख मिटाते हों। किन्तु राष्ट्र–राज्य ने आदमी को ही आदमखोर बना दिया है। वह भी बिना किसी अपराधबोध के। यही इसकी खासियत है।''[7]

वन–गाँव के असुरों की इस आर–पार की लड़ाई का अन्त बेहद दर्दनाक और लोमहर्षक होता है। 'वेदांग' कम्पनी सभी तरह के संघर्ष, विरोध और आन्दोलन को राष्ट्र–राज्य के बल पर कुचल देती है। अंचल के लोगों का सहयोग नहीं तो न सही बाहर से मज़दूर बुलाकर वन गाँव के 37 गाँवों को अधिकृत कर वहाँ कँटीले तार लगाये जाने का काम शुरू कर दिया जाता है। सभी हैरान–परेशान हैं। वन गाँव के असुर, उरांव, खेरवार, सदान सबके प्राण अटके हुए हैं। अब क्या होगा? ''बहुत सोच–विचार मगज़मारी के बाद तय हुआ कि बिना मुआवज़ा, बिना पुनर्वास, बिना सैंतीस गाँवों के ग्रामीणों के लिए व्यवस्था किये बिना यह

घेराबन्दी कैसे हो सकती है। खतियान क्या कहता है, उससे क्या मतलब? हाकिम–हुक्काम देख तो रहे हैं कि इन सैंतीस गाँवों में हज़ारों परिवार रह रहे हैं। ये आख़िर जायेंगे कहाँ?"[8] इसी जद्दोजहद में यह तय किया जाता है कि एक बार अन्तिम बात करनी होगी। 15–20 लोग जायेंगे जो वेदांग कम्पनी से 37 गाँवों के लोगों के मुआवज़े और पुनर्वास की बात करेंगे। अगले दिन ललिता और बुधनी दीदी के नेतृत्व में 15–20 लोगों का दल बात करने के लिए घर से चलता है। सखुआपाट से अभी कुछ ही दूर यह दल पहुँचा था कि तेज़ धमाकों की आवाज़ सुनाई पड़ी, "पता चला कि लैंड माइंस बिछाई गयी थी। बातचीत के लिए जाते ललिता, बुधनी दी, गंदूर, एतवारी, लालचन दा के पिता और पन्द्रह लोगों की धज्जियाँ उड़ गयी थीं। बिखरी हुई देह की जगह पिघला हुआ गरम लोहा वहाँ बहने लगा। ...ग्लोबल गाँव के देवता ख़ुश थे। जो लड़ाई वैदिक युग में शुरू हुई थी, हज़ार–हज़ार इन्द्र जिसे अंजाम नहीं दे सके थे, ग्लोबल गाँव के देवताओं ने वह मुकाम पा लिया था।"[9] परन्तु, यह पराजय सबकुछ का अन्त नहीं है। राजधानी के यूनिवर्सिटी हॉस्टल से सुनील असुर अपने साथियों के साथ निकल पड़ा है। लड़ाई की बागडोर अब उसे सँभालनी है। पराजित जाति के असुरों की सिसकियाँ इतिहास के पन्नों से बाहर निकल कर एक दूसरे उपन्यास 'ग़ायब होता देश' में नये विरोध के स्वर में सामने आती हैं।

2

'ग़ायब होता देश' रणेन्द्र की मुण्डा आदिवासियों के जीवन को केन्द्र में रखकर रचे गये बृहत्–आख्यान परियोजना का ही एक उपन्यास है। जहाँ, 'ग्लोबल गाँव के देवता' असुर समुदाय केन्द्र में है वहीं 'ग़ायब होता देश' में मुण्डा समुदाय। आदिवासी संस्कृति का आख्यान रचने की चुनौती बहुस्तरीय होती है। मुख्यधारा में शामिल, गौरव और महानता के गुणों के साथ इतिहास के सुनहरे पन्नों में दर्ज विजयी जातियों, समुदायों और संस्कृतियों की गाथाएँ तो अनेक प्रकार से लोगों के क़िस्सों–कहानियों का हिस्सा होती हैं पर जो विजीत जातियाँ और समुदाय होते हैं उनका इतिहास क्यों कर लिखा जायेगा। उनकी भाषायी, क्षेत्रीय, जातीय पहचान और अस्तित्व के संघर्ष की कहानी क्यों कोई कहना चाहेगा। भला हो, सबाल्टर्न अध्ययनों और शोधों का जिनके कारण हाशिये पर फेंक दिये

गये, कहीं बिला गये लोगों को इतिहास में जगह मिलनी शुरू हुई। सबाल्टर्न इतिहासकारों ने बड़ी शिद्दत से इस बात को महसूस किया कि सारे जहाँ का इतिहास एक ही रहगुज़र पर, एक ही मंज़िल का मुसाफिर बनकर क्यों रह जाये, उन दबी–कुचली आवाज़ों को भी तो वह जहाँ मयस्सर हो जिसके लिए उन्होंने अपना ख़ून–पसीना एक किया। जब ज्ञानेन्द्र पाण्डेय और शाहिद अमीन यह कह रहे होते हैं कि, "पूँजीवाद और राष्ट्रवाद के दबदबे के बावजूद, दुनिया भर में उनके फैल जाने, अपनी संस्कृति, अपना दृष्टिकोण, अपने तौर–तरीक़े का वर्चस्व कायम करने के बावजूद मानव समाज में अलग–अलग संस्कृतियाँ, अलग–अलग आकांक्षाएँ, अलग–अलग संघर्ष और इतिहास अभी बाक़ी हैं।"[10] तो वह वही इतिहास है जिसे अब तक अनसुना किया जाता रहा गया है। इस दृष्टि से यह बात यहीं कह देना उचित प्रतीत होता है कि रणेन्द्र के ये दोनों उपन्यास असुरों का शोधपरक सामाजिक, सांस्कृतिक और ऐतिहासिक 'पाठ' भी निर्मित करते चलते हैं। उपन्यास जैसी विधा ही यह काम सही तरीक़े से कर सकती है। 'ग्लोबल गाँव के देवता' में जहाँ यह काम किंचित संक्षिप्त रूप में नैरेटर मास्टर साहब और उनका दोस्त रुमझुम और डॉक्टर रामकुमार करते हैं, वहीं 'ग़ायब होता देश' में व्यापक स्तर पर यह काम डॉ. सोमेश्वर सिंह मुण्डा करते हैं। कहते हैं कि डॉ. सोमेश्वर सिंह मुण्डा बचपन से ही पढ़ाकू किस्म के व्यक्ति थे। हाईस्कूल में पूरी अंग्रेज़ी की डिक्शनरी ही रट ली थी। एंथ्रोपोलोजी, ज्योग्राफी न जाने किन–किन विषयों में डिग्रियाँ हासिल की हैं। सत्तर के दशक में कैम्ब्रिज यूनिवर्सिटी पहुँचने वाले आदिवासी समाज के दूसरे या तीसरे स्कॉलर थे। जबकि मास्टर साहब आदिवासियों के इतिहास और भूगोल के अध्ययन के लिए वेरियर एल्विन से लेकर एस.सी. राय तक सभी किताबें पढ़ते हैं, गरज यह कि असुरों का वास्तविक इतिहास खँगाला जा सके और पराजित जाति की उन सिसकियों को, जो इतिहास के पन्नों से बाहर निकाले जाने के लिए समय के दरवाज़े को थरथरा रही थीं, सुना जाय और उन्हें सामने लाया जाय जिन्हें न जाने कब से अपने को सभ्य कहने वाली मुख्यधारा की सभ्यता और विकास की नीति ने कहीं का नहीं छोड़ा। रुमझुम को आदिवासी समाज की वर्तमान दशा देखकर "बरबस प्राचीन अमेरिका के इंका, माया, एज़्टैक और सैकड़ों अन्य रेड इंडियंस याद आये। इसी तरह से खदेड़े जाने वाले, इसी तरह से मार दिये जाने

वाले। असुरों की तरह ही उनकी भी चन्द संख्या ही बची थी। बदहाल ज़िन्दगी गुज़ारती, संस्कृतिविहीन, भाषाविहीन, साहित्यविहीन, धर्मविहीन। शायद मुख्यधारा पूरा निगल जाने में ही विश्वास करती है। यह उनकी उदारता है कि इंका, माया, एज़्टैक एवं अन्य रेड इंडियंस से सम्बन्धित ढेर–ढेर साहित्य, ढेर सारे अजायबघर वहाँ मौजूद हैं। छाती ठोंक–ठोंक कर अपने को अत्यन्त सहिष्णु और उदार कहने वाली हिन्दुस्तानी संस्कृति ने असुरों के लिए इतनी भी जगह नहीं छोड़ी थी। वे उनके लिए बस मिथकों में शेष थे।''[11]

हम पिछले 25–30 वर्षों के भारत की जो तस्वीर देख रहे हैं वह भूमण्डलीकरण के नव–साम्राज्यवादी दबाव में बनायी गयी विकास की नीतियों और कारगुजारियों का नतीजा है। भारत में अमीरी और ग़रीबी का, असमानता का जो ग्राफ़ था पहले भी बहुत अच्छा नहीं था, परन्तु पहले 'स्टेट' की कोशिशें इसे दूर करने की दिशा में कमोबेश दिखाई देती थीं। परन्तु अब 'स्टेट' जिन अन्तर्राष्ट्रीय ताक़तों से संचालित होता है, उनके लिए मुनाफ़ा और किसी भी तरह से केवल मुनाफ़ा हासिल करना प्रमुख ध्येय है। इसके चलते स्थितियाँ और बद से बदतर हुई हैं अब एक ही भारत में दो भारत देखे जा सकते हैं। भारत के भीतर इन दो दुनियाओं की तस्वीर आपको देखनी हो तो प्रोफ़ेसर अमित भादुड़ी का लेख 'डेवलपमेंट और डेवलपमेंटल टेरोरिज़्म'[12] देखा जा सकता है। प्रोफ़ेसर भादुड़ी ने भारत के भीतर जिस चमकदार पहली दुनिया की तस्वीर खींची है, वह भारत, फैन्सी अपार्टमेंट्स, खुले–खुले, हवादार कार्पोरेट हाउसेज़, चमचमाते शॉपिंग मॉल्स, हाई–टेक फ्लाईओवर्स और उन पर फर्राटे भरतीं नये से नये मॉडल की कारें और उनमें खाये–अघाये ऊँघ रहे नव–धनाढ्य लोगों का भारत है। वहीं जो दूसरा भारत है, उस भारत में, कर्जे के बोझ तले दबे, हताश–निराश आत्महत्या को विवश किसान, गाँवों में वर्चस्वशाली ताक़तवर लोगों द्वारा दलितों और अल्पसंख्यकों की लिंचिंग, जल, जंगल और ज़मीन से प्यार करने वाले विस्थापन को विवश आदिवासी और महानगरों की चमकदार रौशनी में नहाई सड़कों पर बेसहारा घूमने वाले बच्चे और बेरोज़गार मर–खप जाने वाले अधिसंख्य लोग हैं। पहली दुनिया के ख़ास लोगों को तो हर तरह से बस अपनी जेबें भरने की नीति ही विकास की नीति है। सबसे ख़राब यह हुआ कि विकास की इस लूट–नीति को 'स्टेट' ने 'मुक्त बाज़ार' और

'मुक्त व्यापार' के अन्तर्राष्ट्रीय समझौते के तहत अधिक–से–अधिक इस लूट को और मुफीद व भयमुक्त बनाया है। राष्ट्रीय से लेकर बहुराष्ट्रीय कम्पनियों ने 'स्टेट' के साथ मिलकर विकास के नाम पर इस देश को तबाह कर के रख दिया है।

'ग़ायब होता देश' आदिवासियों की तबाही के इसी मंजर का दर्दाख्यान है। यह उपन्यास ग्लोबल साम्राज्यवादी ताक़तों द्वारा जल, जंगल और ज़मीन की बेतहाशा लूट और आदिवासी बेटियों की ट्रैफिकिंग के ज़रिये छीने जाने की पोल खोलता है। कैसे आदिवासियों का अपना 'सोना लेकन दिसुम' (सोने जैसा देश) ग़ायब होता जा रहा है, उनकी इस वेदना और पीड़ा को इस उपन्यास का विषय बनाया गया है। जिसे विकास कहा जा रहा है, उस अन्धाधुन्ध विकास के नतीजे क्या हो रहे हैं, कैसे जंगल के जंगल, नदियों के जलस्रोत, उपजाऊ ज़मीनें तबाह हो रही हैं, यह उपन्यास विकास के उस तथाकथित मॉडल का पोस्टमार्टम करता है जिसे 'स्टेट' समर्थित बिल्डर–पोलिटिशियन–अफ़सर–क्रिमिनल–पूँजीपति–कार्पोरेट मीडिया का गठजोड़ चला रहा है। इस 'सिंडिकेट' का एक ही लक्ष्य है, सबकुछ पर अपना वर्चस्व और उस पर मनचाहा व्यापार व मुनाफ़ा। उपन्यास के प्रारम्भ में ही नैरेटर ने प्राकृतिक सम्पदा से सम्पन्न मुण्डाओं की धरती पर अनियन्त्रित लूट का जो दौर शुरू हुआ है उसका एक चित्र खींचा है उसे देखना चाहिए : ''उसने बन्दरगाह बनाने, रेल की पटरियाँ बिछाने, फ़र्नीचर बनाने, मकान बनाने के लिए अन्धाधुन्ध कटाई शुरू की। मरांग बुरु–बोंगा की छाती की हर अमूल्य निधि, धातु–अयस्क उसे आज ही, अभी ही चाहिए। नहीं तो उसे पिछड़ जाने का भय था। वे दौड़ में अपनी परछाइयों से प्रतिद्वन्द्विता कर रहे थे। उनकी राक्षसी भूख पल–पल बढ़ती जा रही थी। एक ख़ास बात थी जो जितना ज़्यादा समझदार था वह आसमान में उतना ऊँचा उड़ रहा था। इन्हीं ज़रूरत से ज़्यादा समझदार इन्सानों की अन्धाधुन्ध उड़ान के उठे गुबार–बवण्डर में सोना लेकन दिसुम (सोने जैसे देश) ग़ायब होता जा रहा था। सरना वनस्पति जगत ग़ायब हुआ, मरांग–बुरु बोंगा, पहाड़ देवता ग़ायब हुए, गीत गाने वाली, धीमे बहने वाली, सोने की चमक बिखेरने वाली, हीरों से भारी सारी नदियाँ जिनमें इकिर बोंगा–जल देवता का वास था, ग़ायब हो गयीं। मुण्डाओं के बेटे–बेटियाँ ग़ायब होने शुरू हो गये। सोना लेकन दिसुम ग़ायब होने वाले देश में तब्दील हो गया।''[13]

विकास के नाम पर हीराहतु, एदलहातु, जोजोहातु, उलीहातु जैसे अनेकों गाँवों को बिजली, पानी और रोज़गार देने के नाम पर सरकार 'दुलभी नदी बाँध परियोजना' नाम से एक बहुद्देशीय परियोजना की घोषणा करती है। दो सौ करोड़ रुपये के इस बाँध में क्या नहीं है, बिजली भी, नहर भी, फैक्टरी भी। विकास ही विकास। अब तो इस क्षेत्र का कायाकल्प ही हो जायेगा। सरकार की इस घोषणा के बाद उपन्यास गति पकड़ता है। अब सारी घटनाएँ इसी बाँध परियोजना के इर्द–गिर्द घटित होती हैं। किशनपुर इलाके के सभी गाँव दुलमी नदी पर बाँध बनाये जाने का विरोध शुरू करते हैं। उनका कहना सही है कि, इस बाँध के बन जाने से बीस कोस तक का पूरा मुण्डारी इलाका डूब जायेगा। सरना, सासन, मसना, बोंगा–चंडी सब डूब जायेंगे। कुछ भी नहीं बचेगा। यहाँ से उजड़ कर लोग कहाँ जायेंगे? इसलिए, मुण्डा, मानकी, पुजार, पाहन सभी समुदायों के लोग मिलकर यह तय करते हैं कि जान दे देंगे पर बाँध नहीं बनने देंगे। व्यापक पैमाने पर एकजुट विरोध शुरू होता है। परन्तु 'स्टेट' की ताक़त के आगे भला दो–चार हज़ार लोग कहाँ टिकेंगे। जहाँ आठ–दस लाशें गिरीं कि बहुत सारे लोग पीछे हट जाते हैं और बाक़ी बचे लोग जेल में होते हैं। यहाँ भी यही हुआ। इस आन्दोलन में नीरज पाहन का पूरा परिवार तबाह हो गया। उसके भाई ने लड़ते हुए जान दे दी, भाभी को पुलिस उठाकर ले गयी तब से उनका पता नहीं कि जीवित भी हैं या मार दी गयीं। वह ख़ुद सोनामनी दी, पत्रकार अमरेन्द्र मिश्र के साथ भागा फिर रहा है। क्योंकि अख़बार, टी.वी चैनल और पुलिस–प्रशासन सबने मिलकर इनको नक्सली घोषित कर दिया है। जो सरकार के विकास नीति का समर्थन करे वह देश के साथ और जो अपनी ज़मीन अपने हक की लड़ाई लड़े वह विकास विरोधी, नक्सली। अन्ततः दुलमी बाँध का काम ज़ोर–शोर से शुरू होता है। यहाँ की डूब में आये बीस कोस के बाशिन्दों को दुरंगदह नदी के किनारे एक स्लम बस्ती 'मदुकम बस्ती' में विस्थापित कर दिया जाता है। इसी आन्दोलन की रिपोर्टिंग करने किशन विद्रोही उस इलाके में जाते हैं। के.के. झा उर्फ़ किशन विद्रोही–किशनपुर एक्सप्रेस के तेज़तर्रार जुझारू पत्रकार। जयप्रकाश नारायण के आन्दोलन में भागीदारी कर चुके समाजवादी। किशन विद्रोही इस उपन्यास के नायक हैं। वे पूरी ईमानदारी से जान पर खेल कर आदिवासियों के बीच जाकर वहाँ की ग्राउंड रिपोर्ट तैयार करते हैं। हीराहातु का स्थानीय

रिपोर्टर अमरेन्द्र मिश्र इस काम में उनकी भरपूर मदद करता है। लेकिन जब रिपोर्ट छापने की बारी आती है तो मालिक के इशारे पर उसे काट–छाँटकर, उसकी पूरी हवा निकाल कर छाप दिया जाता है। किशन विद्रोही अपनी डायरी में दर्ज करते हैं–''कथित जनतन्त्र के कथित चौथे खम्भे की कथित आज़ादी को घुटने के बल बैठ रिरियाते देखा। रेंगते भी देखा। विज्ञापन की मार सीधे पेट पर। प्रबन्धन एक ही चोट से ढेर हो गया। क्रान्तिकारिता का मेकअप ठण्डे पसीने से धुल गया। सिर्फ़ जलने की गन्ध ऑफ़िस की हवा में ठिठकी रही। बस सात दिन और, बैठक में प्रबन्ध सम्पादक ने साफ़–साफ़ समझा दिया कि अख़बार को दुलमी बाँध विरोधी मूवमेंट का पर्चा नहीं बनने दिया जा सकता। अमरेन्द्र को नोटिस दे दी गयी। मुझे एहसास करा दिया गया था कि अगला टार्गेट मैं ही हूँ। एडिटर साहब की उम्र और पुराने सम्बन्धों का लिहाज किया जा रहा था।''[14]

पर, यह लिहाज कब तक चलता। कुछ अपनी कमज़ोरियों और कुछ उपर्युक्त सिंडिकेट की जाल में किशन विद्रोही जैसा स्वाभिमानी पत्रकार इस कदर उलझता–फँसता चला जाता है कि, कब वह ख़ुद का ही आखेट बन जाता है उसे पता ही नहीं चलता है। उनके बेडरूम में, शिव के किरात–शिकारी रूप में ख़ुद और उनके भाई का अर्जुन रूप वाली तस्वीर का प्रतीकार्थ कुछ और नहीं यही है। यह पूरा उपन्यास, कभी विद्रोही जी की डायरी के पन्नों से, तो कभी राजेश और वीरेन मुण्डा की स्मृतियों में दर्ज घटनाओं में अपनी कहानी बयाँ करता है। उपन्यास अपनी घटनात्मकता और वर्णन के लिए बार–बार या तो विद्रोही जी की डायरी के पन्ने पलटता है या वीरेन की स्मृतियों पर दस्तक देता है। किशनपुर एक्सप्रेस से अलग होकर किशन विद्रोही पहले 'टोटल चेंज' नाम का मैगज़ीन निकालते हैं, फिर कार्पोरेट मीडिया के बहकावे में आकर 'पलाश' नाम का चैनल शुरू करते हैं और अन्ततः रियल एस्टेट के सिंडिकेट के एक बड़े खिलाड़ी अशोक पोद्दार के झाँसे में 'के.के. अर्बन प्लानर्स एंड डेवलपर्स' नाम की कम्पनी खोलते हैं। यह रियल एस्टेट का धन्धा ही उनकी जान ले लेता है। पोद्दार जैसे कमीने लोगों के बारे में यह प्रचलित था कि उसने इस धन्धे में कभी भी किसी को आगे नहीं बढ़ने दिया और जिस ज़मीन पर उसकी नज़र पड़ गयी उसे उसने किसी भी प्रकार से हथिया लिया। किशन एक्सप्रेस में किशन विद्रोही के साथ

काम करने वाले एक पत्रकार राजेश, जो विद्रोही जी की मौत के कारणों की तफ़्तीश में जुटे हुए हैं, जब नीरज पाहन के एक मित्र वीरेन मुण्डा से मिलता है तो खुलकर राजेश दा को हर चीज़ विस्तार से बताना शुरू करता है–''इन लोगों की नज़र जिस ज़मीन, जिस टोला, जिस बस्ती पर पड़ गयी, कोई न कोई उपाय लगा कर कब्ज़ा किया। धन से, छल, नहीं तो बल से। चाहे टाइम जितना लगे। उलिहातु, हिसिर, होलोंग, हेसल, गोंदा कितना नाम गिनाएँ। सबका हश्र तो यही हुआ। साहब–सुहबा सब इनके पॉकेट में। विक्टर तिगा (विधायक) जैसे हमारे अगुआ भी इंका ही संगी। दिन में 'जान देंगे, ज़मीन नहीं देंगे' का नारा हमारे संग, दिन ढलते दारू–चखना इनके संग। किस पर भरोसा करें। किसके भरोसे लड़ें। कोर्ट–कचहरी सबका एक्के हाल। हार कर मुआवज़ा लेकर सरेंडर। दुरंगदह नदी के किनारे स्लम में दस–बीस नयी झोंपड़ियाँ और। यही तो हो रहा है। रोज़ का यही धन्धा।''[15] ज़मीनों को हड़पने का यह धन्धा बहुस्तरीय है। एक नहीं कई–कई जमात इस धन्धे में लगी हुई हैं। कहीं सविता पोद्दार का 'जय माताजी आदिवासी कल्याण संस्थान' तो कहीं 'वसुन्धरा डेवलपर्स प्राइवेट लिमिटेड' तो कहीं 'शास्त्री वास्तुकार' तो कहीं कोई और। बड़े पैमाने पर किशनपुर में यह धन्धा फल–फूल रहा है। वीरेन मुण्डा का यह आर्तनाद ''हमारी गलती क्या है दादा? यही कि हमारे पास ज़मीन है। हमारे पूर्वजों ने हज़ारों साल पहले यहाँ के जंगलों को काट कर खेत बनाये। बस्तियाँ बसायीं। क्या यही उनकी गलती थी? वे सबको इज्ज़त देते थे, उनके पेट छोटे थे, भूख छोटी थी क्या यह उनकी गलती थी? उन्होंने इस धरती माँ, पेड़–पौधों की इज़्ज़त की। नदी–पझरा–झरना को प्यार किया, दुंगरी–पहाड़ को पूजा। क्या यह गलती थी? उनसे उतना ही लिया जितनी उनकी ज़रूरत थी। उनकी ज़रूरतें बहुत कम थीं और वे बहुत ख़ुश थे। ...जो भी बाहर से यहाँ आया, बहुत बड़ा पेट लेकर, लेदा लेकर आया। और ऐसी राकसी भूख जो कभी नय ख़त्म होने वाली। बाहर से जो भी आया सबको ज़मीन की भूख। पैसे की भूख। औरत की भूख। एक भूख हो तो बताया जाय।''[16] जिस बिल्डर–पोलिटिशियन–अफ़सर–क्रिमिनल–पूँजीपति–कार्पोरेट मीडिया के सिंडिकेट का ज़िक्र ऊपर हुआ है उसमें एक नहीं इस इलाके के सभी पापी शामिल हैं। पूँजीपति रवीन्द्र बनारसी, मीडिया मालिक सुनील शर्मा, प्रोफ़ेसर नवल पांडे, भू–माफिया अशोक पोद्दार, निरंजन राणा, आई.ए.एस.

अधिकारी नरेश शर्मा और बी.के. सिंह और भी न जाने कितने नाम। ''देश भी तरक्की के आसमान का पतंग हुआ जा रहा था। नये कल कारखाने बनाने के लिए हर शहर–गाँव में लैंड बैंक बनाने की ज़िम्मेदारी बीके भैया को मिल गयी। अब भैया के सपनों के मोटे लिफ़ाफ़े फैल कर पैराशूट हुए जा रहे थे। भैया ने अपने सपने शेयर किये। पहले नरेश शर्मा को फिर सीनियर्स–जूनियर्स को। 'शास्त्री वास्तुकार' नाम की एक नयी कम्पनी दुनिया के सामने प्रकट हुई, जो सबके सपनों को सच करने का दावा कर रही थी। हर इंडस्ट्रियल एरिया में कॉलोनी बनाने की ज़िम्मेदारी इसी 'शास्त्री वास्तुकार' को सौंपी जा रही थी।''[17]

जिस दुलमी बाँध के चलते वहाँ के लोगों को अपनी माटी से उखाड़कर 'मदुकम बस्ती' में फेंक दिया गया था, वह मदुकम बस्ती भी बहुत दिनों तक आज़ाद नहीं रही। बिल्डरों की नज़र में वह कब का चढ़ चुकी थी। उसे मटियामेट कर वहाँ हाईराइज़ बिल्डिंग खड़ी हो गयी थी। एक बार फिर वहाँ से लोग उजड़ कर एक दूसरी बस्ती 'बिरसाडीह' में शरण लेने को विवश होते हैं। पर बिरसाडीह भी बहुत दिनों तक उनकी शरणस्थली नहीं रह पाता है। राजधानी किशनपुर की नाक के नीचे बसे इस इलाके पर कई लोगों की नज़रें गड़ी हुई थीं। पर बाजी मार ले जाता है रिटायर आई.ए.एस. पाण्डेय और उसकी कम्पनी 'जय किशनपुर बिल्डर्स'। यह पाण्डेय कोई और नहीं, शिंडाल्को कम्पनी सखुआपाट का मैनेजर, रिटायर्ड आई.ए.एस अधिकारी श्री किशन कन्हैया पाण्डेय उर्फ़ के.के. पाण्डेय ही है। इस बार पाण्डे बाबा, एक विदेशी मदारी जेम्स मिल को अपने साथ ले कर आया है जिसके विशखोपड़ा दिमाग़ में तरह–तरह की खुराफाती योजनाएँ हैं। 'स्मार्ट सिटी' तो आज 2015 की सरकारी योजना है, पर अपने को अमरीकी साइंटिस्ट और अर्बनोलाजिस्ट बताना वाले इस जेम्स मिल के दिमाग़ में उससे बहुत पहले 'स्मार्ट सिटी' से भी बढ़िया परियोजना है जिसे वह 'पावर प्वाइंट प्रेजेंटेशन' के ज़रिए सबके सामने रखता है–''कितना सुन्दर 'पावर प्वाइंट प्रेजेंटेशन' बना सके थे ऊ गोरा साहब डॉ. जेम्स मिल। एकदमे गाँधी बाबा से शुरू और गंधिए बाबा पर ख़त्म। ...1998 से पहले बिरसाडीह में आये सभी लोगों के लिए साढ़े चार सौ स्क्वेयर फुट का फ्लैट। ख़ूबसूरत बहुमंजिली इमारत। जिसे ज़्यादा जगह चाहिए उसे बाज़ार भाव पर जादा जगह। जिसका काम–धन्धा है, वर्कशाप है उसे बस कुछ ही किलोमीटर की दूरी पर

इंडस्ट्रियल एरिया में वर्कशॉप। वर्ल्ड क्लास नॉलेज, बिजनेस, कल्चरल, हेल्थ सभी के सेंटर। चारों ओर हरियाली। दुरुंगदह की बहती फिर से नीली धारा। ढकी सीवर लाइन, सुरक्षित इलेक्ट्रिसिटी नेटवर्क, पार्क, मनोरंजन केन्द्र और न जाने क्या–क्या, दुनिया भर का परोसन, ई भी मिलेगा, ऊ भी मिलेगा, सब कुछ यहीं मिलेगा।''[18] इतनी सुन्दर दुनिया, यह सब्ज़बाग केवल ज़मीन हड़पने के लिए लोगों को दिये जाने वाले वे लॉलीपॉप थे जिनके चलते बिरसाडीह के मुण्डा, उरांव, मानकी, पाहन अब कहीं के न रहें। और इस बार परियोजना केवल रियल स्टेट की कमाई वाला नहीं है। बल्कि इस बार यह उससे भी कई गुना ख़तरनाक योजना है। किशनपुर का पूरा इलाका, आर्थिक और वैज्ञानिक दोनों ही स्तरों पर अमरीकी व्यापार की प्रोग भूमि बनने वाली है। इस ख़तरनाक खेल को, सबके सामने डॉक्टरी की पढ़ाई करके किशनपुर लौटे किशन विद्रोही का बेटा कमल कृष्ण उर्फ़ बिट्टू उजागर करता है। वह बताता है कि कैसे इस सारी फसाद के पीछे एक विदेशी दिमाग़ काम कर रहा है–अमरीकी साइंटिस्ट और अर्बनोलाजिस्ट डॉ. जेम्स मिल। कैसे वह अमरीकी धीरे–धीरे राजधानी का 'सेंटर ऑफ़ एट्रेक्शन' बन गया। विकास और निर्माण सम्बन्धी योजनाओं की सारी प्राथमिकताएँ अब यही अमरीकी अर्बनोलाजिस्ट डॉ. जेम्स मिल तय करता है। घटनाएँ उसके हिसाब से घटती हैं। विद्रोही जी का डॉक्टर बेटा बिट्टू जब इंटरनेट पर दो–तीन दिन ख़ूब मेहनत कर इस तथाकथित फादर टेरेसा के बारे में जानकारियाँ इकट्ठे करता है तो बहुत ही चौंकाने वाली चीज़ें मिलती हैं–''यह सो काल्ड फादर टेरेसा तो अर्बनोलाजिस्ट है भी नहीं। यह तो एडवांस स्पेस साइंस का प्रोफ़ेसर है। यूनिवर्सिटी ऑफ़ अलास्का के आयनोस्फेरिक रिसर्च प्रोग्राम पर काम कर रहा था। हमारी आँखें अचरज से चौड़ी हो गयीं। अंकल इसे ऐसे समझिए कि हमारी धरती के चारों तरफ़ जो वायुमण्डल है उसे वैज्ञानिकों ने विशेषताओं के आधार पर कई भागों में बाँटा है। समुद्र की सतह से अठारह किलोमीटर ऊपर तक क्षोभमण्डल है–ट्रोपोस्फ़ेयर, उसके ऊपर अड़तालीस किलोमीटर तक समतापमण्डल है–स्ट्रेटोस्फ़ेयर और अड़तालीस से पचपन हज़ार किलोमीटर तक आयनमण्डल है–आयनोस्फ़ेयर। यहाँ सूर्य और अन्य तारों–आकाशगंगाओं से आने वाले आवेशित कण सोख लिए जाते हैं। ये आवेशित कण हमारे ध्रुव–क्षेत्रों में रंगीन ज्योतिधारा के रूप में झरते

हैं जिन्हें ऑरोरा कहा जाता है। एक–दो दशकों से अलास्का यूनिवर्सिटी और कई अमेरिकी संस्थान मिलकर इन आवेशित कणों के उपयोग पर लगातार रिसर्च कर रहे हैं। उनका संचार, ज़मीन के अन्दर खनिजों की खोज, समुद्र के अन्दर के संसाधनों की खोज, मौसम–नियन्त्रण, सैन्य–दृष्टि से और न जाने क्या–क्या उपयोग किया जा सकता है। इस ख़ास प्रोग्राम को हार्प (हाई फ्रिक्वेंसी एक्टिव ऑरल रिसर्च प्रोग्राम) कहते हैं। जेम्स मिल इसी प्रोग्राम से जुड़े थे। इनके फादर की सिस्टर यानी बुआ रोजलिना मोनालीज़ा मिल बहुत पहले इंडिया आयी थीं। उन्होंने किसी सोलर थर्मोइलेक्ट्रिकल एनर्जी के नये रूप पर काम किया था। मरने के वक़्त उन्होंने वसीयत के तौर पर अपने काम की सारी फाइल अपने साइंटिस्ट भतीजे को सौंप दी। उसी के बाद जनाब इंडिया आये और धीरे–धीरे किशनपुर पहुँच कर जम गये। ...वैसे भी मम्मी की बात मानें तो जेम्स मिल की बुआ ने जो कुछ अपने भतीजे को सौंपा वह सोमेश्वर बाबा की अमानत है।''[19] यह रोजलीना मिल कोई और नहीं सोमेश्वर बाबा की अमरीकी व्याहता थीं, जिससे अपने रिसर्च के दौरान सोमेश्वर बाबा ने विवाह किया था और जो अमेरिका से भारत उनके साथ आकर कुछ वर्षों तक रही भी थी। परन्तु एक दिन अचानक वह बहुत–कुछ काग़ज़–पत्तर और फाइलें लेकर रफूचक्कर हो गयी। ये वही रिसर्च की फाइलें थीं जिस पर जेम्स मिल काम कर रहा है।

सोमेश्वर बाबा ने अपनी सारी ज़िन्दगी अपने आदिवासी समाज को दे दी। वे भी चाहते तो अमेरिका आदि में डॉलर की मोटी तनख्वाह वाली नौकरी कर के नहीं बस सकते थे। पर, नहीं उन्होंने अपने समाज की दुर्दशा के बीच रहते हुए, उसे दूर करने की मंशा से अपने समाज में लौट आते हैं। पर, सोमेश्वर बाबा की पीड़ा का अन्त नहीं। वे सरकार, सरकार की नीतियों, उसके पूरे तन्त्र से बुरी तरह मर्माहत हैं। उपन्यास में जगह–जगह उनकी मर्माहत वेदना फूट पड़ती है। आदिवासियों की भौगोलिक और प्राकृतिक स्थिति, वह ज़मीन, वह जंगल और वह नदियाँ ही क्या उनके खुद के अस्तित्व के लिए काल बन गये हैं। सोमेश्वर बाबा का यह सवाल कि, ''अगरा, लुटियन दिल्ली के नीचे कोयला निकाल आये, इलाहाबाद सिविल लाइंस के नीचे बाक्साइट, यूरेनियम चंडीगढ़ के नीचे, आयरन और लखनऊ, चेन्नई और बैंगलुरु के नीचे तो क्या

उजाड़ेगा लोग उसे? होगा यहाँ विस्थापन? नहीं कभी नहीं। ऐसा कभी नहीं होगा। क्योंकि वहाँ रहने वाले एलीट, सम्माननीय नागरिक हैं। भारत माता के अपने ख़ास बेटे। फिर हम क्या हैं? केवल लाभुक, कोई टार्गेट ग्रुप या फिर किसी शोध के लिए एक ठो केस भर। क्या हैं हम? क्या मुआवज़ा के रजिस्टर के बस एक नम्बर या कि कल्याण विभाग के फाइल की फटी हुई झोली, फादर हाफमैन, वैरियर एल्वैन जैसों की किताबों की ब्लैक एंड व्हाइट तस्वीरें। क्या हैं हम? सच बात है कि उनकी नज़र में हम हैं ही नहीं। फिर यह हमारी साँस लेती हुई ज़िन्दगी क्या है? ...क्या हम आपके सौतेले बेटे हैं भारत माता?''[20] सारी कहानी बयान कर देता है। अब, आप सोचिए कि भारत माता की ये सौतेली सन्तानें, मनमाने विकास की इस अन्धी दौड़ में अपनी माँ, अपनी माटी, अपने 'सोना लेकन दिसुम' का समूल नाश हो जाने दें? नहीं, इस बार, नीरज पाहन, एतवा दादा, सोनामनी दीदी, सोमा, अनुजा, सोमेश्वर बाबा सबने मिलकर यह तय किया है कि, अपने 'देश' को बचाने के लिए देशी–विदेशी ताक़तों के ख़िलाफ़ यह आख़िरी लड़ाई होगी। सोमेश्वर बाबा की आदिवासी समाज में बहुत इज़्ज़त है। दुनिया के आदिवासी समाजों के उनके विस्तृत अध्ययन और शोध न केवल आदिवासियों के बीच बल्कि अन्तर्राष्ट्रीय स्तर पर जाना–पहचाना जाता है। अपने ब्लॉग पर वे दुनिया भर के नृतत्वशास्त्री और समाज–वैज्ञानिक तथ्यों और प्रमाणों के साथ आँख खोल देने वाले लेख लिखते रहते हैं। आज वही सोमेश्वर बाबा एक मीटिंग में सबको इस अन्तिम लड़ाई के लिए तैयार कर रहे हैं। वे अपने लोगों की वास्तविक स्थिति और दशा पर बात करते हुए, एक अंग्रेज़ी कहानी में आयी उस मक्खी का रूपक सबके सामने पेश करते हैं जो कैसे मरण दशा को पहुँचती है और अन्ततः मर जाती है–''एक मक्खी बॉस की स्याही की दावात में गिर पड़ी थी। बॉस ने उसे निकाल कर स्याही सोख्ता पर डाल दिया लेकिन जैसे ही मक्खी अपना पैर–पंख झाड़कर उड़ने की कोशिश करने लगी बॉस को पता नहीं क्या सूझा, अपनी कलम से एक बूँद स्याही फिर उस मक्खी पर डाल दिया। मक्खी घबड़ायी, लेकिन फिर हिम्मत कर, थोड़ी देर में ही सही, अपने पैर पंखों को स्याही से झाड़ा, धीरे–धीरे फिर से उड़ाने की कोशिश करने लगी। उसके हिम्मत का अंदाजा लगाने के लिए बॉस ने फिर से स्याही की एक बूँद उस पर डाल दी। लेकिन यह तीसरी बूँद छोटी–सी मक्खी के लिए इन्तहां हो गयी।

इस बार मक्खी जो गिरी, उठ नहीं पायी। मर गयी। मरी हुई उस नन्ही मक्खी को बिना किसी अफ़सोस के कचरा पेटी में फेंक दिया गया। दुलमी बाँध परियोजना जैसे प्रोजेक्टों के कारण उजाड़ कर आप लोग मदुकम जैसी बस्तियों में आकर बसे। दस–बारह साल पहले किसी बिल्डर–डेवलपर के कारण वहाँ से भी उजड़ना पड़ा। अब बिरसाडीह से भी उजाड़ने की तैयारी चल रही है। यानी आपके थके पंखों पर स्याही की तीसरी और आख़िरी बूँद। अगर आप सब हार गये, तो मक्खी की तरह उठाकर समय की कचरा पेटी में फेंक दिये जायेंगे, इसे याद रखिए। आपकी हिम्मत, आपकी वार लड़ने की ताक़त ही आपको बचा पायेगी, इसे समझिए। आप मक्खी नहीं, इन्सान हैं। संघर्ष कर के ही ज़िन्दा हैं इसे बता दीजिए।''[21]

मुण्डा समुदाय का नवयुवक नीरज पाहन के नेतृत्व में आर–पार संघर्ष का अन्तिम बिगुल बज उठता है। नीरज अपने पूर्वजों के संघर्ष को याद करता है। अंग्रेज़ों के ख़िलाफ़ 1857 के महाविद्रोह के बहुत पहले ही 1766–67 में मेदिनीपुर जंगल महाल के आदिवासी मुण्डाओं के उलगुलान की बात उसके जेहन में उभर उठती है–मेदिनीपुर जंगल महाल से उलगुलान की आग फैली, देखते–देखते घाटशिला, धालभूम, तक पहुँच गयी। जगन्नाथ धाल के साथ जब रघुनाथ महतो ने मोर्चा सँभाला तो पूरा पंचपरगना धधक उठा। मुण्डा, हो, महतो सब लड़ाई में शामिल। वह लड़ाई रुकती–बढ़ती आज़ादी मिलने तक चलती रही। आज फिर हमारी ज़मीनें छीनी जा रही हैं। कल उन्हें बाँध के लिए ज़मीन चाहिए थी। फिर सेज के लिए ज़मीन छीनी। अब रियल एस्टेट के लिए। अंग्रेज़ों के ज़माने का भूमि जब्ती क़ानून अपने स्वार्थ के लिए अभी तक लागू किये हुए हैं। हम क्या करें? चुपचाप ताक़ते रहें? हाथ पर हाथ धरकर बैठे रहें। लेकिन हमारी परम्परा संघर्ष की, हमारे पूर्वज संघर्ष करने वाले। हमारा इतिहास, हमारा मिथक, हमारा दर्शन सब संघर्ष का। हमारे जुझारू पूर्वज भी ऐसे जो मृत्यु के बाद किसी स्वर्ग–नरक में नहीं जाते हमारे साथ ही रहते हैं, अदिंग बोंगको बनकर। हमारा रास्ता दिखाते, हमारी रक्षा करते। सो हम लड़ेंगे। हमारे साथ प्रकृति, इतिहास, मिथक, पूर्वज, पुरनिया सब के सब मिल कर लड़ेंगे। उलगुलान ...हो उलगुलान। धरती से आकाश तक गूँजे उलगुलान :

अब देर नहीं
अब हो उलगुलान
सबने कहा उलगुलान
घर की दीवारों ने कहा उलगुलान
छप्पर से उठते धुएँ ने कहा उलगुलान और
उठा पूरे टोले पर छा गया,
आँगन में तनी रस्सी पर बैठी
गौरैया ने अपनी मीठी तान में कहा उलगुलान
और उड़ चली,
पूरे एदलहातु ने कहा उलगुलान
पतरा–जंगल से
पंछी–परेवाओं की कलरव में गूँजा
बँधी नदी की उदास लहरों में भी
जोश–सा आया उलगुलान।

यह उलगुलान जारी है। अब आदिवासी, विकास के नाम पर खेले जा रहे उस राष्ट्रीय और अन्तर्राष्ट्रीय ग्लोबल खेल को जान चुके हैं, जिनका एकमात्र लक्ष्य है, जंगल, ज़मीन और नदियों पर अधिकार कर अधिक से अधिक भू–सम्पदा, वन–सम्पदा और जल–सम्पदा का दोहन और व्यापार। इस ग्लोबल व्यापार में भले ही आदिवासी समाज उजड़ जायें, अपनी जातीय पहचान और अस्तित्व से मटियामेट कर दिये जायें, इसकी रंचमात्र भी चिन्ता नहीं है। रणेन्द्र के दोनों ही उपन्यास आदिवासियों की इसी समस्या को केन्द्र में रख कर रचे गये उपन्यास हैं। ये दोनों ही उपन्यास भूमण्डलीकरण की नीतियों के उस अन्तर्राष्ट्रीय वर्चस्व की पोल खोल देने वाले उपन्यास हैं जिनकी गिरफ्त में राष्ट्रीय और राष्ट्रवादी सरकारें अपने 'राष्ट्र–राज्य' होने के मूल अर्थ को खो चुकी हैं। इस लिहाज से ये दोनों उपन्यास आदिवासी समाज के बहाने, ग्लोबलाइज़ेशन की बड़े पैमाने पर हो रही उस वैश्विक–बहस और आलोचना के आख्यान बन जाते हैं जिनमें ग्लोबलाइज़ेशन के दुष्प्रभावों को देखा–परखा जा रहा है।

सन्दर्भ

1. कीकट प्रदेश का उल्लेख ऋग्वेद में है, जो पारसनाथ की पहाड़ियों में अब के झारखण्ड में है। महाभारत में भी कीकट प्रदेश का उल्लेख मिलता है। यह अनार्य असुर जातियों का क्षेत्र है–'किकटा नाम देशोश्नार्य विशेषः'। आर्य इनसे घृणा करते थे और इन्हें निंदनीय मानते थे।
2. रणेन्द्र, ग्लोबल गाँव का देवता, भारतीय ज्ञानपीठ, नयी दिल्ली, पृ. 134
3. वही, पृ. 16–17
4. वही, पृ. 39
5. वही, पृ. 42
6. वही, पृ. 79–80
7. वही, पृ. 92
8. वही, पृ. 79
9. वही, पृ. 100
10. शाहिद अमीन और ज्ञानेन्द्र पाण्डेय, निम्नवर्गीय प्रसंग–2, राजकमल प्रकाशन, पृ. XIV
11. रणेन्द्र, ग्लोबल गाँव के देवता, पृ. 33
12. Amit Bhaduri, Development or Developmental Terrorism, EPW- Vol. 42, Issue No. 7, 17 Feb. 2007
13. रणेन्द्र, ग़ायब होता देश, पेंगुइन बुक्स, गुड़गाँव, पृ. 3
14. वही, पृ. 71
15. वही, पृ. 100
16. वही, पृ. 104
17. वही, पृ. 151
18. वही, पृ. 216
19. वही, पृ. 203
20. वही, पृ. 263
21. वहीं पृं. 216–217

भारतीय साहित्य में विकास और विस्थापन की त्रासदी

विश्वासी एक्का

भारत में मानव समुदाय का विस्थापन सदियों से जारी है। कभी लोग विभाजन के कारण विस्थापित हुए, तो कभी विकास की शर्तों ने इन्हें बेघर किया। विभाजन के कारण विस्थापित लोगों के कष्ट और समस्याओं ने लोगों को भीतर तक झकझोर दिया, वे जड़ से उखड़ गये, अपनी पुरानी भूमि उन्हें जीवन के अन्तिम क्षणों तक अपने पास बुलाती रही। भारत–पाक विभाजन इस त्रासदी का ज्वलन्त उदाहरण है। इस विभाजन में कुछ लोग स्वेच्छा से, भावनाओं में बहकर भारत और पाकिस्तान चले गये, तो दोनों देशों की एक बड़ी आबादी को न चाहते हुए अपनी जन्मभूमि को छोड़कर जाने को विवश होना पड़ा, दोनों ही स्थितियों में लोगों को विस्थापन का दर्द भोगना पड़ा।

विकास के नाम पर होने वाला विस्थापन सर्वाधिक पीड़ादायक होता है, क्योंकि लोगों को बलपूर्वक उनकी भूमि से हटा दिया जाता है, कोई भी मानव समुदाय अपने पूर्वजों की भूमि आसानी से नहीं छोड़ना चाहता, उस भूमि से उसका भावनात्मक लगाव होता है, तिनका–तिनका जोड़कर जिस घर–गृहस्थी को बनाया है उसे कोई आसानी से कैसे छोड़ सकता है, उस पर पर्याप्त मुआवज़ा न मिलना उनके दुख–दर्दों को और बढ़ा देता है। विकास के लिए विस्थापन का अर्थ है किसी स्थान पर बसे हुए लोगों को उनकी जगह से हटाना और उस जगह को खाली करा लेना। देश जिस गति से विकास कर रहा है, उसी गति से विस्थापन की समस्या बढ़ रही है।

विस्थापन से ग्रामीण और आदिवासी समुदाय सर्वाधिक प्रभावित होता है। यह विडम्बना ही है कि जहाँ आदिवासियों की बसाहट होती है

वहाँ जंगल होते हैं, नदियाँ होती हैं, उस भूमि के नीचे खनिज सम्पदा होती है। इस प्रकार देश में विभिन्न प्रकार की विकास योजनाओं के द्वारा आदिवासियों को उनकी जन्मभूमि, कर्मभूमि से दरकिनार कर दिया जाता है। विकास के लिए क्या विस्थापन ज़रूरी है? क्या आदिवासियों को, ग्रामीण जनता को कम–से–कम प्रभावित किये बिना विकास सम्भव नहीं है? क्या उद्योगों से या बाँध निर्माण से ही विकास सम्भव है? क्या उद्योगों से सभी प्रभावितों को रोज़गार मिल जाता है? क्या सभी प्रभावितों को पर्याप्त मुआवज़ा मिल पाता है? आज़ादी के बाद बनी डी.वी.सी. परियोजना के मात्र दो बाँधों से 93,874 लोग विस्थापित हुए। इन परियोजनाओं से विस्थापित होने वाले तीन चौथाई आदिवासी थे। सन् 1942–43 में 'डिमना बाँध' का निर्माण किया गया था जिसमें 12 गाँवों के लोगों को विस्थापित किया गया था। कभी झारखण्ड के आदिवासियों की संख्या 70 प्रतिशत थी अब धीरे–धीरे इनकी संख्या कम होती जा रही है। झारखण्ड में औद्योगीकरण की शुरुआत औपनिवेशिक काल से ही शुरू हो गयी थी। सन् 1907 में जमशेदजी टाटा ने काली माटी क्षेत्र में अपनी फैक्ट्री की नींव रखी, इसके लिए 3564 एकड़ ज़मीन का अधिग्रहण किया गया और हज़ारों परिवारों को विस्थापित होना पड़ा।

विस्थापन की पीड़ा अपनी ज़मीन से उखाड़ दिये जाने के बाद अपनी खुली जड़ों को लेकर और कहीं न जम पाने की भीषण विवशता है जो उन्हें उनकी सामाजिक, सांस्कृतिक विरासत से अलग–थलग कर देती है। हमारे देश और समाज की वर्तमान समस्याओं में विस्थापन का महत्त्वपूर्ण स्थान है। बीसवीं शताब्दी की एक कारुणिक परिघटना के अनेक आयाम उपन्यासों सहित साहित्य की विविध विधाओं के विषय बने हैं। सबसे पहले हिन्दी साहित्य में देवेन्द्र नाथ सत्यार्थी ने अपने उपन्यास 'रथ के पहिये में' आदिवासी समाज एवं उनकी विस्थापन की समस्या को चित्रित किया है। फणीश्वरनाथ रेणु के उपन्यास 'मैला आँचल' में संथालों को उनके ज़मीनी हक़ से बेदखल कर दिये जाने और संथालों को अपने सत्व की लड़ाई लड़ते हुए दिखाया गया है। संजीव के उपन्यास 'पाँव तले दूब' में झारखण्ड में औद्योगीकरण से उत्पन्न विस्थापन की समस्या को उजागर किया गया है। उपन्यास 'पंचपहाड़' में खनिज बहुल क्षेत्र की समस्याओं का चित्रण है। औद्योगीकरण की चपेट में आते गाँव, झारखण्ड मुक्ति आन्दोलन और आदिवासी जीवन के यथार्थ को इस उपन्यास में

प्रमुखता से उठाया गया है। 'पाँव तले दूब' का पात्र सुदीप्त परिस्थितियों को बदलना चाहता है। उसकी राय में आदिवासियों की दो कमज़ोर नसें हैं–एक तो अरण्यमुखी संस्कृति और दूसरी उत्सवधर्मिता। पहली संस्कृति उन्हें सभ्यता को विकास से जुड़ने नहीं देती तो दूसरी उन्हें कंगाल बनाती है।

मध्य प्रदेश के होशंगाबाद में तवा नदी पर 'इन्दिरा सागर' बाँध बनाया गया है। इस बाँध के बनने से 44 गाँव विस्थापित हुए, इसका डूब क्षेत्र 5982 कि.मी. है। नत्थू यादव जो नया चूरना गाँव के निवासी हैं, बताते हैं कि उनकी ज़िन्दगी जैसे रुक सी गयी है और उन्हें नहीं पता कि आगे क्या करना है। जो ज़मीन उन्हें घर बनाने के लिए मिली आज तक उसका पट्टा नहीं मिला। जिस घर में लोग रहते हैं, वहाँ सोलर लाइट है, जिसका बिल 500 रुपये प्रतिमाह आता है जबकि सरकार ने कहा था, वर्षों तक उन्हें बिल नहीं देना पड़ेगा। विस्थापन के दर्द में सरकार द्वारा छला जाना उन्हें अविश्वास और अनास्था से भर देता है।

वीरेन्द्र जैन का 'डूब' यथार्थवादी उपन्यास है, इसमें आदिवासी समाज के शोषण, विस्थापन और संघर्ष की कथा है। इस उपन्यास में लेखक ने भारतीय ग्रामों के शोषण तन्त्र को उजागर किया है। विस्थापन की पीड़ा और पर्यावरण के विनाश की चिन्ता को बड़ी बारीकी से कथारूप में प्रस्तुत किया है। उपन्यास में ग्रामीण समाज बिजली परियोजना का विरोध करता है, वह ऐसा विकास नहीं चाहता जिससे उनका स्वयं का जीवन विनष्ट हो जाये विस्थापन से डरा और शोषण के विभिन्न पक्षों से आतंकित ग्रामीण समाज बिजली परियोजना जैसी विकास की योजना का विरोध करने को विवश हो जाता है।

रणेन्द्र का उपन्यास 'ग़ायब होता देश' मुण्डा जनजाति को केन्द्र में रख कर लिखा गया है। एक साक्षात्कार में उपन्यासकार कहते हैं–''अपनी नौकरी के दौरान मुझे बीते छब्बीस सालों में आदिवासी समुदाय के बीच काम करने का मौक़ा मिला। इस दौरान मैंने देखा कि किस तरह से उन्हें समाज के हाशिये पर रखा जा रहा है, उन्हें उनकी ज़मीन से बेदखल किया जा रहा है। उन्हें उस विकास का सपना दिखाया जा रहा है, जिससे सिर्फ़ कॉर्पोरेट और पैसे वालों का भला हो रहा है।'' उपन्यास का प्रस्तुत अंश डूब की त्रासदी को किस तरह चित्रित कर रहा है–''डहरते–डहरते हमलोग एकदम गाँव के डूब वाला इलाका के पास

पहुँच गये। दुलमा नदी का बँधा पानी दूर तक पसरा हुआ। थोड़ा अँधेरा, थोड़ा फैलाव के कारण दूसरा छोर–पाट दिखाई नहीं दे रहा था। बँधा होने के कारण धारा में बहाव गति तो नहीं थी किन्तु गहराई थी। बहुत ऊपर चढ़ आया था पानी। यह एदलहातु की ऊपर टोली थी, टुंगरीनुमा ऊँचाई पर बसी। बीस–पच्चीस घरों की टोली, इसीलिए डूब से जैसे–तैसे बची हुई थी। लेकिन इस बाँध में एक सौ सत्तर गाँव और पचास मील तक फैला हज़ारों साल पुराना घना जंगल पूरी तरह डूब गया था।'' अपनी ज़मीन से उखाड़ दिये गये लोग पाते हैं कि उनका देश ग़ायब होता जा रहा है।

शैलेय का उपन्यास 'हलफनामा' टिहरी बाँध से विस्थापितों पर केन्द्रित है। यह उपन्यास बताता है–जो ज़मीन के मालिक नहीं हैं न उन्हें पुनर्वास मिलता है और न ही मुआवज़ा। उपन्यासकार कहते हैं–''दरअसल विस्थापन शोषण का उपकरण है।'' महुआ माजी का 420 पृष्ठों का उपन्यास 'मरंग गोड़ा नीलकण्ठ हुआ' आदिवासियों के विस्थापन, विकिरण एवं रेडियो एक्टिव प्रदूषण और आदिवासियों के लोक विश्वास और मिथकों पर लिखा गया है। यह उपन्यास केवल सिंहभूम के आदिवासियों की विस्थापन सम्बन्धी समस्याओं तक ही सीमित नहीं है, इसकी व्याप्ति जापान, अमेरिका, ऑस्ट्रेलिया तथा विभिन्न द्वीपों में रहनेवाले आदिवासियों के जीवन तक है। इस उपन्यास में मरंग गोड़ा नामक एक काल्पनिक गाँव है। वहाँ पहले प्रकृति सन्तुलित थी लेकिन बहुराष्ट्रीय कम्पनियों के आने के बाद इस गाँव में विकिरण, रेडियोधर्मी प्रदूषण से वहाँ के लोग और प्रकृति प्रभावित हो चुकी है। बच्चे विकलांग पैदा हो रहे हैं, तालाब और नदियों की मछलियाँ मर रही हैं। तो क्या मरंग गोड़ा को विषपान करा दिया गया है? कितना मार्मिक है यह। उपन्यास का एक पात्र कहता है–''हम विकिरण को पचा सकते हैं पर अपने बच्चों की भूख बर्दाश्त नहीं कर सकते।'' गाँव वालों का कहना है–''विकिरण तो हमें बाद में मारेगा, मगर भूख तो हमें कुछ ही दिनों में मार देगी, अपने बाल–बच्चों को कब तक भूख से तड़पते देखा जा सकता है।''

बाबाराव मराडी का मराठी उपन्यास 'टाहो' जिसका हिन्दी अनुवाद 'आक्रोश' शीर्षक से किया गया है, में भी विस्थापन पर सवाल उठाया गया है। क्या विकास का मतलब लोगों को विस्थापित करना है? विकास के नाम पर बाँध बनाये जा रहे थे, उसके नीचे आदिवासियों

की ज़मीनें जाने लगी थीं, उनके घर जाने लगे थे। विकास के नाम पर विस्थापन का प्रश्न निर्मित होने लगा था। आदिवासियों की ज़मीनों पर बाँध बने लेकिन उस बाँध का पानी मात्र ज़मींदार, सेठ साहूकारों के खेतों में? डोंगरगाँव के आदिवासी इकट्ठा हुए। सब लोगों के घर–बार इस बाँध में डूबने वाले थे। सब लोग चिन्तामग्न थे।

रोज़ केरकेट्टा की कहानी 'फिक्सड डिपाज़िट' विस्थापन की समस्या पर केन्द्रित है। कहानी का एक पात्र बताता है–"अचानक एक दिन सर्वे के लिए लोग आये और दिन भर नाप जोख कर खूँटा गाड़ कर चले गये। टोपी पहने इंजीनियरों, ओवरसियरों और चेयरमेनों का दल इधर–उधर घूमता रहा। उन्होंने मनोहर दा के आँगन को, हरापन लोहरा के बारी को, नीचे से पूरे गाँव के खेतों को घेरे के भीतर कर दिया गया था। शाम को जाते–जाते उन्होंने घोषणा कर दी थी–एक वर्ष के अन्दर गाँव खाली कर देना। भीड़ में से किसी को पूछने की हिम्मत नहीं हुई कि गाँव खाली करके वे जायेंगे कहाँ। विस्थापन की समस्या अपने आप में तो भयावह है ही, वह दूसरी अन्य समस्याओं को भी जन्म देती है, कहानी में लेखिका ने इस ओर भी संकेत किया है। मुनाफ़े के रूप में जो एक लाख रुपये मिले थे, मनोहर दा ने बेटे के नाम पर ज़मा करा दिये। नालायक बेटा, उन पैसों को शराब पीने में ख़र्च करने लगा, रिश्ते के भाइयों को जब इस बात का पता चला तो उन्होंने मनोहर दा की बेटी मीना के नाम पोस्टऑफ़िस में पचास हज़ार रुपये फिक्सड डिपाज़िट में ज़मा करा दिये। जब शराबी बेटे को इस बात की ख़बर मिली तो उसने माता–पिता को बेरहमी से पीटा। बहन मीना घबरा गयी और काम करने के लिए सहेली के साथ दिल्ली पलायन कर गयी।

साहित्य में गद्य के साथ पद्य में भी विस्थापन की त्रासदी को स्थान मिला है, कवियों का आक्रोश और संवेदनाएँ उनके काव्य में दिखाई देती हैं। कवि नागार्जुन ने सन् 1947 में विस्थापन सम्बन्धी एक कविता लिखी जो उद्‌बोधन, युगधारा में संकलित है–

झारखण्ड सतपुड़ा सदृश्य तव स्कन्ध
रत्नाकर हो अगर तुम्हारा नाम

x x x

अबरक और कोयला और पेरउओल
हीरा और जवाहर सोना चाँदी लोहा स्पात

अन्दर दबी पड़ी है सौ सौ खान
उठो–उठो, उठ जाओ विंध्य महान

x x x

भील, गोड़, हो, मुण्डा और संथाल
अब भी तो विकसित हों तेरे बाल

प्रेमशंकर शुक्ल की कविता 'चीनी' भी इन्हीं संवेदनाओं से युक्त है–

चीनी हमें मिठास से अधिक कड़वाहट
के लिए आती है याद गुलामी के दिनों में
चीनी ही है जिसने हमारे कितने पूर्वजों को
अपनी ज़मीन से किया बेदखल

x x x

विस्थापन पर सोचते–विचारते आजकल
कविता से पूछता रहता हूँ बार–बार
आख़िर शक्कर की बात करते–करते
चक्कर क्यों खाने लगता है मेरा दिमाग़।

विजयकुमार ने भी अपनी कविताओं में विकास और विस्थापन को कठघरे में खड़ा किया है–

कोयले की खदानों में अक्सर उग आयी घास सबसे अधिक ज़िद्दी थी
वह सबसे अधिक हरी थी, काले और सफेद रंग में
बहुत पड़ जाता था फ़र्क़, उन दिनों में रंग सभ्य और असभ्य के बीच
एक अदृश्य लकीर थी उनकी आँखों में
सबसे हेय मज़दूरों की चमड़ियाँ थीं।

कवि की एक अन्य कविता है–

ज्वालामुखियों के राख उगलने के पहले
किसने कहा कि यह ज़मीन बंजर थी
किसने कहा कि इस मिट्टी में नमी नहीं थी
किसने कहा कि हमारी समतल और हरी ज़मीन कभी बीहड़ थी
ज्वालामुखियों के फ्यूराइल उगलने के पहले
इस ज़मीन के नीचे भी
प्रसुप्त ठण्डे लावे की एक नदी बहती थी

और
हमारे खेतों की मृदुल उपजाऊ मिट्टी में ही
हमारी भूख भी घुली हुई थी।

विजयकुमार जी की कविताओं में धनबाद और बोकारो क्षेत्र में कोयलांचल की पीड़ा है कि, किस तरह बाहर से आये लोग कोयला खानों के मालिक बने और उच्च पदों पर आसीन हो गये और विस्थापित लोगों को उपेक्षित कर निम्न पदों पर, मज़दूर के तौर पर कोल कम्पनी में नौकरी दी गयी। विस्थापितों के शोषण का यह भी एक पक्ष है। इसी प्रकार रेणु मिश्रा ने अपनी कविता में विस्थापन की पीड़ा को बड़ी गहराई से उकेरा है–

अपनी धरती पर ही
विस्थापन का दंश सहता
काले चीकट कपड़ों में लिपटा
कोयला निकालता आदमी

x x x

उसे याद आता है भूख से बिलबिलाते
अपने बच्चों का चेहरा
जिनके पेट में दहक रही है
सदियों से जलती कोयले की अँगीठी

x x x

काले कोयले के काले धन से
उजले हो जाते हैं सफेदपोश
और छोड़ जाते हैं कोयले की कालिख
उसके हाथों की लकीरों में
धरती की गोद में जाकर भी
भूखा ही रहा आदमी।

विस्थापन की समस्या पहले भी थी लेकिन भूमण्डलीकरण के इस दौर में यह समस्या और तेज़ी से बढ़ी है। विकास ज़रूरी है लेकिन विनाश की क़ीमत पर नहीं और यह भी कि विकास के नाम पर सबसे ज़्यादा प्रभावित ग्रामीण और आदिवासी जनजीवन एवं उनके संसाधनों पर आधारित विकास की नीतियाँ बने, जिसमें निर्णय लेने की प्रक्रिया में उनकी भागीदारी सुनिश्चित हो। विकास के लिए क्या विस्थापन ज़रूरी

है? क्या प्रभावित मानव समुदाय का पुनर्वास और पर्याप्त मुआवज़ा पाना उनका अधिकार नहीं है। ऐसे प्रश्न ही संवेदनाओं को झकझोर देते हैं और साहित्यकार अपने लेखन के द्वारा पाठकों, कॉर्पोरेट जगत तक संवेदनाओं का संचार करना चाहते हैं, प्रभावित लोगों को न्याय दिलाना चाहते हैं और निश्चय ही कुछ अंशों तक तो साहित्य अपने उद्देश्य में सफल है।

(गूगल और आदिवासी विकास से विस्थापन, सम्पा. रमणिका गुप्ता, से साभार)

विस्थापन और हिन्दी उपन्यास

बीरपाल सिंह यादव

विस्थापन को अंग्रेज़ी में Displacement कहते हैं। जिसका अर्थ है किसी वस्तु का अपनी जगह से हट जाना। वर्तमान में अपने जन्मस्थान को छोड़कर एक नये स्थान पर पहुँचने की प्रक्रिया को विस्थापित होना कहते हैं। इस तरह से देखें तो किसी समाज, परिवार, समूह या व्यक्ति को उसकी ज़मीन, घर, देश से इच्छा के विरुद्ध उखाड़कर फेंक देना यानी उसे निर्वासितों की तरह जीवन जीने के लिए मजबूर करना विस्थापन है। डॉ. रमेश कुरे ने विस्थापन की परिभाषा देते हुए कहा है–''विस्थापन का अर्थ होता है अपने घर से उजाड़ दिया जाना। और घर का अर्थ सिर्फ़ मिट्टी–गारे की दीवारें नहीं होतीं। घर का अर्थ होता है सुरक्षा का वह एहसास जो हमें जानवर से इन्सान बनाता है। घर का अर्थ होता है, अपने पूर्वजों की स्मृतियाँ जिनके साथ और जिनके स्नेह की छाया उनसे छीन ली गयी।''[1]

आज़ाद भारत में अनेक समस्याओं के साथ ही विस्थापन भी एक बड़ी समस्या के रूप में सामने आया। विस्थापन एक जटिल प्रक्रिया है। विस्थापित समाज इस दर्द को झेलने के लिए हमेशा–हमेशा को अभिशप्त हो जाता है। विस्थापन की पृष्ठभूमि को समझने के लिए हमें आज के वर्तमान समय के गुज़रते हुए इतिहास तक झाँकने की आवश्यकता है। अंग्रेज़ों की नीतियों द्वारा आदिवासियों का बड़ी तादात में विस्थापन हुआ था। सन् 1865 के वन क़ानून के द्वारा सर्वप्रथम आदिवासियों को उनके मूल वनाधिकारों की परम्परा से बेदखल किया गया। सन् 1857 में आदिवासी जनजाति क़ानून बनाया गया जिससे सैकड़ों जनजातियाँ जन्म से अपराधी घोषित हो गयीं। फिर सन् 1927 का 'वन क़ानून

संशोधन' बना जिसने वनवासियों की सामूहिक ज़िन्दगी के अधिकार हड़प लिए। इसके बाद सन् 1932 की 'वन नीति' ने तो आदिवासियों को वन विभाग का बँधुआ नौकर ही बना डाला। आदिवासी अपने क्षेत्र को देश मानता है, क्योंकि उससे ही वह अपना अस्तित्व मानता है। आदिवासी विस्थापन वर्तमान में सबसे ज्वलन्त समस्या बनकर उभरी है। क्योंकि जंगल वनवासियों की जन्मभूमि ही नहीं कर्मभूमि भी है। जंगल वनवासियों की रोटी–रोज़ी ही नहीं संस्कृति और मर्यादा भी है। जो बिकाऊ नहीं होती। 'हमारे गाँव में हमारा राज', 'जल जंगल ज़मीन हमारे' ये नारे भारत के आदिवासी इलाकों में आज गूँज रहे हैं। रमणिका गुप्ता के अनुसार–"आदिवासी लोगों का पलायन और विस्थापन सदियों से होता रहा है। ये आज भी जारी हैं। आदिवासियों के जंगलों, ज़मीनों, गाँवों, संस्थानों पर कब्ज़ा कर उन्हें दर–दर भटकने के लिए मजबूर करने के पीछे मुख्य कारण हमारी सरकारी व्यवस्था रही है। वे केवल अपने जंगलों, संसाधनों या गाँवों से ही बेदखल नहीं हुए, बल्कि मूल्यों, नैतिक अवधारणाओं, जीवन शैलियों, भाषाओं में संस्कृति से भी वे बेदखल कर दिये गये हैं। हमारे मौलिक सिद्धान्तों के अन्तर्गत सभी को विकास का अधिकार है। लेकिन आज़ादी के बाद के पहले पाँच वर्ष में लगभग ढाई लाख लोगों में 25 प्रतिशत आदिवासियों को ज़बरन विस्थापित किया गया। विकास के नाम पर लाखों लोगों को अपनी रोज़ी–रोटी, काम–धन्धे, ज़मीन से हाथ धोना पड़ा। उनको मिलने वाले मूलभूत–अधिकार जो उनकी ज़मीनों से जुड़े थे वे भी उन्हें प्राप्त नहीं हुए।"[2]

भारत में सन् 1894 के पहले ग़ैर–सरकारी कम्पनियों हेतु भूमि अधिग्रहण का प्रावधान नहीं था। लेकिन आजादी के बाद भारत सरकार ने 1984 में भूगि अधिग्रहण संशोधन अधिनियम ससद में पास कराया। सन् 1863 तक निजी कम्पनियों या व्यक्तियों के सार्वजनिक सुविधाओं के निर्माण हेतु भूमि अधिग्रहण का क़ानूनी प्रावधान नहीं था। सार्वजनिक सुविधाओं से तात्पर्य, कोई भी पुल, सड़क, रेलपथ, ट्रामपथ, सिंचाई या नौचालन हेतु नहर निर्माण, नदी या तट सुधार कार्य, कृत्रिम बन्दरगाह निर्माण, समुद्री बन्दरगाह, ड्रेनेज या बिजली का कार्य, टेलीग्राफ या इन सबसे सम्बन्धित कार्य। यह क़ानून इन्हीं उद्देश्यों तक के लिए सीमित था। लेकिन यही सारी चीज़ें आज विस्थापन के लिए ख़तरनाक साबित हो रही है। एक मोटे अनुमान के अनुसार आज़ादी के बाद से क़रीब 10

करोड़ नागरिक विस्थापित हुए हैं। इन विस्थापितों में कम–से–कम 45 प्रतिशत बच्चे है जब देश में पुनर्वास को लेकर कोई क़ानून नहीं है तो अन्दाज़ा लगाया जा सकता है कि हमारी सरकारें नागरिकों को लेकर कितनी संवेदनशील हैं। आदिवासी विमर्श एवं शोषण का इतिहास लेख में अरुंधति राय इस पूरी प्रक्रिया को अपने शब्दों में लिखती हैं कि ''लाखों लाख विस्थापितों का अब कोई वजूद नहीं है जब इतिहास लिखा जाता है, वे इसमें नहीं होते। आँकड़ों में भी नहीं। इनमें से कुछ लगातार तीन या चार बार विस्थापित हुए हैं। बाँध के लिए, चाँदमारी के लिए, दूसरे बाँध के लिए यूरेनियम की खान के लिए, बिजली परियोजनाओं के लिए, एक बार वे लुढ़कना शुरू करते हैं तो फिर रुकने की कोई जगह नहीं होती। इनमें से बहुत बड़ी संख्या आख़िरकार हमारे बड़े शहरों की परिधि पर झोंपड़पट्टियों में खप जाती है। जहाँ यह सस्ते निर्माण मज़दूरों की बहुत बड़ी भीड़ में बदल जाती है। (जो और ज़्यादा परियोजनाओं पर कार्य करती है, जिससे और ज़्यादा लोग बेदखल होते हैं) यह सही है कि उनका सफाया नहीं किया जा रहा है, या इन्हें गैस चैम्बरों में नहीं डाला जा रहा है। मगर मैं दावा करती हूँ उनकी रिहायश का स्तर थर्ड राइट (नाजी कैम्प) के किसी यातना शिविर से बदतर है। वे क़ैदी नहीं हैं, लेकिन वे मुक्ति के मतलब की एक दूसरी ही परिभाषा देते हैं।''

विकास और विस्थापन को भारतीय परिप्रेक्ष्य में समझने के लिए एक अन्य तथ्य पर भी गौर करना आवश्यक है। सन् 1894 में जब वर्तमान भू–अधिग्रहण क़ानून लागू हुआ तब भारत की जनसंख्या 27.96 करोड़ थी। साथ ही पाकिस्तान और बांग्लादेश भी भारत के अंग थे। आज हमारी आबादी 125 करोड़ के ऊपर जा चुकी है। आज़ादी के बाद भारत में क़रीब 1.50 लाख वर्ग किमी. भूमि राज्य अधिग्रहण कर चुका है। जो कि क्षेत्रफल में बांग्लादेश के बराबर बैठती है। ये अधिग्रहण बाँध, कारखानों, रेल, हवाई जहाज़, औद्योगिक क्षेत्र, शहरी बसाहट, सुरक्षित वन क्षेत्र, अभ्यारण्य, सड़क निर्माण, परमाणु एवं ताप–विद्युतग्रह, खेल के स्टेडियम से लेकर स्वीमिंगपुल बनाने तक के लिए किये गये हैं। पश्चिमी लेखक एडवर्ड सईद जो ख़ुद घर से बेघर हुए व्यक्ति थे उन्होंने अपने चर्चित निबन्ध निर्वासन पर चिन्तन में लिखा–''निर्वासन के बारे में सोचना आकर्षक तो है, लेकिन उसका अनुभव भयावह है, क्योंकि इसमें मनुष्य और उसकी

जन्मभूमि, उसके स्व और उसके घर के बीच एक बलाकृत एवं कभी न भरने वाला घाव है।"[3]

लगभग इसी पीड़ा की अभिव्यक्ति उड़ीसा की नियामगिरी पहाड़ी में निवास करने वाली विस्थापित की विभीषिका झेलने वाली डोंगरिया कोंध जनजाति के कृष्णा वडा का कथन है। "वे (वेदान्ता) कहते हैं कि हमारी नियामगिरी पहाड़ियों की चट्टानों में एल्युमिनियम नाम का बहुमूल्य खनिज है। मेरे पूर्वजों ने कभी इसकी परवाह नहीं की क्योंकि जब हमारे देवता 'नियामराजा' ने हमें ज़मीन के ऊपर सब कुछ दे रखा है, तो हम अपने पैरों के नीचे की ज़मीन से कुछ भी निकालकर क्यों खायें? क्यों एल्युमिनियम हमारे जीवन, हमारी पहाड़ियों और हमारे जंगलों से भी अधिक महत्त्वपूर्ण है। वे कहते हैं कि एक युद्ध लड़ा जायेगा, बहुत बड़ा युद्ध। इसके लिए बहुत सारे हथियारों की आवश्यकता पड़ेगी। एल्युमिनियम ऐसी धातु है जिससे ऐसे हथियार बनाये जायेंगे जो लाखों लोगों को मार सकते हैं। वो लाखों लोगों को क्यों मारना चाहते हैं। क्या वे हम लोगों के साथ बैठकर आपस में निपटारा नहीं कर सकते।"[4]

आदिवासियों, मज़दूरों किसानों के विकास के नाम पर, भूमण्डलीकरण होते भारत में बहुराष्ट्रीय कम्पनियों के नाम पर, भारत को आर्थिक महाशक्ति बनाने के स्थान पर निजी कम्पनियों द्वारा आर्थिक सुधार के नाम पर, इको–डेवलपमेंट के नाम पर, वन्यजीवों संरक्षक के नाम पर और साथ ही आधुनिक भारत की नींव रखने के नाम पर ग़रीब आदिवासियों, किसानों की क़ीमत पर पसरते पूँजीवाद से बाज़ार की परम्परा सुदृढ़ होती जा रही है। विस्थापन की यह जटिल प्रक्रिया वर्तमान में विभिन्न रूप लेकर और ज्वलन्त हुई है। जैसे–बेरोज़गारी, खाद्य संकट, साम्प्रदायिक दंगे, किसान भूमि अधिग्रहण, धनसम्पत्ति का नुक़सान, बाँध योजना, अस्वस्थता एवं मृत्युदर इत्यादि। इस आग में अपना सभी कुछ लुटा चुके लाखों बेघर लोग हैं। जिनका अभी तक पुनर्वासन नहीं किया गया है। जब बड़ी सरकारी योजनाओं के कारण एक–दो व्यक्ति अथवा परिवार ही नहीं बल्कि गाँव के गाँव विस्थापित हो रहे हैं। ऐसे में भूमि के बदले भूमि मिलनी चाहिए ऐसा क़ानून का कहना है। केवल पैसों का लेन–देन पर्याप्त नहीं है। विस्थापितों को भूमि भी कृषि योग्य देने के बदले पथरीली बंजर ज़मीन दी जाती है। इसीलिए जो स्थितियाँ लोगों की ख़ुशहाली का आधार

बन सकती थीं वे आज अनेक लोगों के लिए विपन्नता और हताशा से आत्महत्या तक की नौबत ला रही हैं।

प्रत्येक वर्ष सरकार इस बात की वाहवाही लूटती है कि देश में रिकॉर्ड अन्न उत्पादन हुआ है। लेकिन इस उपलब्धि का नतीजा रिकॉर्ड अन्न उपजाने वाले किसानों के जीवन पर क्या हो रहा, इस ओर वर्तमान नीति निर्धारकों का ध्यान नहीं जाता है।

भू–अधिग्रहण अधिनियम के तहत विकास के नाम विस्थापितों की भूमि अधिगृहित की जाती है। यहाँ सवाल उठता है कि भूमि अधिग्रहण सम्बन्धी क़ानून जितना ताक़तवर है उतना ज़िम्मेदार क़ानून पुनर्वास सम्बन्धी क्यों नहीं है। देश में किसी भी बड़ी–परियोजना के एवज में विस्थापितों का पूरा एवं सन्तोषप्रद पुनर्वास नहीं हुआ। जिस मकसद से विशाल परियोजनाएँ लागू की जाती हैं, वह मकसद इन परियोजनाओं के लागू करने से पूरा नहीं होता। जबकि विस्थापन का मुद्दा भूमि–अधिग्रहण तक ही सीमित न रहकर विस्थापितों की जीविका, संस्कृति व समुदाय तक को तहस–नहस कर देता है।

दुनिया के मानचित्र पर हम यह देख सकते हैं कि हमारे युग का एक अत्यन्त त्रासद पक्ष है कि इस दौर में शरणार्थियों, अप्रवासियों, विस्थापितों, बेदखल लोगों और निर्वासितों की इतनी बड़ी संख्या सामने आयी, जो अभूतपूर्व है। विडम्बना यह है कि इनमें से अधिकांश ऐसे लोग हैं जो औपनिवेशिक अथवा साम्राज्यवादी आन्दोलन के शिकार हुए हैं। मुक्ति संघर्षों के परिणामस्वरूप नये देशों और नयी सीमाओं का जन्म हुआ लेकिन साथ–साथ ही ऐसे लोगों की संख्या में इजाफा हुआ जो बेघर हुए एवं जिन्हें व्यवस्था द्वारा स्वीकार भी नहीं किया जा सकता। चीन, फिलिस्तीन, ईराक, इरान, म्यांनगर, अफ़ग़ानिस्तान, तिब्बत, भारत, भूटान, नेपाल, उत्तर और दक्षिण कोरिया सहित कई देशों की सरहदें अशान्त हैं।

1990 में कश्मीर से लाखों कश्मीरी पण्डित विस्थापित होकर जहाँ–तहाँ शरणार्थी कैम्पों में जीवन गुज़ारने के लिए मजबूर हो गये। आज भी ऐसे अनेक विस्थापित परिवार हैं, जिन्हें कोई सुविधा प्राप्त नहीं हुई है। युद्धक्षेत्र के आस–पास के गाँवों की खेती की ज़मीनों पर बम के गोले, मिसाइल, ग्रेनेड जैसे युद्ध की सामग्री गिरने से जमीन–बंजर हो जाती है, साथ ही खेतों में खड़ी फ़सल भी बरबाद हो जाती है।

किसी भी तरह की फ़सल वह मात्रा नहीं उपलब्ध करा पाती। जितनी लागत किसान लगाता है। फलस्वरूप अपने जानवरों एवं घर–परिवार के साथ पलायन के अलावा कोई चारा नहीं बचता।

साम्प्रदायिक दंगों की भी विस्थापन में बड़ी भूमिका होती है इन दंगों में लाखों–करोड़ों लोग विस्थापित होते हैं। या फिर हत्या, आगजनी, बलात्कार के शिकार बनते हैं। आज भारत में कश्मीरी हिंसा जिससे 19 जनवरी 1990 के दिन कश्मीरी पण्डितों को अपनी धरती से बेरहमी से बेदखल कर दिया गया, मुज़फ़्फ़रनगर दंगे, सहारनपुर में हुए दंगे या अन्य घटित हिंसाएँ भी विस्थापन का कारण होती हैं। इसके कटु यथार्थ को दंगों में विस्थापित हुआ समाज ही समझ सकता है। विस्थापन से प्रभावित इन लोगों में एक नॉस्टेलजिक चरित्र उभरता है। जिन्हें बार–बार अपनी चीज़ें, घर–परिवार, ज़मीन, संस्कृति याद आती है जो बहुत ही पीड़ादायक होता है। इसमें वह अपनी असली पहचान, अपने मूलदेश, धर्म, भाषा, संस्कृति, साहित्य, पहनावा, रीति, ऐतिहासिक विरासत, जीवन शैली, सभी चीज़ों से लुप्त हो जाता है। अपनी जीवन पद्धति, पूजा, अर्चना, तीज, त्योहार, धार्मिक संस्कार, मातृभूमि की माटी, विवाह पद्धति, लोक कथाएँ–मिथकीय आख्यान, इन सबसे टूट जाता है। वह स्वयं को निरन्तर अस्तित्व एवं अस्मिता के संकट से घिरा हुआ महसूस करता है। यह अहसास उसे अधिक असुरक्षित और आक्रामक बना देता है। यही विस्थापित समाज की पहचान बनती जा रही है।

सर्वोच्च न्यायालय की टिप्पणी इस स्थिति की भयावता की ओर स्पष्ट संकेत करती है–''यह दुर्भाग्य पूर्ण है कि आज आदिवासी जो सम्भवतः भारत के मूल निवासी हैं, देश की कुल आबादी के 8 प्रतिशत बचे हैं। वे एक तरफ़ ग़रीबी, निरक्षरता, बेरोज़गारी, बीमारियों, भूमिहीनता से ग्रस्त हैं, वहीं दूसरी तरफ़ भारत की बहुसंख्यक जनसंख्या जो कि विभिन्न आप्रवासी जातियों की वंशज है, उनके साथ भेदभावपूर्ण व्यवहार करती है।''

जस्टिस मार्कण्डेय काटजू सुधा मिश्र की खण्डपीठ की टिप्पणी, 5 जनवरी, 2011, Dizzy Ding www.azadi.me, उद्धृत संविधान के अनुच्छेद 11 में सभी के लिए जीने का समान अधिकार है। देश की सर्वोच्च अदालत ने इस अधिकार की व्याख्या करते हुए इसे हर व्यक्ति के लिए सम्मानपूर्वक जीने का अधिकार करार दिया है। स्वतन्त्रता के

पश्चात् देश की प्रथम औद्योगिक नीति की घोषणा 6 अप्रैल, 1948 को तत्कालीन केन्द्रीय मन्त्री डॉ. श्यामाप्रसाद मुखर्जी द्वारा की गयी थी। परन्तु लोगों को विस्थापित करने वाली अधिकांश परियोजनाओं में इन नीतियों को भुला दिया गया है। वर्तमान औपनिवेशिक एवं भूमण्डलीकरण के युग में प्राइवेट सेक्टर, ग़ैर–सरकारी संगठन तथा सरकार द्वारा लागू की जा रही नयी–नयी नीतियों से कृषक, आदिवासी मज़दूर विस्थापन सहने के लिए मजबूर हो रहे हैं। आदिवासियों के जल, जंगल, ज़मीनें, कोयला, इस्पात आदि चीज़ों को इन स्वार्थी लोगों ने अपने भीतर समेट लिया है। इस प्रक्रिया की शुरुआत 1853 में रेलवे निर्माण के साथ भूमि अधिग्रहण की शुरुआत हुई थी। आज बड़े–बड़े उद्योगपति, राज्य सरकारें, ग़ैर–सरकारी संगठन सभी इस लूट में शामिल हो गये हैं। आदिवासी इलाकों में जहाँ ज़मीनों को सस्ते दामों पर बिना सही मूल्य निर्धारण किये जबरन हस्तान्तरण किया जा रहा है। बलदेव राज के शब्दों में, "समूचे विश्व के भूमण्डलीकरण का अनुभव सिद्ध करता है कि बाज़ार राज्य का स्पेस लेता जा रहा है।"[5]

वर्तमान युग का दूसरा नाम आर्थिक युग है। अर्थ व्यक्ति जीवन का मूलाधार है। आज मनुष्य अर्थ के लिए अनर्थ के रास्ते पर चलने के लिए तैयार है। अर्थ के कारण ही समाज में धोखाधड़ी, दुश्मनी, मान–मर्यादा, प्रतिष्ठा की अवमानना हो रही है। अर्थ के लिए अत्याचार, दुराचारी, व्यभिचारी, अधर्मी का साथ दिया जा रहा है। अर्थ की इस प्रकृति पर वीरेन्द्र जैन का उपन्यास 'डूब' एकदम खरा उतरता है। अर्थ के लिए हीरा साव निर्मल साव को अनर्थ के रास्ते पर चलाने में संकोच करता। बेतवा नदी पर बनने वाले राजघाट बाँध से जहाँ लड़ैई के किसान मुसीबत में फँसे हैं। विस्थापन का संकट झेल रहे हैं। बनियों, सेठ साहूकारों की चाँदी है। लड़ैई गाँव के किसान बार–बार बनियों द्वारा ठगे जाते हैं। लेकिन उनके पास कोई रास्ता नहीं है। हीरा गाँव के लोगों की धोखे से नसबन्दी करवा देता है। उपन्यास का प्रमुख पात्र माते कहता है, "जब सरकार को हमारी सुध ही नहीं, तब हम साव के पास न जायें तो कहाँ जायें। कल भी जाते थे, आज भी जाते हैं और कल को भी जब किसी के ब्याह–कारज को कपड़ा लत्ता की दरकार होगी, नया लोहा की वासन, की धोती, की बीज, की हँसिया की दरकार होगी तब उपलकर जायेंगे साव के दरवज्जे।" (वीरेन्द्र जैन, डूब, पृ. 191)

'डूब' उपन्यास काल की दृष्टि से आज़ादी के बाद प्रथम आम चुनाव और देश की आर्थिक प्रगति के लिए बनायी जा रही अनेको परियोजनाओं से शुरू होकर इन्दिरा गाँधी की हत्या 1985–90 तक के समय तक विस्तृत है। बुन्देलखण्ड में विकास के नाम पर हो रहे लूट खसोट, भ्रष्टाचार, सरकारी तन्त्र की शिथिलता, राजनीतिक अवसरवादिता और इन सबके परिणामस्वरूप हो रही किसानों की दुर्दशा उपन्यास के केन्द्र में है। बेतवा, राजघाट और बुन्देलखण्ड के आस–पास जो चल रहा है वह एक देशव्यापी घटना है। इस उपन्यास को पढ़ते हुए देश के अन्य हिस्सों में चल रही परियोजनाओं की याद आती है। राजघाट पर बाँध बनने की घोषणा वरदान लगने लगी थी, वह लड़ैई गाँव के और उसके साथ के अनेक गाँवों के लिए अभिशाप बन गयी। विकास की इस दौड़ तक में गाँव उजाड़ का पर्याय होता चला गया। किसान विस्थापित होते चले गये। उसका सब कुछ छिनता चला गया।

विकास के नाम पर सरकार ने भारी संख्या में किसानों, आदिवासियों की ज़मीन अधिग्रहण की और उन्हें विस्थापित बना दिया। नतीजे में वे या तो रोज़गार की तलाश में पलायन कर दूसरे प्रदेशों में जाने लगे जहाँ उनकी भाषा और संस्कृति दोनों ख़त्म हो गयी। जो अपने ही प्रदेश में रह गये वे विस्थापित होकर किसान से खेतिहर मजदूर या बँधुआ बन जाने के लिए अभिशप्त हैं।

आदिवासी जीवन पर केन्द्रित रणेन्द्र का उपन्यास, 'ग्लोबल गाँव का देवता' झारखण्ड के मुण्डा और असुर जनजाति के विस्थापन की कथा कहता है। इसमें लालचन असुर का जीवन संघर्ष समूची जनजाति का जीवन संघर्ष है। ग्लोबल गाँव का देवता, अर्थात् विश्व स्तर के पूँजीपति घराने और सरकारी तन्त्र मिलकर आदिवासियों को उनकी ज़मीन से बेदखल कर रहे हैं। सिर्फ़ उनकी ज़मीन ही नहीं छीनी जा रही है बल्कि भाषा, संस्कृत और बहू–बेटियाँ भी छीनी जा रही हैं। "असुर जनजाति का एक मिथकीय इतिहास रहा है। और यह जनजाति ब्राह्मण वर्ग द्वारा सतत अपमानित होती हुई हज़ारों–हज़ार साल से पीछे हटते–हटते इस पाट पर। धरती का आख़िर छोर। अब यहाँ से कहाँ? नष्ट करने की प्रक्रिया तो आज भी जारी है। ज़मीन और बेटियाँ चुपचाप, शान्त–शान्त किन्तु रोज़ छीनी जा रही है।"[6]

आदिवासी संघर्ष और संस्कृति को रेखांकित करता हुआ उपन्यास पूँजीपति वर्ग द्वारा लूट–खसोट और विस्थापन तक पाठक को ले जाता है। उपन्यास भले ही झारखण्ड, छत्तीसगढ़ के अनुसार जनजाति को केन्द्र में रखकर लिखा गया है, लेकिन लेखक देशकाल की सीमा का अतिक्रमण करते हुए इतिहास पुराण से लेकर समकालीन सन्दर्भ तक जुड़ता है। ग्लोबल गाँव के देवता ख़ुश थे। जो लड़ाई वैदिक युग में शुरू हुई थी हज़ार–हज़ार इन्द्र जिसे अंजाम नहीं दे सके थे। ग्लोबल गाँव के देवताओं ने वह मुकाम पा लिया।"[7]

लेकिन ऐसा नहीं है कि आदिवासियों ने अपनी हार मानकर संघर्ष करना छोड़ दिया है। ललिता, बुधमी दी, गन्दूर एतवारी लालचन दा के बाबा, और अन्य लोगों को भले ही ग्लोबल गाँव के देवताओं ने लैंडमाइन्स से उड़वा दिया है लेकिन इससे उनका संघर्ष समाप्त नहीं हो जाता है।

रणेन्द्र का दूसरा उपन्यास 'ग़ायब होता देश' भी झारखण्ड छत्तीसगढ़ के आदिवासियों की खदानों पर केन्द्रित है। आदिवासियों के क्षेत्र प्राकृतिक संसाधनों से भरे पड़े हैं। इनमें यूरेनियम, कोयला, माइका, लोहा, ताँबा, मैंगनीज़ आदि पाये जाते हैं। प्राकृतिक सौन्दर्य से शुरू होकर कॉरपोरेट घरानों और प्रशासनिक मिलीभगत से आदिवासी शोषण पर यह उपन्यास ख़त्म होता है। जल, जंगल की लड़ाई लड़ते आदिवासियों को मौत के घाट उतार दिया जाता है। परमेश्वर पाहन की हत्या ऐसे ही विरोध के चलते होती है। परमेश्वर पाहन जिस दुलमी बाँध का विरोध कर रहे थे। बीस कोस तक मुण्डारी इलाका डूब रहा था। सरना, ससन, मसना, बोंगा–चड़ी सब डूब रहे थे। यह उपन्यास भारत की नयी उभरती प्रवृत्तियों का जबरदस्त आख्यान रचता है।

महुआ माजी का उपन्यास 'मरंग गोड़ा नीलकण्ठ हुआ' सिंहभूमि के आदिवासियों को केन्द्र में रखकर रचा गया है। यूरेनियम खनन के विकिरण से आदिवासियों के स्वास्थ्य पर जो प्रभाव पड़ रहा है उसको यह सूचना बखूबी दर्शाती है। यूरेनियम के चलते आदिवासियों के खेत डूबते हैं। दूसरे राज्यों के ग़ैर–आदिवासियों के खेत सिंचित होते हैं। इनके बिजलीघरों से आदिवासियों के घरों में बिजली तक मुहैया नहीं होती। बिजली दूसरे राज्यों के बड़े शहरों को मुहैया कराई जाती है। यह उपन्यास यूरेनियम और परमाणु की भयावहता को दर्शाते हुए न सिर्फ़ भारतीय आदिवासियों तक सीमित रहता है। वरन इसकी गूँजें जापान,

ऑस्ट्रेलिया, अफ्रीका, अमेरिका में रहने वाले आदिवासियों तक जाती हैं। समकालीन समस्याओं पर चर्चा करते हुए लेखिका आदिवासी–संघर्ष के इतिहास को ईस्ट इंडिया कम्पनी से जोड़ती है। ''चारिबा ठीक नहीं कर रही है। हमारे पूर्वजों ने जल, जंगल, ज़मीन के लिए बहुत झेला। कहते हैं बहुत पहले यहाँ से बहुत दूर किसी गाँव में पहले जब एक दिन अचानक घोड़े पर सवार होकर एक लम्बा–चौड़ा व्यक्ति कुछ लठैतों के साथ पहुँचा तभी लोगों को आश्चर्य हुआ। गाँव प्रधान के पूछने पर कि कौन हो आप तो उनके दुभाषिए ने बताया था–ये महाशय तुम लोगों की इस पूरी ज़मीन के धरती के मालिक हैं। समझ लो ज़मींदार हैं। पूरे इलाके को अब से हर साल तुम्हें इनके यहाँ लगान भेजना होगा।''[8]

उस दिन से ग्राम प्रधान सहित तमाम आस–पास के आदिवासियों की मासूमियत छीनी जाती रही थी। उनका स्वामित्व–उनका मालिकाना हक छीना जाता रहा था। धरती ही नहीं उस ज़मींदार ने नदियों को, हवाओं को और सूरज की किरणों को भी ख़रीदा था। इस लूट के ख़िलाफ़ सैकड़ों वर्षों से आज भी संघर्ष जारी है।

कुणाल सिंह का उपन्यास 'आदिग्राम उपाख्यान', चुआड़ आन्दोलन की पृष्ठभूमि से निकलता है। उपन्यासकार ईस्ट इंडिया कम्पनी के उपनिवेशवादी शोषण चक्र का पर्दाफ़ाश करते हुए यह बताता है कि किस प्रकार 1770 ई. से लेकर आज तक आदिग्राम का किसान अपनी भूमि को बचाने के लिए निरन्तर संघर्ष में है। 27 अक्तूबर, 1770 की घनघोर अँधेरी रात जब कम्पनी के कुछ कारिन्दे नलहाटी बाज़ार बैलगाड़ियों पर धान लाद कर चले तो उन्हें इस बात की ज़रा भी भनक नहीं थी कि उनके साथ क्या होने जा रहा है। किस प्रकार स्त्रियों ने कम्पनी सरकार के इस अन्न को लूट लिया था।

इसका रोचक वृत्तान्त इस उपन्यास में चित्रित किया है जिसमें अकाल की मार से बचे लोगों, स्त्रियों, बच्चों तक ने तीव्र लड़ाई लड़ी थी। उसका प्रश्न है–''आदिग्राम, मशीग्राम, रानीर हाट, जगदलपुर कारसरीपाड़ा आदि गाँवों के पाँच फ़सली ज़मीन को किसानों की मर्जी के बिना उनसे कोई राय लिए बिना सरकार कैसे हथिया सकती है।''[9]

आदिग्राम में चल रहे नक्सलवादी आन्दोलन, गुरिल्लावार की तैयारियाँ, लूट की राजनीति, किसानों, मज़दूरों के शोषण की वजह से वहाँ सुलगते जनाक्रोश को बड़ी कुशलता से यह उपन्यास अभिव्यक्त

करता है। बांग्लादेश के इस पड़ोसी–गाँव में दोनों देशों की प्रशासनिक लापरवाहियों एवं हलचलों को यह उपन्यास बखूबी दर्ज करता है। घटनाएँ इस उपन्यास को समकालीन भारतीय यथार्थ से जोड़ती हैं। विडम्बना यह है कि अपने ही हाथों से चुनी गयी सरकार के चंगुल से अपनी ज़मीन को बचाने के लिए ही यह ज़मीन अधिग्रहण प्रतिरोध समिति गठित की गयी थी।

'ग़ायब होता देश' में रणेन्द्र लिखते हैं–''थोड़ी देर के लिए सोचिए, बच्चू। अगर लुटियन दिल्ली के नीचे कोयला निकल जाये, इलाहाबाद सिविल लाइंस के नीचे बाक्साइट यूरेनियम, चण्डीगढ़ के नीचे आयरन और लखनऊ, चेन्नई, बैंगलूरू के नीचे तो क्या उजाड़ेंगे लोग उसे। होगा वहाँ विस्थापन? नहीं कभी नहीं ऐसा कभी नहीं होगा क्योंकि वहाँ रहने वाले सम्माननीय नागरिक हैं। भारत माता के अपने ख़ास बेटे फिर क्या हैं? केवल लाभुक, कोई टार्गेट ग्रुप या फिर हम किसी शोध के लिए एक ठोस केस भर क्या हैं हम? सच बात है, कि उनकी नज़र में हम हैं ही नहीं। फिर यह हमारी साँस लेती हुई ज़िन्दगी क्या है? क्या हम आपके सौतेले बेटे हैं भारत माता।''[10]

हिन्दी आदिवासी उपन्यासों के विमर्शनात्मक पहलू का यह मार्मिक अंश चरम आख्यान तक पहुँचता है। रणेन्द्र के 'ग़ायब होता देश' में इसके साथ ही काशीनाथ सिंह के रेहन पर रग्घू अलका सरावगी के कलिकथा वाया बाईपास, और शिवमूर्ति के त्रिशूल आदि उपन्यासों में विस्थापन की पीड़ा को वाणी दी गयी है। विस्थापन केवल भारत ही नहीं बल्कि पूरे विश्व के लिए जटिल समस्या के रूप में उजागर हुई है। इसको ध्यान में रखते हुए हिन्दी उपन्यासकारों ने विस्थापन के विविध स्वरूपों को प्रस्तुत करते हुए उनके सामने उपस्थित पुनर्वास की समस्या, रोज़गार, अस्तित्व, रहन–सहन, सांस्कृतिक पहचान इन जैसी अनेको समस्याओं को साहित्य के माध्यम से समाधान खोजने का प्रयास किया है। साथ ही देश के सामने इनकी विभीषिका को भी प्रस्तुत करने का सफल प्रयास किया है जिससे यह संकेत स्पष्ट निकलकर आता है कि पूँजीवाद के अन्त के साथ ही इन समस्याओं का अन्त सम्भव है। साथ ही इससे यह स्पष्ट संकेत भी मिलते हैं कि पूँजी में आकण्ठ डूबा हुआ तन्त्र एक न एक दिन नष्ट होना ही है। ये उपन्यास सहृदय पाठक के सामने एक प्रश्न करते हैं कि क्या आदिवासियों को या विस्थापित समूहों को वही वातावरण परिवेश दिया

जा सकता है जिसमें वे रहने के अभ्यस्त होते हैं। एक समूह को अपने सामाजिक रिश्ते, सांस्कृतिक मूल्यों, पर्व–उत्सव से काटकर अलग कर देना कितना जायज है?

सन्दर्भ

1. कुरे, रमेश संभाजी (सम्पा.), 2013, आदिवासी साहित्य : विविध आयाम, विकास प्रकाशन, कानपुर, पृ. 118
2. गुप्ता, रमणिका, 2008, आदिवासी : विकास से विस्थापन, राधाकृष्ण प्रकाशन, नयी दिल्ली, पृ. 7
3. डॉ. पी.एन. सिंह, सम्पादक साखी, जुलाई–दिसम्बर, 2006, पृ. 10
4. द अफेयर ऑफ़ ए ट्रायल ए स्टडी इन ट्राइबल डायनेमिक्स– लेखक डी.एन. मजूमदार, पृ. 1109, यूनिवर्सल पब्लिशर्स, लखनऊ।
5. नायर, बलदेव राज, 2005, द जियोपॉलिटिक्स ग्लोबलाइजेशन, आक्सफोर्ड यूनिवर्सिटी प्रेस।
6. रणेन्द्र, ग्लोबल गाँव के देवता, 2009, पृ. 34 भारतीय ज्ञानपीठ, नयी दिल्ली।
7. रणेन्द्र, ग्लोबल गाँव के देवता, 2009, पृ. 100 भारतीय ज्ञानपीठ, नयी दिल्ली।
8. महुआ माजी, मरंग घोड़ा नीलकण्ठ हुआ, पृ. 286, राजकमल प्रकाशन, नयी दिल्ली।
9. कुणाल सिंह, आदिग्राम उपाख्यान, 2001, पृ. 67, भारतीय ज्ञानपीठ, नयी दिल्ली।
10. रणेन्द्र, ग़ायब होता देश, 2014, पृ. 108, पेंगुइन बुक्स, नयी दिल्ली।

विकास, विस्थापन और समकालीन उपन्यास

शिगेश जी.एस.

यह विकास का दौर है। अपने व्यापक अर्थ में विकास समस्त चराचरों की भौतिक और आत्मिक सुख–समृद्धि का द्योतक है। लेकिन अब विकास का मतलब अर्थ पर आधारित भौतिक अभिवृद्धि मात्र से है। आज हम जिन विकास नीतियों को लागू कर रहे हैं, वे बिल्कुल विवेकहीन है। जल–जंगल–ज़मीन के विवेकहीन दोहन और उद्योग धन्धों में अभूतपूर्व वृद्धि से एक ओर पूँजी के एकत्रीकरण और केन्द्रीकरण होने लगे और दूसरी ओर प्रकृति और उससे जुड़ी आम जनता विस्थापित होने लगी। विस्थापन ऐसी एक प्रक्रिया है जिसमें विस्थापित अपने जीवन की सारी आबोहवा से बरखास्त किया जाता है। विस्थापन भौतिक स्थान विचलन मात्र नहीं है, बल्कि यह प्रक्रिया विस्थापितों की सारी संवेदनाओं को कुण्ठित करती है। विस्थापित व्यक्ति अपनी प्रकृति, अपने परिवेश से विस्थापित होकर जिस स्थान पर अपने को समेट लेता है वहाँ वह हमेशा शारीरिक और मानसिक असन्तुष्टि एवं असुरक्षा महसूस करता है। जड़ों को काटकर एक स्थान से दूसरे स्थान पर रोपे गये पेड़ का बढ़ाव मन्द पड़ जाता है। ऐसे ही विस्थापितों की अनुभूतियाँ भी सूख जाती हैं। अतः विस्थापन अपने व्यापक स्वरूप में एक नकारात्मक प्रक्रिया है। कारणों के साथ ही विस्थापन का स्वरूप भी बदल जाता है। नस्लीय, जातीय, धार्मिक एवं राजनीतिक अन्तर्विरोधों एवं अभ्यन्तर संघर्षों के कारण विस्थापन होता है। साथ ही प्राकृतिक दुर्घटनाओं से उत्पन्न आपातकालीन स्थितियों से भी विस्थापन होता है। इन सबके बावजूद विकास के नाम पर होनेवाला विस्थापन अत्यन्त अमानवीय है। यह इसलिए है कि जहाँ अन्य विस्थापन आकस्मिक होते हैं वहाँ विकास योजनाओं से उत्पन्न विस्थापन

पूर्वनिर्धारित है। माने, विकास से होने वाले विस्थापन में धोखेबाज़ी की एक लम्बी योजना तैयार की जाती है। इस योजना में ये सारी बातें तय की जाती हैं कि लोगों को किस प्रकार विस्थापित करना है, यदि वे विस्थापित होने को तैयार नहीं हैं तो क्या–क्या करना है आदि–आदि। इस प्रकार विकास का मायना एक चालाक वर्ग की सन्तुष्टि पर सीमित रहने पर आम आदमी की अभिलाषाएँ और आकांक्षाएँ वीरान हो उठती हैं।

पूँजीवादी विकास से उत्पन्न होने वाली आर्थिक असमानता सामाजिक–सांस्कृतिक संकट का कारण बन जाती है। इस संकट से उत्पन्न मनुष्य–मनुष्य के बीच के अलगाव की स्थिति मानव विरोधी है। साहित्य मानवता का पक्ष ग्रहण करता है तथा वर्तमान जीवन की विसंगतियों की तरफ़ रौशनी बिखेरता है। यह मानव विरोधी शक्तियों से स्वतन्त्र होने की छटपटाहट को शब्दबद्ध करता है, इसलिए उसमें प्रतिपादित जीवन संघर्ष आम जनता के मुक्ति–संघर्ष का रूप धारण करता है। इस अभियान में हिन्दी उपन्यास साहित्य विशेष भूमिका निभाता है। विकास की अन्धनीति के चलते होनेवाले विस्थापन से त्रस्त आम आदमी की कराह को अपने पन्नों में समेटनेवाले उपन्यास हिन्दी में बहुत सारे निकले हैं। ये उपन्यास विस्थापन से पिस जाने वाले लोगों के प्रलाप मात्र नहीं हैं, बल्कि ये प्रतिरोध और प्रतिशोध के नये–नये तेवर भी प्रस्तुत करते हैं।

हमें यह नहीं भूलना चाहिए कि विकास सिर्फ़ मानव पर ही केन्द्रित नहीं, वह सम्पूर्ण प्रकृति में आनेवाला सतत एवं अनिवार्य परिवर्तन है। उसमें समस्त चेतन–अचेतन का समान सन्दर्भ है। अतः तात्कालिक लाभेच्छा पर आधारित, मात्र मानवोचित विकास–नीतियों को चलाते वक्त हमें इस असलियत की उपेक्षा नहीं करनी चाहिए। विकास की बाढ़ में नगरों या महानगरों में प्रकृति के साथ का रिश्ता टूटता जा रहा है। प्रकृति के विस्थापन से उससे एकमेक होकर जीनेवाले आदिवासियों का भी विस्थापन होता है। रणेन्द्र का उपन्यास 'ग़ायब होता देश' इस अकाट्य सत्य को सम्बोधित करता है। मुण्डाओं का 'सोना लेकन दिसुम' देश प्राकृतिक समृद्धि से भरपूर था। वैज्ञानिक तकनीकी को जीवन का आधार मानने वाली पाश्चात्य संस्कृति ने इस समृद्धि को हथियाना चाहा और इसी ने 'सोना लेकन दिसुम' को कांक्रीट का ढेरा बना दिया, 'सोना लेकन दिसुम' के अंग–अंग को बाज़ार में बेच दिया गया। शान से सिर ऊपर कर

खड़े शाल, साखू जैसे पेड़ 'सोना लेकन दिसुम' की समृद्धि के चिह्न अवश्य थे। लेकिन भूमाफिया ने इस समृद्धि को चकनाचूर कर दिया। सोना लेकन दिसुम में जन्मे मुण्डा आदिवासी भलीभाँति जानते थे कि वृक्षों के बिना मानव का अस्तित्व है ही नहीं। प्रकृति के अभाव में सिर्फ़ मानव का ही नहीं जीव जगत का अस्तित्व ही नहीं रहेगा। ''लेमुरियन को अपनी धरती माँ से बहुत लगाव था। वे पेड़ों की तब भी पूजा करते थे। सारजोम–साखू तब भी सरना में पूजे जाते थे। क्योंकि उनका पूर्वजों से, लाखों वर्षों से अर्जित ज्ञान यह बतलाता था कि अगर वनस्पतियाँ नहीं होतीं, यदि एक कोशिका की काई–कवक से लेकर अरबों कोशिकाओं के सारजोम नहीं होते, तो यह धरती जीवों के लिए नहीं होती। ऑक्सीजन युक्त जीवमण्डल ही नहीं होता। प्राणवायु का उत्सर्जन तो एकमात्र वनस्पतियाँ ही करती हैं, जिनके कारण अमीबा से लेकर गोंडवाना काल के डायनासोर तक विकसित हो सके।'' (रणेन्द्र, ग़ायब होता देश, पृ. 133) प्राण–वायु के रहस्य उद्‌गम स्रोत के बारे में आदिवासी परिचित है। लेकिन इतनी शिक्षा प्राप्त करने पर भी, अपने को ज्ञान के चरम सीमा पर प्रतिष्ठित करनेवाले शहरी मानव प्राकृतिक प्रदूषण के बारे में ज़रा भी चिन्तित नहीं होते हैं।

अब का समय कॉरपोरेटों का है। किसी–न–किसी ज़मीन का टुकड़ा उनकी नज़रों में जम जाता है तो बिना किसी से पूछे वे उसे अपनाने की योजनाएँ तैयार करते हैं। उस ज़मीन में रहनेवाले कौन हैं? अपनी योजनाओं के कार्यान्वियन से किसी की क्षति होगी कि नहीं, इसका अन्दाज़ा लगाने के लिए उनके पास समय नहीं है। वे इतने ताक़तवर हैं कि उन्हें सत्ता का समर्थन प्राप्त होता है। लेखक के शब्दों में–''यहाँ यूनिवर्सिटी खुलनी है, कोल इंडिया और स्टील ऑथोरिटी के ऑफ़िस खुलने हैं, हैवी इक्यूपमेंट की फैक्टरी खुलनी है, बस आँख मूँद और डिबिया ग़ायब का खेल तेज़...। ज़मीनें तेज़ी से ग़ायब होने लगीं।'' (रणेन्द्र, ग़ायब होता देश, पृ. 79) इन योजनाओं से आदिवासी को क्या मिलता है? सोचने का विषय है। दिकुओं के आगमन से दबाव, धकेल, अपमान, प्रदूषण और महामारियाँ हाथ लगते हैं। इनसे आदिवासी का जीवन मगरमच्छों से भरा तालाब बन जाता है।

'मरंग गोड़ा नीलकण्ठ हुआ' उपन्यास पूँजीवादी अर्थव्यवस्था द्वारा अपनाये जानेवाले विकास मॉडलों से होनेवाले विकिरण, प्रदूषण और विस्थापन के दर्द का अंकन अत्यन्त संवेदना के साथ करता है। यूरेनियम

खदान और कम्पनी स्थापन के लिए मरंग गोड़ा के स्थानीय आदिवासियों को बर्बाद कर दिया जाता है। वे भूमिविहीन, समाजविहीन व संस्कृतिविहीन हो जाते हैं। रमणिका गुप्ता स्पष्ट कहती हैं–''भारत में आदिवासी जन–समूहों का विस्थापन व पलायन तो ऐसे सदियों पहले से ही ज़ारी है। परन्तु इधर विकास के नाम पर भरती गयी नीतियों के कारण वे केवल अपनी ज़मीनों, जंगलों, संसाधनों व गाँवों से ही बेदखल नहीं हुए बल्कि उनके मूल्यों, नैतिक अवधारणाओं, जीवन–शैलियों, भाषाओं एवं संस्कृति से भी उनके विस्थापन की प्रक्रिया तेज़ हो गयी।'' (सं. रमणिका गुप्ता, आदिवासी विकास से विस्थापन, सम्पादकीय, पृ. 7) प्रकृति की गोद में ही आदिवासी का जीवन फूला है, फला है। प्रकृति की सन्निकटता से उन्होंने जो सांस्कृतिक सन्दर्भ को विकसित किया है, पूँजीवादी विकास के चकाचौंध में वह ग़ायब हो गया। नदी, पेड़, पहाड़ सब आदिवासियों के भौतिक व सांस्कृतिक जीवन के आधार थे। उसकी सांस्कृतिक परम्परा इन्हीं प्राकृतिक वस्तुओं से सम्बद्ध होकर ही विकसित हुई है। ग्राम देवता देसउली–बोंगा, मूल पूर्वज लुटकम हड़म और लुटकम बुढ़िया का निवास 'सरना' के वृक्षों पर है। पहाड़ देवता मरांग–बुरु बोंगा, जिनका हृदय अनमोल धातुओं का ख़ज़ाना है–यह सब आदिवासियों के लिए पूजनीय है, इन सबके प्रति एक रागात्मक भाव आदिवासियों के जेहन में है। प्रकृति के विस्थापन के साथ ही आदिवासी अपनी संस्कृति से भी कट गया। 'मरंग गोड़ा नीलकण्ठ हुआ' उपन्यास इस दर्द को व्यक्त करता है–''यूरेनियम खदानों ने हमारी बहुमूल्य सम्पत्ति छीन ली है हमसे। अब हमारे पास खोने के लिए कुछ नहीं बचा है। हम आदिवासियों के पास सम्पत्ति के नाम पर होती है शुद्ध हवा, हरेभरे स्वस्थ पेड़, स्वच्छ पानी, जंगलों से ढके पहाड़, पंछी, जानवर, जंगली फूल–फलों से लदे पेड़...। अब सब ख़त्म हो रहे हैं। इनके साथ साथ हमारी संस्कृति भी नष्ट हो रही है।'' (महुआ माजी, मरंग गोड़ा नीलकण्ठ हुआ, पृ. 192) समृद्धि के कारण आदिवासी को अपने निवास स्थान से विस्थापित होना पड़ रहा है। ज़मीन की इस समृद्धि को उसी तरह बनाये रखने में आदिवासियों का योगदान बहुत बड़ा है। उनकी निःस्वार्थ भावना से ही यह सम्भव हुआ है। लेकिन नकली विकासवादियों के सामने आदिवासी परास्त हो जाता है। ''न जाने किस राकस ने मुनाफ़ा शब्द को जन्म दिया। पूरा माहौल ही बदल गया। सोना–चाँदी, धन और ताक़त की चाह, कभी नहीं ख़त्म

होने वाली चाह, काली रात की तरह पूरी धरती को अपने पेट में समाने की कोशिश कर रही है। हमारे पूर्वज लेमुरियन लोगों ने भी सचेत किया था। लेकिन समय हमारे ख़िलाफ़, उनके अनुकूल है। जो लाख रुपये किलो वाला ट्रैफल फाँक रहे हैं उनके लिए अनुदान और जो चकोड़ साग और माड़ पर जी रहे हैं वे परेशान। आज एदलहातु, कल मदुकम टोली, परसों बिरसाडीह, आगे न जाने कहाँ?'' (रणेन्द्र, ग़ायब होता देश, पृ. 262) विकास के विरुद्ध आवाज़ उठाने वालों को सत्ता के उपकरणों से दबा–कुचला जाता है, यहाँ तक कि राष्ट्रविरोधी कहकर या आतंकवादी की धाक लगाकर जेल में बन्द कर दिया जाता है। आदिवासी जब असीम कष्टताओं को सहकर कुछ प्रतिरोध करने का साहस और जोश दिखायें तो उन प्रतिरोधों पर अक्सर माओवादी विद्रोहों का इलज़ाम लगाया जाता है। इसे आदिवासियों के मुँह पर पाबन्द लगाने का उत्तम तरीक़ा मानकर सरकार ही यह घटिया खेल खेलती है। मैनेजर पाण्डेय लिखते हैं–''जब से पूँजी शक्ति ने मिल–जुलकर खनिज पदार्थ को हथियाने के लिए आदिवासी क्षेत्रों के जंगल और ज़मीन पर सम्मिलित रूप से हमला शुरू किया है तब से विभिन्न क्षेत्रों के आदिवासी समुदायों ने अपने अस्तित्व और अस्मिता की रक्षा के लिए सक्रिय प्रतिरोध करना आरम्भ किया है। इस प्रतिरोध को दबाने के लिए सरकार ने अभियान चला रखा है। आदिवासियों को ज़मीन से बेदखल करने और मार भगाने के लिए पहले उनको दानव कहा जाता था। अब उनको माओवादी कहा जाता है। यह दानवीकरण की प्रक्रिया की नयी भाषा है।'' (मैनेजर पाण्डेय, उपन्यास और लोकतन्त्र, पृ. 212–213) आदिवासी कभी माओवादी नहीं हैं, लेकिन सरकार के धोखे से कुछ लोग उस पोशाक पहनने को मजबूर हो जाते हैं। अतः माओवाद एक प्रकार से सरकार द्वारा निर्मित आतंकवाद है। 'मरंग गोड़ा नीलकण्ठ हुआ' के आदित्यश्री का कथन इस बात को सिद्ध करता है–''लोग चाहे इसे किसी भी रूप में लें, पर सच्चाई तो ये है कि सन् 1951 से 1990 के बीच इस देश में विकास के नाम पर क़रीब 75 लाख आदिवासियों को उजाड़ दिया गया। इनमें से तीन–चौथाई का भी पुनर्वास नहीं हुआ। रोज़गार तो दूर, राज्य द्वारा उन्हें जीवन–यापन की न्यूनतम सुविधाएँ भी नहीं दी गयीं। यही असन्तोष नक्सली घटनाओं की वृद्धि का कारण बना। तुम्हीं सोचो, आदिवासियों से ज़बरन जंगल के अधिकार छीन लिए गये जो उनके जीविकोपार्जन के साधन थे। क़ीमती

खनिजों के खनन के लिए उनकी ज़मीन छीनी गयी। जिनकी ज़मीन नहीं छीनी गयी, उनमें से कुछ दुर्गम पहाड़ी इलाकों में बसे होने के कारण ग़रीबी का दंश अब और झेल न सकने की वजह से हथियार उठा लिए। यदि विकास का लाभ उन्हें समय रहते मिला होता तो मुझे नहीं लगता कि स्थिति इतनी विकट होती।'' (महुआ माजी, मरंग गोड़ा नीलकण्ठ हुआ, पृ. 337–338) आम आदमी के प्रति सरकार की आँखें सदा मुँदी ही रहने पर लेखिका को प्रतिरोध के इस उग्रवादी नमूने को भी स्वीकार करना पड़ता है। 'ग़ायब होता देश' का किशन विद्रोही आदिवासियों के लिए अस्त्र और शस्त्र लेकर निकल चुका था, पर आतंक और भय उत्पन्न करके उसकी क्रान्ति की चिनगारी को बुझा दिया जाता है। पूँजीपति वर्ग धमकी से किशन विद्रोही को अपना एजेंडा बना देता है तथा आदिवासियों को छलने–छलाने के लिए किशन विद्रोही को चम्मच्च के रूप में इस्तेमाल करता है। ज़मीन के स्टेक होल्डर बनने, अपार्टमेंट में फ्लैट देने का वादा देकर आदिवासियों को धोखा दिया जाता है, फँसाया जाता है। सुविधापूर्ण व स्वास्थ्यपूर्ण ज़िन्दगी का सपना उनके लिए मरीचिका बन जाता है। उपन्यास की ही पंक्तियाँ हैं–''किशन दा अब ठेठ कृष्णकुमार झा हो गये। आदिवासियों को ज़मीन के बदले स्टेक होल्डर बनाने का सपना, हर अपार्टमेंट, स्काईस्क्रैपर में उन्हें फ्लैट दिलाने का सपना, आदिवासियों के लिए...यह करने...वह करने का सपना, काश्तकारी क़ानून को और मज़बूत करने का सपना और न जाने क्या...क्या ढेर सारे सपने। ...बस सपना ही सपना।'' (रणेन्द्र, ग़ायब होता देश, पृ. 153) व्यापार की इस दुनिया में मानवीय संवेदनाओं के लिए कोई जगह नहीं है। व्यापार और बाज़ार के केन्द्र में मुनाफ़ा मात्र है। वहाँ प्यार, करुणा, अनुकम्पा जैसे 'अरुचिकर सस्ते मनोवेगों' का कोई महत्त्व है ही नहीं।

वर्तमान विकास की नीतियों से जीवन विरोधी तत्त्व उभरते आ रहे हैं। प्रकृति को विस्थापित कर उसके स्थान पर विज्ञान की मदद से विकल्प की खोज की जा रही है। औद्योगिक संस्कृति के दुष्परिणामों को पार करने के लिए और एक औद्योगिक अनुसन्धान! विकल्प की यह तलाशी बिल्कुल मूर्खता है। इस मूर्खता को देखकर आदिवासी चौंक जाता है–''लेकिन जानते हैं विक्टर बाबू, सबसे ज़्यादा दुःख ऑक्सीजन सिलेंडर का समाचार सुन कर हुआ। उलिहातु के नाम पर उलिऑक्सी नाम रख कर एक तरह से उपकार किया है। उस सिलेंडर का नाम सीधे सिंगबोंगा

ही रख देते तो हम क्या कर लेते? लेकिन गाछ–वृक्ष, वनस्पति, जंगल को बचाने के बदले ऑक्सीजन सिलेंडर का उत्पादन।'' (रणेन्द्र, ग़ायब होता देश, पृ. 262) क्षण–क्षण में विकास की नकारात्मकता पनप रही है। विकास का जो अभूतपूर्व क़दम हम उठा रहे हैं वह अत्यन्त भयानक एवं विस्फोटनात्मक है। 'कम ख़र्च में ज़्यादा लाभ' विकास की यही नयी नीति है। परमाणु संयन्त्र इस नयी नीति की नयी उपलब्धि है। सिर्फ़ भारत में ही नहीं दुनिया के कोने–कोने में सस्ती बिजली की खोज में परमाणु संयन्त्रों की स्थापना हो रही है। लेकिन विकिरण और प्रदूषण से वह इतना ख़तरनाक है कि उसकी भीषणता की कल्पना ही हम नहीं कर सकते। यदि कोई दुर्घटना हुई तो प्राकृतिक और मानव पर्यावरण पर आनेवाले दुष्प्रभावों को अनेको गुना क़ीमत देनी पड़ेगी। 'मरंग गोड़ा नीलकण्ठ हुआ' में विकास की इस अस्थिर एवं गलत संकल्पनाओं एवं उससे उत्पन्न संकटों को भलीभाँति चित्रित किया है। फ़िल्म फ़ेस्टिवल के दौरान जापान आये फ़िल्मकार आदित्यश्री जापानी लड़की मोमोका से विकास की इस गलत अवधारणा के प्रति नफ़रत जताते हुए कहता है–''सस्ती तो तब कहलायेगी, जब यह समग्रता में सस्ती हो! इस्तेमाल के बाद इन संयन्त्रों को सुरक्षित रूप से बन्द करने की क़ीमत या दुर्घटना की स्थिति में उससे निपटने की क़ीमत के बारे में तो हम पहले ही बता चुके हैं और फिर, मानवीय क्षति की, जीवजन्तु, वनस्पति या पर्यावरण की क्षति की क़ीमत? इसके बारे में कभी सोचा है आपने? क्या अब भी आप कहेंगे कि परमाणु बिजली सस्ती होती है? यह तो रेगिस्तानी पक्षी शुतुर्मुर्ग वाली बात हो गयी न, जो रेत के गड्ढे में मुँह घुसाकर पूरी देह से टकराती आँधी को अनदेखा करती है।'' (महुआ माजी, मरंग गोड़ा नीलकण्ठ हुआ, पृ. 220) मानव की बुद्धि इतनी तंग हुई है कि वह भविष्य के बारे में ज़रा भी नहीं सोचता। उसकी नज़र क्षणिक सुख पर है। प्रकृति एवं आनेवाली पीढ़ी से मुँह मोड़ना ख़तरे से खाली नहीं है। इस तरह की अवैज्ञानिक हरकतों की क़ीमत ज़रूर हमें देनी पड़ेगी।

किशन विद्रोही के रूप में कृष्ण कुमार झा नहीं बन गया, उसे आदिवासियों के प्रति अब भी सहानुभूति है। उसे बिज़नेस और मुनाफ़े के स्थान पर कॉर्पोरेट सिंडिकेट की बातों को मानना पड़ता है। सिंडिकेट खोपड़ी उड़ा देने की चेतावनी देता है। सन्दूक और बन्दूक के बल पर आर्थिक ताक़तें अपना उल्लू सीधा करती हैं तथा विकास की वाहवाही

फैलाती है। इस पर उपन्यास बयान साफ़–साफ़ देता है–"बिज़नेस कर रहे हैं बिज़नेस कीजिए, पॉलिटिक्स नहीं। ई कोल–कबाड़–चुहाड़ लोग जो हमारा लेबर हैं, घर–बाहर खटता है, रिक्शा चलाने वाले, दतुवन बेचने वाले की ई औकात कि हमरे बनाये अपार्टमेंट में रहे। हमरे बराबर में रहे। काहे सिस्टम बदलना चाह रहे हैं रिपोर्टर साहब। चुपचाप जो चल रहा है चलने दीजिए। खोपड़ी ज़्यादा मत चलाइए।" (रणेन्द्र, ग़ायब होता देश, पृ. 153–154) स्वतन्त्र अभिव्यक्ति और प्रतिरोध की गुनाह करार करनेवाले वर्तमान जटिल स्थिति का जो बयान उपन्यास में किया गया है, यह बिल्कुल डरावना है। इस डर के पीछे जो आतंक मच रहा है, आम आदमी को उससे अवगत कराना समकालीन उपन्यास ने अपना कर्तव्य मान लिया है। इस प्रकार अर्थ सत्ता और राजनीतिक सत्ता के समन्वित षड्यन्त्र में सुलगने वाले आदिवासी जीवन की उपेक्षा समकालीन उपन्यास कभी नहीं करता है।

आदिवासियों के ऊपर विकास के नाम पर किये जानेवाले शोषण की निरन्तरता एक जीवन्त यथार्थ है। वे जंगली भूमि से विस्थापित हुए। आदिवासी जनों की ज़िन्दगी के मोल पर शहर के लोग ऐश–आराम करते हैं। नगरों या महानगरों में कभी भी बाँध नहीं बनेगा, खनन नहीं चलेगा। आदिवासी इलाकों में ही अक्सर इस प्रकार का कार्य होता है। क्योंकि आदिवासी को भारत के सौतेले बेटे के समान ही गिना जाता है। 'ग़ायब होता देश' में लोकतन्त्रात्मक मूल्यों के ग़ायब होने की इस वास्तविकता को भलीभाँति दर्शाया है। "थोड़ी देर के लिए सोचिए बुच्चू। अगर लुटियन दिल्ली के नीचे कोयला निकल आये, इलाहाबाद सिविल लाइंस के नीचे बॉक्साइट, यूरेनियम, चंडीगढ़ के नीचे, आयरन ओर लखनऊ, चेन्नई, बैंगलूरु के नीचे तो क्या उजाड़ेगा लोग उसे? होगा वहाँ विस्थापन? नहीं, कभी नहीं। ऐसा कभी नहीं होगा। क्योंकि वहाँ रहने वाले एलीट सम्माननीय नागरिक हैं। भारत माता के अपने ख़ास बेटे। फिर हम क्या हैं? केवल लाभुक, कोई टार्गेट ग्रुप या फिर किसी शोध के लिए एक ठो केस भर। क्या हैं हम? क्या मुआवज़ा के रजिस्टर के बस एक नम्बर, या कि कल्याण विभाग के फाइल की फटी हुई झोली, फादर हॉफमैन, वरियर एल्विन जैसों की किताबों की ब्लैक ऐंड व्हाइट तस्वीरें। क्या हैं हम? सच बात है कि उनकी नज़र में हम हैं ही नहीं। फिर यह हमारी साँस लेती हुई ज़िन्दगी क्या है? ...क्या हम आपके सौतेले बेटे हैं भारत

माता?'' (रणेन्द्र, ग़ायब होता देश, पृ. 263) विकास के इस चकाचौंध में आदिवासी की स्मृतियाँ विस्थापित हो जाती हैं। स्मृतियों से विस्थापित होना इतिहास से विस्थापित होना है। इतिहास के न रहने पर परम्परा की जड़ सूख जाती है। इतिहास और परम्परा के अभाव में आदिवासी अस्तित्व और अस्मिता का बचाव कैसे होगा? ''स्मृतियाँ और प्रथाएँ भी विस्थापित होती हैं, यह अब पता चला। असुरों में न अब ससन है न ससनदिरि। जबकि उनसे ही प्रेरित होने वाले मुण्डा और हो लोगों ने इस अत्यन्त महत्त्वपूर्ण प्रथा को बनाये रखा है। इन्हीं समुदायों के कारण इन्सानों की प्राचीनतम जिज्ञासा और विज्ञान के प्रतीक ये पत्थरों के पट्टे जीवन्त हैं, अपने ऊर्जा–केन्द्र के बारे में बहुत कुछ बताने को आतुर। ज़रूरत है इन्हें महसूस करने, सुनने–समझने की हमारी अपनी तैयारी की। लेकिन जब हमें वनस्पतियों, पेड़ों–टहनियों–पत्तियों की सरसराहटें, भौंरों के गुंजार, गुलईंची–महुआ–वनकेंवड़ा की मादक गन्ध, पंछियों की चहचहाहट सुनने को अवकाश ही नहीं है, तो इन अदृश्य ऊर्जा–केन्द्रों की पुकार को कैसे महसूस कर पायेंगे? अभी तो हम अपनी और अपनी मशीनों की आवाज़ों में चौतरफ़ा डूबे हैं? न जाने कब आत्ममुग्धता से मोहभंग होगा, न जाने कब उबरेंगे?'' (रणेन्द्र, ग़ायब होता देश, पृ. 199) साहित्यकार कभी निराश नहीं हो सकते। अतः उपन्यासकार आशावादी जीवन दृष्टि अपनाकर अपनी जिजीविशा को यों व्यक्त करता है–

''कोपलें मुरझा गयीं
क्या वे फिर नहीं निकलेंगी
पत्तियाँ सूख गयीं
किन्तु क्या वे फिर नहीं पनपेंगी?''

(रणेन्द्र, ग़ायब होता देश, पृ. 244)

जब लोकतन्त्र तानाशाही में बदल जाता है, तब मानव होकर जीने का प्रजा का हक बाज़ार में बिक जाता है। जो जाति से श्रेष्ठ हो, जो रुपयों से प्रतापी हो उसका अधिकार ही सन्तुष्टि पाता है। इतना ही नहीं इन्हें आम अधिकारों से बढ़कर विशेष लिहाज़ भी दिया जाता है। संविधान और लोकतन्त्र पुतला बनने पर विजय माल्या की संख्या बढ़ती जा रही है। इस विकट परिस्थिति में आम आदमी की निम्नतम ज़रूरतें भी पूरा नहीं हो पाती हैं। इन मासूम लोगों को अपने आवास स्थान से भी भगाने पर ज़िन्दगी की रौशनी पूर्ण रूप से बुझ जाती है। शासकीय सत्ता और

दलीय व्यवस्था दोनों भ्रष्टाचार और मौक़ापरस्ती की कीचड़ में पड़कर आम आदमी को धोखा दे रही हैं। जिस प्रकार गड़रिया बकरे को हरा पत्ता दिखाकर अपने रास्ते में ले आता है, उसी प्रकार भविष्य की सुनहरी सहूलियतों का सपना दिखाकर ये लोग विकास की अन्धनीति की वकालत करते हैं। विकास के फल के उपभोक्ता के बारे में कोई तर्क नहीं होगा। जहाँ यह विकास योजना चलाई जाती है, वहाँ के लोगों के सपने पानी में खींची लकीर के समान निरर्थक हो जाते हैं, साथ ही साथ उसके जीवन का पानी ही ख़त्म हो जाता है। 'मरंग गोड़ा नीलकण्ठ हुआ' उपन्यास की चाबिरा प्रश्न करती है–"किसका विकास, कैसा विकास? हमारी ये धरती लोहे के रूप में सोना उगलती है। फिर भी हमारे लोग इतने ग़रीब। ऊँची पहाड़ियों पर स्थित लौह अयस्क की खदानों और मीलों से बरसात में लाल पानी बहकर वर्षों से हमारे खेतों को बर्बाद कर रहा है। प्रदूषण की वजह से इन इलाकों के लोगों की औसत आयु कितनी कम हो गयी है। इसका खमियाज़ा कौन देगा हमें। हमारी इस धरती का लोहा तो निकलकर चला जाता है देश–विदेश के कल कारखानों में...दूसरों को समृद्ध करने। हमारे लोगों को क्या मिलता है और हमारे वे बदकिस्मत लोग, जिन्हें उजड़ना पड़ा इन खदानों के कारण, उनकी पीड़ा का कोई लेखा–जोखा है किसी के पास?" (महुआ माजी, मरंग गोड़ा नीलकण्ठ हुआ, पृ. 318) इस प्रकार का विकास जनतान्त्रिक मूल्यों के विरुद्ध है। संविधान की भूमिका में जो समाजवादी दृष्टि को उजागर किया गया है, समस्त नागरिकों को सामाजिक, आर्थिक और राजनीतिक न्याय व समता प्राप्त करने का हक दिया गया है, वह सब मिट्टी में मिला दिया जाता है। जबकि विश्व के सबसे बड़े लोकतन्त्रात्मक देश के संविधान की प्रस्तावना ही उपहास बनने पर बाक़ी सैकड़ों अनुच्छेदों, धाराओं की क्या स्थिति होगी? संविधान पर लोगों का विश्वास कम होता जा रहा है, ऐसा नहीं, निःसन्देह कह सकते हैं कि संविधान पर एक बहुसंख्यक जनता की भरोसा नष्ट हो गया है, भारत का वर्तमान माहौल इसकी मिसाल दे रहा है।

अपने वतन और जीने के अधिकारों से निरन्तर वंचित आदिवासी का प्रतिरोध भी समकालीन उपन्यास नितान्त अंकित करता है। 'ग़ायब होता देश' और 'मरंग गोड़ा नीलकण्ठ हुआ' दोनों उपन्यास वर्तमान जीवन के यथार्थ को पूरी ऐतिहासिकता के साथ अनुवाचकों के सम्मुख पेश करते हैं। आदिवासी जनता का अपना इतिहास है, जो शोषण की एक परम्परा

के साथ उसके ख़िलाफ़ संघर्षों का भी है। राजाओं, ज़मींदारों, पूँजीपतियों के ख़िलाफ़ संघर्ष की परम्परा है। आदिवासी कभी गुलाम बनना नहीं चाहता है। मेंजारी जाम्बीरा से कहती है–"राजा, ज़मींदार, अंग्रेज़ जैसे दिकुओं ने हमारे पुरखों से उनकी ज़मीन का मालिकाना हक छीनने के लिए जब–जब कोशिशें कीं, तब तब उन्होंने मुँहतोड़ जवाब दिया। अपने इलाके में घुसने नहीं दिया उन्हें। चिढ़कर उन्होंने हमारे कितने ही गाँव जला दिये। सिर्फ़ मर्द ही नहीं, औरतों और बच्चों का भी कत्ल किया गया। लेकिन हमारे पुरखे बन्दूक और तोपों की परवाह किये बग़ैर तीर धनुष से लड़ते रहे...लड़ते रहे।" (महुआ माजी, मरंग गोड़ा नीलकण्ठ हुआ, पृ. 30) इसी परम्परा का प्रतिनिधि है उपन्यास का नायक सगेन के पिता रेकोंड़ा। लेकिन बहुमत के सहयोग के अभाव में उसके भीतर चमकते अंगार उसके साथ ही मिट गये। परवर्ती परम्परा ने उस आग को सुरक्षित रखा। सिंहभूम जंगल मजदूर संघ के प्रतिष्ठाता और झारखण्ड पार्टी के जुझारू नेता शैलेन्द्र महतो तथा देवेन्द्र माँझी के नेतृत्व में बिहार सरकार और फ़ारेस्ट डेवलपमेंट कारपोरेशन के ख़िलाफ़ चलाया गया 'साल बनाम सागवान आन्दोलन', सरकार की कुनीति के ख़िलाफ़ पेड़ काटकर खेत बनाने के लिए कराईकेला इलाके के मछुआ गागराई के नेतृत्व में घटित आन्दोलन आदि से सगेन को स्फूर्ति मिलती है। सियोमारी इलाके के सुले पूर्ति के नेतृत्व में अपने पूर्वजों की ज़मीन–जायदाद के लिए सत्ता के विरुद्ध आवाज़ उठाई गयी। सरकार द्वारा पट्टे का सवाल पूछा गया तो सुले पूर्ति निर्भीकता से उत्तर देता है–"हम कागज़ कलम की भाषा नहीं जानते। जंगल के बीच, जहाँ–जहाँ हमारे गाँव थे, वहाँ–वहाँ ससनदिरी (कब्र) में हमारे पुरखों की निशानी के रूप में गाड़े गये खड़े पत्थर ही हमारे पट्टे हैं। उजड़े हुए गाँवों की निशानी, अखाड़ा, सरना स्थल और खेतों के अवशेष ही हमारे पट्टे हैं। घने जंगल के बीच वर्षों पहले अपनी–अपनी झोंपड़ियों के आसपास हमारे पुरखों द्वारा यत्नपूर्वक लगाये गये इमली, आम, करंज, कुसुम, महुआ आदि के पेड़ ही हमारे पट्टे हैं। हमें हमारी ज़मीन वापस चाहिए।" (महुआ माजी, मरंग गोड़ा नीलकण्ठ हुआ, पृ. 116) मरंग गोड़ा वासी को अपनी संस्कृति के लिए, अपनी सभ्यता के लिए, अपने अस्तित्व की बुनियाद के लिए प्रतिरोध के बिना और कोई मार्ग नहीं है। अब वे यह बात स्पष्ट महसूस करते हैं। इन सारी बातों को देखते–निहारते पल रहे सगेन के ख़ून में भी

विद्रोह का कण होना स्वाभाविक है। सगेन भी सारे आन्दोलन में शस्त्र लेकर भाग लेता है। समय की ज़रूरतों को वह समझ पाता है। सगेन पहले 'मरंग गोड़ा आदिवासी विस्थापित बेरोज़गार संघ' और बाद में 'मरंग गोड़ाज़ आर्गेनाइजेशन अगेंस्ट रेडिएशन' (मोआर) जैसे सत्संगों से मरंग गोड़ा वासी को ही नहीं विश्व भर के शोषितों को, विस्थापितों को, बुद्धिजीवियों को और हर संवेदनशील व्यक्ति को जगाने और सजग कराने का अथक प्रयास करता है। इस प्रकार सामूहिक प्रतिरोध की आग और आँधी भरकर समकालीन उपन्यास आम आदमी के पक्ष में खड़ा रहता है। सीमित संसाधनों के असीम शोषण पर आधारित विकास से सम्पूर्ण पृथ्वी का नाश अवश्यंभावी है। बहुराष्ट्रीय पूँजीपतियों के शोषण को समाप्त कर पृथ्वी की रक्षा का दायित्व अब निरन्तर विस्थापित होते आदिवासियों के कन्धों पर है। अतः मुण्डा गाता है–

"लेकिन/अब जब सब फिसल गया है
...अँजुरी में जल नहीं शेष/सिर्फ़ नमी है।
यह फूल, झरना, पहाड़, पतरा, टुँगरी
छुलमी नदी, आधे डूबे गाँव
आबदार बदरी/जकराँडा की लचकती शाख
सारे ख्वाब, जोशो–जुनून/कुछ नहीं शेष
यह जीवन भी खाली बर्तन की तरह/
उलटकर रखा जाने वाला।
...अँजुरी में जल नहीं शेष
सिर्फ़ नमी है/है धूप की प्रतीक्षा।"

(रणेन्द्र, ग़ायब होता देश, पृ. 262)

आदिग्राम का वह तीसरा आदमी कौन है?

मूसा एम.

'आदिग्राम उपाख्यान' नंदीग्राम–घटना पर आधारित एक उपाख्यान है। नंदीग्राम भारत के पश्चिमी बंगाल राज्य के प्रशासकीय ज़िला पूर्बा मेदिनीपुर का एक ग्रामीण क्षेत्र है। कलकत्ता के सैटेलाइट शहर हल्दिया के विकास में इसकी प्रमुख भूमिका रही है। हल्दिया के लिए ताज़ी सब्ज़ियाँ, चावल और मछली आदि की आपूर्ति नंदीग्राम से की जाती है। हल्दिया की ही तरह, नंदीग्राम भी, व्यापार और कृषि के लिए अनुकूल भूमि है। इसके किनारों पर, गंगा और हल्दी नदियाँ फैली हुई हैं। ये दोनों नदियाँ यहाँ की भूमि को उपजाऊ बनाती हैं। यह हल्दिया डेवलपमेंट अथॉरिटी के तहत आनेवाला एक क्षेत्र है। कई सालों से नंदीग्राम भारतीय कम्युनिस्ट पार्टी (मार्क्सवादी) के लाल किले की तरह था।

2007 में, पश्चिम बंगाल की वाम सरकार ने सलीम ग्रुप को 'स्पेशल इकनॉमिक ज़ोन' नीति के तहत, नंदीग्राम में एक 'रसायन केन्द्र' (केमिकल हब) की स्थापना करने की अनुमति प्रदान करने का फ़ैसला किया। पार्टी के प्रचारण के अनुसार यह क्षेत्र एक औद्योगिक क्षेत्र बन जाता और राज्य में अधिक निवेश तथा नौकरियों के द्वार खुल जाते। लेकिन नंदीग्राम में रसायन केन्द्र (केमिकल हब) बनाने की राज्य सरकार की योजना को लेकर उठे विवाद के कारण विपक्ष की पार्टियों ने भूमि अधिग्रहण के ख़िलाफ़ आवाज़ उठाई। तृणमूल कांग्रेस, सोशलिस्ट यूनिटी सेंटर ऑफ़ इंडिया (एसयूसीआई), जमात उलेमा–ए–हिंद और इंडियन नेशनल कांग्रेस के सहयोग से 'भूमि उच्छेद प्रतिरोध कमिटी' (बीयूपीसी) नाम से अधिग्रहण के ख़िलाफ़ लड़ने वाली एक समिति की स्थापना की गयी। सत्तारूढ़ सीपीआई (एम) पार्टी के अनेक समर्थक भी इसमें जुड़ गये।

सत्तारूढ़ पार्टी के वरिष्ठ नेताओं ने, सभी विपक्षियों की उपेक्षा करते हुए इस आन्दोलन को 'विकास एवं औद्योगीकरण के ख़िलाफ़' घोषित किया। जब समीप हल्दिया के सांसद ने योजना में सक्रिय भूमिका निभाने की कोशिश की तो हालात बिगड़ने लगे। इस सांसद के अधिकार के तहत आने वाले 'हल्दिया डेवलपमेंट अथॉरिटी' (हल्दिया विकास प्राधिकरण) ने भूमि अधिग्रहण के लिए नोटिस जारी किये। विरोधियों ने, सीपीआई (एम) और बीयूपीसी दोनों में कई संघर्ष हुए। इस प्रकार जन–समर्थन और माओवादियों के समर्थन के बल पर बीयूपीसी ने सीपीआई (एम) के कार्यकर्ताओं और पुलिस को 3 महीनों से अधिक समय तक के लिए सड़कों की खुदाई करके इस क्षेत्र में प्रवेश करने से रोका। तब नाकेबन्दी को हटाने और परिस्थिति को 'सामान्य' बनाने के बहाने 14 मार्च, 2007 की रात को पार्टी के कार्यकर्ताओं ने ऐसा आतंक फैलाया जिसमें कम–से–कम 14 (आधिकारिक तौर पर घोषित संख्या, लेकिन यह संख्या हक़ीक़त से कहीं कम हो सकती है) लोगों की हत्या की गयी, कइयों को अपंग कर दिया गया और अनेक शिशु हत्या और बलात्कार भी हुए।

तत्काल लेखकों, कलाकारों, कवियों और शिक्षा–शास्त्रियों द्वारा नन्दीग्राम की पुलिस फायरिंग का जो कड़ा विरोध किया गया वह परिस्थिति पर अन्य देशों का ध्यान आकर्षित होने का कारण बना था। परन्तु, बंगाल के बुद्धिजीवियों में इस मसले को लेकर कुछ मतभेद रहा है। एक तरफ़ महाश्वेता देवी, अपर्णा सेन, साँवली मित्रा, सुवप्रसन्ना, जॉय गोस्वामी, कबीर सुमन, ब्रत्या बासु और पर्यावरण–रक्षण कार्यकर्ता मेधा पाटकर ने सरकार की कड़ी आलोचना की, तो दूसरी तरफ़ सौमित्र चटर्जी, नीरेन्द्रनाथ चक्रबर्ती और तरुण मजुमदार ने विकास के मुद्दे को लेकर मुख्यमन्त्री का समर्थन किया। इस प्रकार नन्दीग्राम की घटना पर राजनीतिक दलों के नेताओं, बुद्धिजीवियों, शिक्षा–शास्त्रियों, सांस्कृतिक कार्यकर्ताओं द्वारा दी गयी प्रतिक्रियाओं में अपने–अपने दृष्टिकोण एवं पक्षधरता के साथ हक़ीक़त के कुछ अंशों का आभास दिलाने का प्रयास रहा है तो उन लेखकों एवं कलाकारों, जिन्होंने नन्दीग्राम के नर संहार को अपनी रचना का विषय बनाया, की संवेदनात्मक एवं काल्पनिक अभिव्यक्तियों में हक़ीक़त उसके व्यापक दायरे के साथ प्रस्तुत होकर कई प्रकार के सवाल खड़ा करते हैं।

जनान्दोलनों को प्रमुखता न देने वाला साहित्य और पत्रकारिता लगातार निर्जीव होता जायेगा। कुछ पत्रकार पत्रकारिता पेशे के लिए नहीं समाज परिवर्तन के लिए करते हैं। युवा पत्रकार एवं जनान्दोलनों की पत्रकारिता करने वाले पुष्पराज की चर्चित पुस्तक 'नंदीग्राम डायरी' में इस बात का प्रमाण प्रस्तुत है। पुष्प ने पी. साईनाथ जैसा काम किया है। पी. साईनाथ ने साल पहले देश के सबसे ग़रीब ज़िलों पर कुछ रिपोर्ट्स लिखी थीं, जो पेंग्विन से प्रकाशित एक किताब 'Everybody loves a good drought' में हैं। आनन्द स्वरूप वर्मा ने 'तीसरी फसल' नाम से इसका हिन्दी अनुवाद किया है। नंदीग्राम नरसंहार पर बँगला के लेखक मानिक मण्डल का उपन्यास 'चोखेर पानी' छह साल पहले 2012 में आया था। इस पर आधारित इसी नाम से फ़िल्म भी बनी है। सिंगुर–नंदीग्राम की घटनाओं पर शंकुदेव पाण्डा ने एक कहानी लिखी : कामरेड। उस पर इसी साल इसी नाम से फ़िल्म भी बनी है। इन सबमें प्रतिरोध का एक सबल पक्ष ज़ाहिर है। सनातन बाबू का दाम्पत्य; रोमियो जूलियट और अँधेरा, के बाद 2006 में कहानी विधा में और 2010 में उपन्यास विधा में 'भारतीय ज्ञानपीठ नवलेखन पुरस्कार' हासिल करने वाले कुणाल सिंह के उपन्यास 'आदिग्राम उपाख्यान' में भी नन्दीग्राम के नरसंहार को आधार बनाया गया है। 'आदिग्राम उपाख्यान' इसी शीर्षक से प्रकाशित कुणाल की पहली कहानी और उनके पहले कहानी संग्रह 'सनातन बाबू का दाम्पत्य' में शामिल एक लम्बी कहानी का विस्तार व परिमार्जन है।

कुणाल सिंह कृष्ण बलदेव वैद फेलोशिप, कथा अवार्ड, भारतीय भाषा परिषद युवा पुरस्कार, साहित्य अकादेमी युवा सम्मान आदि से सम्मनित नयी सदी में उभरे चन्द महत्त्वपूर्ण कथाकारों में एक हैं। कहानियों के भीतर कई कहानियाँ सुनाने वाली शैली अपनाकर लेखक ने आदिग्राम गाँव के किसानों की किसानी एवं उसके साल पुराने जीवन संघर्षों से पूर्ण ख़बरों या घटनाओं के ब्योरे के रूप में नन्दीग्राम एवं वहाँ के लोगों के इतिहास को ही प्रस्तुत किया है। कथा के पीछे एक दूसरी ही कथा। पहली की पूरक नहीं, एक बिल्कुल ही अलग। इस तरह कथाओं का अनुवर्तन करती एक पर एक कई कथाएँ, कि कोई ओर–अन्त ही न सूझता।

आदिग्राम गाँव उपन्यास की सारी घटनाओं का केन्द्रस्थान है। यह "मध्यवर्ती पश्चिम बंगाल के एकदम पूर्वी छोर पर है। बड़ा गाँव है।

क्षेत्रफल के अनुपात में आबादी विरल ही कही जायेगी। ज़्यादातर हिन्दू परिवार। बीस–पच्चीस फ़ीसद मुस्लिम। लगभग सारे मुस्लिम घर गाँव के उत्तरी तरफ़ जगदलपुर से लगे हुए हैं। आज़ादी से पहले ईसाई मिशनरियों द्वारा कन्वर्ट हुए कुछ ईसाई परिवार भी उस ओर रहते हैं। कटे–कटे–से। दक्षिण की तरफ़ सन्थालों की बस्ती है।" (आदिग्राम उपाख्यान, पृ. 17) उपन्यास में परिमलेन्दु द्वारा बच्चों को सुनाई गयी कहानियाँ आदिग्राम के जन साधारण के अतीत का चेतना प्रवाह ही है। यह चेतना प्रवाह अपनी माटी के प्रति आदिग्राम की जनता के मन के उस लगाव एवं प्रेम का प्रमाण पेश करता है जो कोई छीन नहीं सकता। जब–जब ऐसे कार्य हुए हैं उन्होंने उसके विरुद्ध प्रतिरोध खड़ा करने और अपनी माटी को बचाने के वास्ते मरने–मारने को वे कई बार उतारू भी हो गये थे। सन् 1760 की बात है जब ईस्ट इंडिया कम्पनी ने इस पूरे इलाके को गोरे–काले फ़ौजियों और तोपचियों से भर दिया और "आदिग्राम के किसानों ने जब जाना कि अब उनकी ज़मीन उनकी नहीं रहीं, ईस्ट इंडिया कम्पनी की हो गयी है, और इस पर खेती करने के लिए उन्हें फ़सल का एक हिस्सा कम्पनी को देना होगा, तो वे मरने–मारने पर उतारू हो गये। अगले दिन आदिग्राम के जंगलों में दोनों गोरे अफ़सरों की लाश पायी गयी। ...आदिग्राम के इतिहास में होने वाला यह पहला कत्ल था।" (आदिग्राम उपाख्यान, पृ. 63) तब से इनके बुरे दिन भी शुरू हो गये थे। रातोंरात ईस्ट इंडिया कम्पनी की सशक्त फ़ौज ने निहत्थे किसान को परास्त किया और पूरे इलाके पर कम्पनी का राज हो गया था। 1770 में पड़े बंगाल के प्रथम भीषण अकाल के समय भी मालगुजारी में कोई रियायत नहीं बरती थी। (आदिग्राम उपाख्यान, पृ. 64)

आधुनिक युग में पूरी दुनिया में आर्थिक और राजनीतिक प्रक्रिया की दो मुख्य पद्धतियाँ रही हैं : पूँजीवादी और मार्क्सवादी। पूँजीवादी प्रणाली व्यापक जनसमुदाय की बजाय कुछ लोगों के हित एवं लाभ में होती है। दूसरी ओर मार्क्सवादी पद्धति सर्वहारा के साथ अपनी पक्षधरता व्यक्त करती है। उपन्यास में जिस चिन्ता और उसके कारण की अभिव्यक्ति हुई है वह एक विशेष राज्य से सन्दर्भित है, पर उसमें वैश्विक परिघटना की अनुगूँज भी है। भारत में पश्चिम बंगाल वाम प्रयोग का सबसे सफल केन्द्र रहा है। यहाँ भूमि सुधार का सफल कार्यक्रम चला था और सशक्त ट्रेड यूनियन आन्दोलन विकसित भी हुआ था।

सी.पी.टी. कम्पनी द्वारा आदिग्राम की जनता छली गयी थी। उनकी अपनी ज़मीन अपने हाथ से फिसल गयी और नौकरी के वादे पूरे नहीं हुए थे। कम्पनी के साथ भी आदिग्राम के जनसाधारण ने प्रतिरोध खड़ा कर दिया था। आदिग्राम उपाख्यान के आरम्भ में चोरी के ताक में बैठने वाले गाँव के नामी चोर बाघा के विवरण के साथ कम्पनी द्वारा परित्यक्त वीरान भूमि का परिचय यों दिया गया है। "साढे तीन सौ एकड़ ज़मीन का यह अहाता कभी सी.पी.टी. कम्पनी का कारखाना हुआ करता था। 1976 के आसपास आदिग्राम में यह कम्पनी आयी थी। कोई डेढ़ सौ किसानों की ज़मीन को उन्हें यह लोभ देकर हथियाया गया था कि जब कारखाना शुरू हो जायेगा, उन्हें नौकरी दी जायेगी। ...कारखाना जब शुरू हुआ तो इन किसानों को ठेके पर मज़दूरी भी मिली थी। लेकिन फिर जाने क्या हुआ कि कम्पनी बन्द हो गयी। जिन किसानों ने ज़मीन दे दी थी, वे न घर के रहे न घाट के। आज की तारीख़ उनकी ज़मीन कम्पनी के कब्ज़े में है और कम्पनी अब मलबे में बदल गयी है। मलबे का कोई मालिक नहीं है।" (आदिग्राम उपाख्यान, पृ. 9) "उसी समय गाँव के पक्के कांग्रेसी श्री उमाचरण घोष का बेटा रासबिहारी घोष मार्क्सवादी पार्टी से जुड़कर कलकत्ते के प्रेसिडेंसी कॉलेज में छात्र संघ का नेता बन गया था। 1976 में सी.पी.टी. वाले मामले में रासबिहारी घोष ने किसानों का पक्ष लिया था। कम्पनी के ज़मीन अधिग्रहण के ख़िलाफ़ उठ खड़े होनेवाले किसानों का नेतृत्व भी तब रासबिहारी घोष ने ही किया था। बाद में पार्टी की टिकट पर उन्होंने चुनाव लड़ा और तब से अब तक विधायकी कर रहे हैं।" (आदिग्राम उपाख्यान, पृ. 110) इस प्रकार घोष ने लोगबाग के साथ अपनी पक्षधरता घोषित की थी।

मानना पड़ता है कि एक लम्बा दौर सत्ता में रहकर भी बंगाल की वाम राजनीति वर्तमान और जनता को पढ़ने में असफल रही हो। असल में पूँजीवादी विकास प्रणाली इतनी मन मोहक बन गयी थी कि वाम राजनीति के सामने व्यापक जनसमुदाय से अपनी पक्षधरता घोषित करने लायक विकल्प ही नहीं रह गया था। अखिल वैश्विक स्तर की पूँजीवादी दखलअन्दाजी ने मार्क्सवादी राजनीतिक प्रक्रिया एवं शासन पद्धति के लिए चुनौती पूर्ण स्थिति पैदा कर दी। वाम राजनीति की वैचारिकता से विहीन कुछ नेता लोग पूँजीवादी मॉडल के संक्रमण और साजिश के शिकार बन गये थे। उनके सम्पर्क में आकर वाम राजनीति के कुछ नेता

लोग भी विकास सम्बन्धी नयी युक्तियाँ पेश करने के लिए विवश हो गये थे। यह उनके जन समर्थन खोने का कारण बन गया था।

उपन्यास में संसद सदस्य माखनदास और विधायक रासबिहारी घोष की भूमिका उपरोक्त रूप में पेश आती है। माखनदास कहीं भी सतह पर नहीं दिखाई देता है लेकिन जिस उद्योगपति ने आदिग्राम में केमिकल हब बैठाने की पहल की थी, उसकी राज्य सरकार से मुलाकात में बिचौलिया माखनदास ही था। पूरे समय रासबिहारी घोष इस मामले में सीधे हाई कमान से सम्पर्क में कतई नहीं रहे, जो कुछ भी निर्देश मिलता था उन्हें माखनदास से ही। (आदिग्राम उपाख्यान, पृ. 132) ऐसा सुनने में आ रहा था कि माखनदास की आदिग्राम में कारखाना बैठानेवाले उस उद्योगपति घराने से कोई साँठ–गाँठ थी, जिसकी भनक रासबिहारी घोष को पहले नहीं थी। पार्टी के जोनल सेक्रेटरी पिनाकी दासगुप्ता और रासबिहारी घोष को आदिग्राम में केमिकल हब बैठाने की योजना के पीछे की राजनीतिक साजिश का कोई पता नहीं था।

दरअसल जब घोष बाबू कारखाने के विरोध में बोल रहे थे, तब तक उन्हें पता ही नहीं था कि यह उन्हीं की पार्टी की करतूत है। इसी कारण से ही वे पहले जनता से कारखाना बैठाने के विरोध में बोलते पाया जाता है। इसके बाद पासा पलट गया। माखनदास तथा हाईकमान के निर्देश पर उन्हें अपनी भाषा बदलनी पड़ी। जनसभा में रासबिहारी घोष, जिसने सी.पी.टी. कम्पनी के ज़मीन अधिग्रहण के ख़िलाफ़ उठ खड़े होनेवाले किसानों का नेतृत्व किया था, ने खुलकर कहा कि इलाके का विकास तभी सम्भव हो सकेगा जब यहाँ कारखाना बैठेगा। "आज की तारीख़ में एक–एक बिस्बे में एक घर के चार लोग खेती करते हैं। इस कारण दो जून का भात भी ठीक से नसीब नहीं हो पाता...मैं कहता हूँ कि एक बार कारखाना बैठ जायेगा फिर आप देखेंगे कि आदिग्राम अपना पुराना आदिग्राम नहीं रह जायेगा।" (आदिग्राम उपाख्यान, पृ. 129) जनपक्षधरता की बात करने वाली वाम सत्ता, पिनाकी दासगुप्ता एवं रासबिहारी घोष को एक कम्पनी के लिए हब बैठाने की ज़मीन अधिग्रहण की वकालत करते देखकर जनता असमंजस में पड़ जाती है।

सामाजिक–आर्थिक पिछड़ेपन में जीते आदिग्राम के लोग नहीं जानते थे कि उनके मातवर पंचानन हाल्दार किस आधार पर राशन की पुर्जी बनाते और कैसे कमीबेशी करते थे। लेकिन एक दिन वे पाते हैं कि

हाल्दार, विधायक रासबिहारी घोष, सांसद माखनदास और पार्टी के जोनल सेक्रेटरी पिनाकी दासगुप्ता उनकी ज़मीन की बेदखली की प्रक्रिया में शामिल हैं। इस नापाक गठबन्धन को जब लोग पहचानते हैं, उनका विरोध फूट पड़ता है। वे उग्र वाम की ओर मुड़ते हैं। विरोधी दल के लोग भी स्थिति का फ़ायदा अपनी तरह से उठाने लगते हैं। इस बीच वहाँ एक बुढ़ा आदमी आकर अपना परिचय देता है–"मैं कोई साधू–महात्मा नहीं एक विशुद्ध क़िस्सागो हूँ। मुझे भक्तों की नहीं, सच्चे श्रोताओं की तलाश है।" (आदिग्राम उपाख्यान, पृ. 142) आदिग्राम के लोग अभी तक परिमलेन्दु दा की कहानियों से ही परिचित थे। बूढ़े द्वारा सुनाई गयी दूसरी कहानी, जिसमें एक किसान के दुखों का सूक्ष्म अंकन था, सुनकर आदिग्राम के लोग हतप्रभ हो गये कि क्या कथाएँ भी इतनी सजीव और मूर्त होती हैं। "हाँ वे पूर्णतः जाग्रत थे, उन्होंने कथा के किसान के साथ घटनेवाली घटनाओं का पूरी चेतना से अपने जीवन के विभिन्न पहलुओं के साथ मिलान किया। और ऐसा करना, निश्चित रूप से, कथा सुनते हुए महज हुंकारी भरने से नहीं होता।" (आदिग्राम उपाख्यान, पृ. 145) वास्तव में उस कहानी में आदिग्राम का ही भविष्य छिपा हुआ था। बूढे क़िस्सागो की कहानी ने उन्हें एक नयी नज़र दी थी और वे अपने जीवन में झाँकने लगे थे।

अब मातब्बर से गाँववालों का भरोसा उठ चुका था। और गाँववालों के समक्ष कोई नया नेता था नहीं, तो दिशाहारा होने के अलावा कोई चारा नहीं था। ऐसे में उग्र वामपन्थी नेता "रघुनाथ का आना गाँववालों के लिए मन माँगी मुराद के पूरा होने जैसा था। जवानों में एक नये जोश का संचार हो गया था। सुना है, रघुनाथ गाँव के जवानों को इकट्ठा कर एक लड़ाकू दस्ता तैयार कर रहा है।" (आदिग्राम उपाख्यान, पृ. 160) रघुनाथ ने हालात का अध्ययन कर विभिन्न पार्टियों को मिलाकर एक ज़मीन अधिग्रहण प्रतिरोध समिति का गठन किया था। कहा जा रहा था कि चिह्नित की गयी उन्नीस हज़ार एकड़ ज़मीन पर सरकार स्पेशल इकनोमिक ज़ोन निर्मित करेगी। अधिसूचना के साथ किसी भी तरह के वैकल्पिक पुनर्वास की कोई घोषणा नहीं थी। अपने ही हाथों से चुनी गयी सरकार के चंगुल से अपनी ज़मीन को बचाने के लिए ही यह ज़मीन अधिग्रहण समिति गठित की गयी थी। एक मीटिंग में रघुनाथ ने कहा कि यह संघर्ष का समय है।" यदि हम अपनी ज़मीन बचाने के लिए ख़ुद आगे

नहीं आये तो याद रखिए, साच्छात गौरांग महाप्रभु भी हमारी ज़मीन नहीं बचा सकते। हमें अपनी लड़ाई खुद लड़नी होगी। ...किसी भी बहिरागत को गाँव में घुसने ही मत दीजिए। एक बार यदि घुस गये तो याद रखिए, फिर उनको यहाँ से निकाल पाना मुश्किल होगा।'' (आदिग्राम उपाख्यान, पृ. 164) 'इन्कलाब जिन्दाबाद कृषि बचाओ देश बचाओ' के नारे के साथ मीटिंग ख़त्म हुई थी। रघुनाथ ने विस्तार से बताया था कि गाँववालों को लड़ाई कैसे लड़नी है।

इस प्रकार आदिग्राम के बाशिन्दों से धर्म वर्ण के भेद–भाव के बिना अंचल को चारों तरफ़ से ब्लॉक कर दिया गया। हर उन रास्तों को बन्द कर दिया गया जो गाँव को बाहर की दुनिया से जोड़ते हैं। यह एक प्रकार से गाँव के लोगों और पार्टी के कैडरों के बीच का पहला संघर्ष था। पहले पश्चिम बंगाल में सरकारी नियुक्तियाँ राज्य सरकार के नियन्त्रण में थीं। बाद के वर्षों में यह प्रक्रिया एस.एस.सी. के हाथों में चली गयी तब से इस पर से पार्टी का नियन्त्रण थोड़ा ढीला पड़ा था। आज ज़्यादातर कैडर बेरोज़गार हैं। फिर भी वे भली भाँति जानते हैं कि पार्टी के साथ बने रहने में ही उनकी भलाई है। क्योंकि अब भी तमाम अस्थायी नौकरियाँ व निजी संस्थान पार्टी के नियन्त्रण में तो हैं ही। जिस तरह आदिग्राम को चारों तरफ़ से सील कर दिया गया, यह बंगाल में कोई नयी बात नहीं थी। इसे यहाँ इलाका दखल की संज्ञा दी जाती है। इसकी शुरुआत सत्तर के दशक से ही हो चुकी थी, जब नक्सलबाड़ी आन्दोलन अपने उरूज पर था। ''निश्चित रूप से भारत जैसे एक लोकतान्त्रिक देश में इस तरह के 'इलाका दखल' को ग़ैर–क़ानूनी ही कहा जा सकता है। लेकिन चूँकि इतिहास में कई बार माकपा ने भी यही किया था, सो टी.एम.सी. भला क्योंकर पीछे रहती!'' (आदिग्राम उपाख्यान, पृ. 182) इस तरह यहाँ तक आते–आते यह लड़ाई महज किसानों की लड़ाई नहीं रही, कृषि और उद्योग के साथ–साथ यह बंगाल की दो बड़ी राजनीतिक पार्टियों के शक्ति प्रदर्शन का मुद्दा बन गयी थी।

''पार्टी के कैडर गाँव में घुसने का कोई तरीक़ा ढूँढ़ ही रहे थे कि सूत्रों से उन्हें पता चला–29 मार्च को गाँव में गौरांग पूजा का आयोजन हो रहा है। आपरेशन के नेता प्रेम चोपड़ा को यही उचित मौक़ा दिख पड़ा। ...एकमुश्त इतनी भीड़ फिर कहाँ मिलनेवाली थी! ...पूजा में शरीक होने आये लोग पूरी तरह निहत्थे होंगे। उसने 28 मार्च को तमाम एसपीओज

और पार्टी के कैडरों की एक आपातकालीन बैठक बुलायी और विस्तार से उन्होंने अपनी आगामी रणनीति को समझाया।'' (आदिग्राम उपाख्यान, पृ. 182) गौरांग पूजा के समय उपस्थित भीड़ पर की गयी गोलियों के बौछार में शिकार बने लोगों का ठीक–ठीक पता तक बाहर नहीं आया था। दरअसल यह एक ऐतिहासिक चूक थी। आदिग्राम के इस नरसंहार के बारे में उपन्यासकार कहते हैं–''दोस्तो, यह तो रही आदिग्राम संग्राम की पूर्वकथा। इसे चाहे तो अन्तःकथा (मीडिया की शब्दावली में इनसाइट स्टोरी) भी कह सकते हैं। बाद में क्या हुआ, यह जितना मैं जानता हूँ, उतना आप भी।'' (आदिग्राम उपाख्यान, पृ.सं. 183)

उपन्यास के अन्त में लेखक ने लिखा है कि वियतनाम पर अमेरिकी हमले के विरोध में कलकत्ते में कोई दस लाख लोगों का जो जुलूस निकाला गया था लगभग समान नजारा आदिग्राम के इस अमानवीय नरसंहार के विरोध में भी दिखाई दे रहा था। वहाँ हज़ारों बुद्धिजीवी, संस्कृतिकर्मी, रंगकर्मी, शिल्पी, सिनेमादाँ, कवि–कथाकार जमा' होकर इस घटना की कड़ी आलोचना भी कर रहे थे। अन्त में लेखक ने यह लिखकर उपन्यास को समाप्त किया है कि वियतनाम पर अमेरिकी हमले के ख़िलाफ़ जब जुलूस निकाला गया था तब पोस्टरों पर जो कुछ भी लिखा गया था–अमार नाम तोमार नाम...इत्यादि; तो 'वियतनाम' की तुक में आदिग्राम तो सटीक बैठता है, लेकिन वह जो न रोटी बेलता है न खाता है, बस रोटी से खेलता है, वह तीसरा आदमी कौन है? दोस्तो इस सवाल पर तो ममता बनर्जी भी मौन हैं।

'रोटी और संसद' शीर्षक कविता द्वारा धूमिल ने अराजक राजनीति के सामन्ती व पूँजीवादी मुखौटे को संसद से उठाकर सड़क तक ले आये थे। वास्तव में धूमिल की कविता की इन पंक्तियों का हवाला देते हुए लेखक ने स्वातन्त्र्योत्तर भारतीय परिवेश में नवनिर्मित प्रजातान्त्रिक राजनीति के मुखौटे की ओर संकेत किया है। देश जब आज़ाद हुआ उन दिनों यह रोटी बेलने वाला आदमी किसान हुआ करता था, यह आदमी आज आम मज़दूर या सर्वहारा के नाम से जाना जाता है जो कि रोटी पैदा कर रहा है। ये रोज़ नये सिरे से कुआँ खोदने की स्थिति में जी रहे लोगबाग हैं। आबादी का एक बड़ा हिस्सा राष्ट्रीय चिन्तन के दायरे से बाहर है। इनकी चिन्ता की जाती है तो सिर्फ़ औपचारिक खानापूर्ति के लिहाज से ख़ासकर चुनाव के दिनों में। यहाँ तीसरा जो रोटी से खेलता

है, वह है–मुनाफ़ाखोर, पूँजीपति वर्ग, सामन्तशाह। इसे आप हम नंदीग्राम सहित देश के विभिन्न भागों में ज़मीन के लिए अर्जी लगाते देखते हैं।

उपन्यास इस ओर ध्यान खींचता है कि गड़बड़ी वाम विचारधारा में नहीं बल्कि उसकी कार्यप्रणाली में आये अन्तर से उपजी है। आम जन को सर्वाधिक महत्त्व देने वाली वाम सत्ता वह अहमियत कैडर को देने लगी। इसके साथ ही उपन्यास केन्द्र की विकास नीति, नौकरशाही की जनविरोधी साजिशाना कार्यप्रणाली, पूँजीवादी व्यापारिक प्रक्रिया की मानव विरोधी रीति–नीति और इन सबके बीच से उग्र वाम के उभार की प्रक्रिया को सामने लाता है।

आदिग्राम उपाख्यान के वस्तुविन्यास में एक नवीन दृष्टि अपनायी गयी है। इसमें क़िस्सागोई की निराली शैली द्वारा गाँव के बाधा, दक्खिना, गुलाब परिमलेन्दु, हराधन मण्डल, फोटोग्राफर, जैसे जनसाधारण और पंचानन बाबू, माखनदास, रासबिहारी घोष जैसे मातब्बरों के जीवन परिसरों को अत्यन्त सहजता के साथ दर्शाने का विचित्र कार्य किया गया है। बाधा और दक्खिना चोर हैं। पर दोनों के बीच पीढ़ी और मानदण्ड का अन्तर है। बाधा चोर होने के बावजूद चोरी को धत्‌कर्म मानता है, पर बार–बार रंग बदलने वाला, चोरी से स्मगलिंग, जमाखोरी के रास्ते एस.पी.ओ. में शामिल होने वाला दक्खिना सब कुछ डंके की चोट पर करता है। वह कहता है–''आज जब दिन–दहाड़े आसानी से चोरी की जा सकती है तो रात में नींद ख़राब करने की क्या ज़रूरत?'' उसके अनुसार, ''आज के डेट में चोरी करना गलत काम नहीं रहा। बड़े–बड़े लोग करते हैं, हमारी आपकी तो बात ही छोड़िए! मार्केट में ऐसे–ऐसे ऑफ़र हैं आज कि लोग ख़ुद ही अपनी जेब से माल निकालकर आपकी हथेली पर धर देते हैं।'' (आदिग्राम उपाख्यान, पृ. 167) इस प्रकार विशेष कथाविन्यास, भाषा प्रयोग द्वारा गाँव के समाज विशेष एव सांस्कृतिक पक्ष को सहजता से उभारा गया है।

कहानियों में विकास की विडम्बना

भँवरलाल मीणा

स्वयं प्रकाश हमारे समय के एक चर्चित कहानीकार हैं। इनकी कहानियों में ख़ास बात यह नज़र आती है कि वे लोक शैली में होती हैं जिन्हें पढ़ना और सुनना सचमुच प्रीतिकर होता है, बिल्कुल उसी तरह से जैसे दादी और नानी की कहानियाँ सुन रहे हों। कहानी सुनने या पढ़ने में उत्कण्ठा बनी रहे तो उसे रोचक ही कहा जायेगा। लेकिन ध्यान देने की बात है कि स्वयं प्रकाश बेहद सावधान कथाकार हैं जो सिर्फ़ रोचकता के लिए कहानी की सोद्देश्यता नहीं भूलते। उनकी ऐसी ही कुछ कहानियों में से प्रतिनिधि कहानियों की चर्चा यहाँ पर की जायेगी। उनकी ये कहानियाँ हमें सर्वथा नये संसार में ले जाती हैं।

आज हम विचार करें कि हमारी सबसे बड़ी चिन्ता का विषय क्या होना चाहिए या फिर हमारी सबसे बड़ी चिन्ता क्या होनी चाहिए? क्या यह हमारी आज की जीवन–शैली है? इस जीवन–शैली में मनुष्य सबसे बड़ा उपभोक्ता बन गया है। उसे ज़्यादा से ज़्यादा उपभोग करने की चीज़ें चाहिए। उसे ज़्यादा से ज़्यादा उपभोग के लिए प्रेरित किया जाता है। तब वह वाकई उपभोक्ता बन जाते हैं। लेकिन कभी हमने यह विचार किया है कि हम जिन सभी चीज़ों का उपभोग कर रहे हैं वे चीज़ें कहाँ से आ रही हैं, किस क़ीमत पर आ रही हैं? जब इसे हम देखेंगे तो पायेंगे कि हम उपभोग की इस भूख को पूरा करने के लिए प्राकृतिक संसाधनों का अन्धाधुन्ध दोहन कर रहे हैं। एक तरफ़ समाज का वह वर्ग है जो अपनी अय्याशी के लिए संसाधनों का अन्धाधुन्ध दोहन कर रहा है वहीं समाज के दूसरे तबके को अपना पेट भरने के लिए भी नहीं मिल रहा है। अगर इसे हम और साफ़ शब्दों में कहें तो आज हमारे यहाँ जिस तरह की विकास

की अवधारणा है, उससे सिर्फ़ ऊपरी तबके को ही लाभ मिल रहा है, और दूसरा तबका शोषित हो रहा है, उसके हक छीने जा रहे हैं और लोगों के आशियाने उजड़ रहे हैं। यह सब कुछ तथाकथित विकास के नाम पर ही हो रहा है। स्वयं प्रकाश की कहानियाँ हमें समाज के उस सत्य से रू–ब–रू करवाती हैं, जो विकास नाम की चीज़ से ही उजड़ रहा है, ख़त्म हो रहा है। यह इनकी कहानियों में इस सहज और मार्मिक ढंग से सामने आता है कि पाठक और श्रोता प्रभावित हुए बिना नहीं रह सकता।

इस बात को स्पष्ट करने के लिए स्वयं प्रकाश की तीन कहानियों पर बात की जायेगी जो न सिर्फ़ इस तथाकथित विकास के पैमाने की सच्चाई को बयान करती हैं बल्कि हमें यह सोचने को मजबूर भी करती हैं कि क्या यही विकास है? या इसी तरह से विकास होना चाहिए? जहाँ एक व्यक्ति दूसरे को इस विकास के नाम पर लूट रहा हो। इन्हीं सभी मुद्दों पर चर्चा करते हुए–जंगल का दाह, बिछुड़ने से पहले और बलि पर बात की जायेगी। इन तीनों कहानियों की केन्द्रीय चिन्ता समाज का वह तबका है जो विकास के नाम पर उजड़ रहा है। कहानीकार द्वारा बताये सच से कोई भी व्यक्ति इनकार नहीं कर सकता और जैसे ही कहानी पूरी होती है, हमारे सामने बड़ा सवाल छोड़ जाती है। हम 'जंगल के दाह' कहानी से प्रारम्भ करें। यह कहानी वन्य जीवन और जंगल का वर्णन करते हुए चलती है, वहाँ के निवासी ख़ुश हैं अपना जीवन जीने की चीज़ें वे जंगल से जुटा लेते हैं, चाहे वे खेती करना न जानते हों। लेकिन एक तरह से देखा जाये तो जंगल ही उनकी दीर्घकालीन खेती है, जिसे उनके पूर्वजों ने लगाया था, रक्षा की थी और उस जंगल को सुरक्षित रखते हुए उनकी पीढ़ियाँ अपना जीवन यापन कर रही हैं। अर्थात् उन्होंने मेहनत से दीर्घकाल तक चलने वाली खेती तैयार की जिसकी फ़सल का कोई भी उपयोग कर सकता है, अपनी ज़रूरत के मुताबिक़ और उसमें यह शर्त भी है कि इस फ़सल का उपयोग करने वाली पीढ़ियाँ सिर्फ़ उपयोग ही नहीं करें, अपनी ज़रूरत के मुताबिक़ जंगल में घटने वाले, अपनी उम्र पूरी कर चुके पेड़–पौधों को फिर से लगाये भी। और सदियों से इस नियम का पालन होता आ रहा है। तभी तो लेखक कह रहा है कि वहाँ के निवासी प्रसन्न हैं, उन्हें अपने दैनन्दिन जीवन के लिए मारामारी नहीं है। और जब यह सवाल आता भी है कि खेती करें तो ऊबड़–खाबड़ ज़मीन पर खेती कैसे करें? और खेती की ज़रूरत भी क्यों? और मैदानी भागों

की तरह वे चाहे खेती नहीं करते हों, लेकिन अपने जीने लायक चीज़ों की पैदावार तो वे कर लेते हैं और जब ज़रूरत की कई चीज़ें उनको जंगल से ही मिल जाती हों। मतलब, सन्तुलित ज़रूरत की चीज़ें जंगल से ही मिल जाती हों। इस कहानी में मामा सोन नाम का एक पात्र है जो वहाँ के आदिवासी बच्चों को धनुष विद्या सिखाता है। प्रशिक्षण के दौरान बच्चे न सिर्फ़ धनुष चलाना सीखते हैं, बल्कि पूरे जंगल के बारे में जानकारी, वहाँ के पशु–पक्षियों के बारे में जानकारी यानी पूरे इलाके के बारे में हर तरह की जानकारी भी लेते हैं। जैसे कि किस चिड़िया का शिकार करना चाहिए और क्यों करना चाहिए? मामा सोन बच्चों के लिए उनकी क़द–काठी और ज़रूरत के अनुसार तीर–कमान बनाते और सबसे पहले उन्हें चिड़ियों के नाम, आदतें, उनके अपने मौसम, बैठने के ठिकाने, उनकी प्रजाति की घटत–बढ़त का हिसाब और उनके खाद्य–अखाद्य होने की जानकारी यह सब शिष्यों को बताते। जंगल के जीवन में रहने और जीवन जीने के लिए जितना ज़रूरी है वह समूचा ज्ञान और कौशल इस पढ़ाई के साथ दिया जाता है। इसे जंगल के साथ जीवन जीना भी कह सकते हैं। इसी से जुड़ा हुआ एक और मुद्दा है कि जंगल से बाहर वाले लोग शुरू से ही मनोरंजन के लिए शिकार किया करते थे/हैं। उस तरह की बात आदिवासी लोगों के साथ नहीं थी, उनका सोचने का तरीक़ा अलग है; जैसे–'आखेट को तुम्हारी भाषा में क्रीड़ा कहते हैं, हमारी तो वह आजीविका है। हम हमारे अस्तित्व की रक्षा के लिए आखेट करते हैं। वह भी हमें एक ही दिन में नहीं करना है इसलिए इस बात का भी ध्यान रखते हैं कि किसको मारना है किसको नहीं मारना है। हमारे मारने से पशुओं की संख्या कम नहीं होती...।' और सही भी है कि आदिवासी जीवन के सहअस्तित्व को स्वीकार करते हैं। इतना ही नहीं, वे प्रशिक्षण के लिए भी नकली चिड़िया बनाकर उस पर निशाना साधते हैं। लेकिन इस तरह का सहज और सरल तरह से जीवन जीने वाले लोग समाज के उस हिस्से को पसन्द नहीं करते हैं, जिनकी ज़रूरतें दूसरी हैं और जिनके लिए शिकार का मतलब आखेट है। यानी ये दूसरे लोग जिनकी ज़रूरतें दूसरी तरह की हैं, पर वे पैसे देकर ख़रीदना जानते हैं और हड़पना भी। तब उन्हें हर उस चीज़ को ख़रीदने की इच्छा होती है, जो वे ख़रीद सकते हैं। इस ख़रीद में चाहे जंगल हो या वहाँ के निवासी या फिर वहाँ के पशु–पक्षी। इस कहानी में एक

नया मोड़ तब आता है, जब एक राजा का बेटा जंगल में आखेट करने आता है और जंगली जानवरों से घिर जाता है, उसे मामा सोन के शिष्य बचाते हैं। तब वह मामा सोन के शिष्यों की तरह नहीं जिनका शिकार का मतलब जीवन जीने के साधन जुटाना है। राजा के बेटे द्वारा धनुष विद्या सीखने के दिन से ही जंगल के निवासियों के उल्टे दिन शुरू हो जाते हैं। जंगल में पेड़ कटना शुरू हो जाते हैं, वहाँ के पशु–पक्षियों को परेशान किया जाता है। राजा का नालायक बेटा धनुष विद्या नहीं सीख पाता है तब मामा सोन को बन्दी बना लेता है। इस तरह की हरकत का मामा सोन के शिष्य तो विरोध करते ही हैं, पशु–पक्षी भी साथ देते हैं। इन सभी बातों से बौखलाए हुए राजा की सेना और उसके लोग जाते–जाते जंगल को आग लगा जाते हैं। पूरा जंगल जलकर राख हो जाता है। और कहानी के अन्त में यह टिप्पणी है कि 'सुना है उस इलाके में कोई बड़ा बाँध बन रहा है। जिससे देश की बड़ी तरक्की होगी।' दरअसल कहानीकार ने अपनी बात को कहने के लिए जिस तरह के मेटाफर का उपयोग किया है उसे ठेठ भारतीय कहा जायेगा। राजा–रानी के मेटाफर यहाँ के मानस में रचे–बसे हैं। कहानीकार इसी का लाभ उठाते हुए आसान तरीक़े से आज के समय और आज के विकास की अवधारणा का वर्णन करता है। कहानी के अन्त में जो बाँध बनने की बात है, वह तो आधुनिक परिघटना है। उसे किसी राजा के ज़माने की बात क्यों कहें। आज के ज़माने के नये राजा आज के राजनेता हैं। इसी आधुनिक परिघटना में ही बाँध बना कर उन आदिवासी लोगों को उजाड़ा जा रहा है, उनके संसाधनों पर जबरन कब्ज़ा किया जा रहा है विकास के नाम पर। कहानी के अन्त में यह भी पता चलता है, कि मामा सोन के वंशज अब बाँस की टोकरियाँ बना कर अपना जीवनयापन कर रहे हैं। यह आज के आदिवासी जीवन का सत्य है। नर्मदा नदी पर बने सरदार सरोवर बाँध से विस्थापित हुए लोग आज भी अहमदाबाद, सूरत जैसे शहरों की कच्ची बस्तियों में अपना जीवन गुज़ार रहे हैं। अब इस तरह के जीवन की तुलना करें उस प्राकृतिक परिवेश वाले जीवन से तो यह साफ़ हो जायेगा कि हमने कौन–सा विकास किया है और क्या पाया?

हमारे आज के विकास का पैमाना यही है कि ज़्यादा से प्रकृति पर विजय प्राप्त करें, जबकि मनुष्य इतिहास प्रकृति के साथ सहअस्तित्व की बात करता रहा है जैसा आदिवासी जीवन है। हमारी सभ्यता–संस्कृति के

बनने में भी प्रकृति के सहअस्तित्व का ही योगदान है, इन्हीं नदी–घाटियों के किनारे मानव सभ्यता विकसित हुई थी लेकिन हम इसे भूलते जा रहे हैं। आज हम यही चाहते हैं कि बड़े–बड़े बाँध हों, चौड़ी–चौड़ी सड़कें हों। इसके लिए भले जंगल के जंगल बाँध में डूब जाने दें या खेती–बाड़ी की जगहों पर भी सड़क बना दें। क्या इससे विकास हो रहा है? बढ़ता हुआ प्रदूषण, घटते हुए जंगल, खेत और होने वाली बीमारियों आदि पर कोई ध्यान नहीं है। स्वयं प्रकाश की कहानी 'बिछुड़ने से पहले' इसी तरह के विकास के मॉडल को परखती नज़र आती है। इस कहानी में पगडण्डी और खेत की बातचीत होती है। लोकप्रिय तर्क जो है–कुछ भी कर लो विकास तो हो के ही रहेगा। चौड़ी सड़क बनेगी तो उसके किनारे–किनारे दुकानें खुलेंगी, ज़्यादा लोग आयेंगे–जायेंगे। रोज़गार भी मिलेगा। आदि आदि। लेकिन यह बात सोचने की तो है ही कि सड़क बन जाने से किसका फ़ायदा होगा? जिसके पास पहले से कुछ पैसा है या अमीर है उसे ही होगा। या उसको जो कभी–कभार वहाँ से गुज़रेगा? जबकि इससे प्रदूषण काफ़ी होगा। पर्यावरण सन्तुलन भी बिगड़ेगा। उस परिवेश के आसपास के लोगों के स्वास्थ्य पर बुरा असर पड़ेगा। हो सकता है इस तथाकथित विकास के कारण आने वाली पीढ़ियाँ शुद्ध हवा को भी तरस जायें खेत नहीं होने से अन्न नहीं मिलेगा। और सड़कें भी कितनी चौड़ी हों–आठ लाइन, छह लाइन आदि। फिर कारखाने, कोलोनियाँ आदि। कोई सीमा है? पर्यावरण को हो रहे नुक़सान के परिणाम आज ही देखने को मिल रहे हैं। समय पर बरसात नहीं हो रही है, खेती–बाड़ी सूख रही है, पैदावार अच्छी नहीं हो रही है, जीवन जीने के साधन घटते जा रहे हैं। जहाँ हम 'जंगल के दाह' कहानी में पाते हैं कि मामा सोन के शिष्य उनकी ज़रूरतों को पूरा कर देते थे–कन्द, फल–फूल, चमड़ा और अन्य घरेलू काम की चीज़ें। इससे मामा सोन का जीवन आसानी से चल रहा था। लेकिन जब राजा का बेटा मामा सोन को सिर्फ़ ख़ुद के लिए शिक्षक नियुक्त करता है और जीवनयापन के लिए धन देता है। तब मामा सोन का जीवनयापन मुश्किल हो जाता है। मतलब पास में धन–दौलत होते हुए भी व्यक्ति भूखा है। कोई भी व्यक्ति धन–दौलत को खाकर जीवन नहीं जी सकता है। यदि हमारे खेत, जंगल, पशु–पक्षी सब समाप्त हो जायेंगे और हमारे पास पैसा होगा। तो क्या हम उसे खा–पी सकेंगे? कहानीकार की मूल चिन्ता यही है कि हम अधिक से अधिक पैसा कमाने

की चाहत में संसाधनों को नष्ट कर रहे हैं। विकास की इस बढ़ती भूख के लिए हम कुछ भी कर देने के लिए तैयार हैं। खेत में सड़क बना रहे हैं, जंगल में बाँध बना रहे हैं या उसमें आग लगा दे रहे हैं, पेड़ भी काट रहे हैं या ज़मीन खोदकर उसमें छुपे हुए धन को निकाल रहे हैं। और ज़मीन में छुपा हुआ यह धन किसी ईंट के आकार में भी मिल जाये तो कोई बात नहीं। लेकिन यहाँ तो टनों मिट्टी खोदने के बाद रत्ती भर भी नहीं मिलता है। फिर भी यह काफ़ी होता है और उसे थोड़ी सी धातु को पाने के लिए पूरे के पूरे पहाड़ खोद डालते हैं। तब हम यह नहीं सोचते हैं इस पहाड़ को खोदने पर कितने पेड़–पौधे कटेंगे, कितने पशु–पक्षियों का बसेरा टूटेगा और वहाँ के निवासियों यानी आदिवासी लोगों का भी। और इस धातु को निकालने के लिए हम टनों मिट्टी को छानते–साफ़ करते हैं। इन सभी कामों में लगने वाले श्रम, धन और उजड़ने वाले लोगों, पर्यावरण आदि का हिसाब करें, तो यह धातु निकालना हमारे लिए घाटे का सौदा होगा। पर कहाँ मानने वाले हैं। इन्हीं सारी चिन्ताओं पर बात करने वाली कहानी 'बलि' है।

एक बात और, आजकल के विमर्शों में, गोष्ठियों में सवाल उठाया जाता है कि हाशिए के समाज को मुख्यधारा में आना चाहिए। या कहा जाता है समाज के कुछ हिस्से मुख्यधारा में आ गये हैं, कुछ आने बाक़ी हैं। यदि इस बात को हम इस तरह से कहें कि उस हाशिए के समाज को मुख्यधारा में आने की क्या ज़रूरत है? क्या उस समाज के जीवन स्तर को उसी के अनुरूप बेहतर नहीं बनाया जा सकता है? अगर मुख्यधारा में आना जैसाकि कि उच्च वर्ग के लोगों की तरह बोली–बानी, खान–पान और उठक–बैठक आदि। तो यह किसी भी व्यक्ति को किसी एक स्थान से उठा करके किसी दूसरे स्थान पर रख देना है। या फिर उसे अपने मूल स्थान से विस्थापित कर देने जैसा है। तथाकथित सभ्य जीवन के तौर–तरीक़े सीख कर अपने जीवन में उतारना है और जो पुराने अपने संस्कार या फिर वर्षों से अर्जित किया है उसे भूल जाना है। यह उसी तरह से है कि किसी से उसका स्वाभाविक जीवन छिन कर उसे वापस उस दुनिया में भेज देना जहाँ से वह आया था तो वह अपना जीवन नहीं जी पायेगा। 'बलि' कहानी को इस दृष्टि से देखें तो समझ में आ जायेगा। कहानी की नायिका मंगली एक आदिवासी लड़की है। वह इस तथाकथित मुख्यधारा के सम्पर्क में आ कर, उस जीवन के सभी तौर–तरीक़े सीख

जाती है, उसी के अनुसार जीवन जीना भी शुरू कर देती है, लेकिन नियति उसे वापिस पुराने जीवन में ले आती है, वह उसका सामना नहीं कर पाती है। अपना जीवन समाप्त कर देती है। आज पूरे आदिवासी समुदाय को उस मंगली की तरह की मुख्यधारा के समाज में लाने की बात चल रही है। दूसरी दो कहानियों की तरह इसमें भी जीवन शान्ति से चल रहा होता है, जीवन की सभी सुख–सुविधाएँ जो चाहिए थी, उपलब्ध होती हैं। लेकिन बाहर के लोग आकर ही उस जीवन की शान्ति को भंग करते हैं। जो प्रकृति आदिवासी जीवन के लिए वरदान थी, वही अब उसके लिए अभिशाप बन जाती है। बाहर के लोग उस इलाके में खनिज सम्पदा की खोज करने के लिए आते हैं। वहाँ की सभी भौगोलिक जानकारी लेते हैं। 'जंगल के दाह' कहानी की तरह यहाँ के आदिवासी लोगों को जंगल के चप्पे–चप्पे की जानकारी थी उसका भरपूर लाभ उठाया जाता है। फिर यह लालच भी कि स्थानीय लोगों को रोज़गार मिलेगा। उनकी भात, मुर्गी का भी दाम मिलेगा। फिर वे बाहरी लोग अपना ठीया जमाते हैं। ज़मीन खोदने और परीक्षण करने के बाद कहते हैं–'ज़मीन के नीचे ख़ज़ाना है। ख़ज़ाना माने कुदाल से खोदने से नहीं चलेगा, सिक्के नहीं हैं, मोहरें, अशर्फ़ियाँ नहीं हैं, धातु का पत्थर है। पत्थर क़ीमती है उसे निकाला जायेगा और उससे सीसा बनाया जायेगा। वहीं...जिससे बन्दूक की गोली बनती है।' और इस तरह से शुरू होती है आदिवासी जीवन की बरबादी। पहले पेड़ कटे, जंगल–पहाड़ खोदे गये और धातु निकाली गयी और उससे गोलियाँ बनीं। आज उन्हीं गोलियाँ का इस्तेमाल उनके ख़िलाफ़ होता है। ख़ैर, कहानी की नायिका का आगमन भी इन्हीं बाहरी लोगों के आने के बाद होता है। वह एक अफ़सर के घर पर छोटे बच्चों की देखभाल के लिए रख ली जाती है। धीरे–धीरे वह उस जीवन–शैली में ढलने लगती है। अपने जीवन की स्वाभाविक वृत्ति को छोड़ देती है। उसमें वह सारी कृत्रिमता आ जाती है जो उसके लिए वहाँ ज़रूरी थी।

कहानी का यथार्थ यह है कि जिस जंगल की वर्षों से आदिवासी लोग रक्षा कर रहे थे, अब वह उनका नहीं रहा। वे चीज़ें भी उनकी नहीं रहीं यहाँ तक कि कद्दू, मुर्गा, भात आदि। इस तरह आदिवासी लोग भूख से मरने को मजबूर हुए। जबकि कहानी के शुरू में कहानीकार ने बताया है कि सुख का मतलब पेट भर भात मिल जाये तो वह प्रचुर था। ठीक ही है। मतलब बात सीधी और सच्ची थी। अपना जीवन जीने के

लायक साधन उनके पास थे। अब वे उनके नहीं रहे। आज भी भूखे मरते आदिवासी समुदाय की कई लड़कियाँ इस लड़की की तरह महानगरों में लोगों के घरों में काम कर रही हैं और कइयों को देह व्यापार आदि में भी धकेला गया है। यह हमारे विकास के बनाये गये पैमाने के बाद उपजा जीवन है। कहने को तो यह कह दिया जाता है कि विकास हो रहा है, देश तरक्की कर रहा है, किसी–न–किसी को तो इसके लिए कुर्बानी देनी ही पड़ेगी। इन कुर्बानियों का ही नतीजा है कि आज भी दामोदर नदी घाटी परियोजना के विस्थापितों को उचित मुआवज़ा नहीं मिला है। अभी भी वे न्याय के लिए भटक रहे हैं।

दरअसल इन तीनों कहानियों की मूल चिन्ता प्रकृति–पर्यावरण की रक्षा और मानव जीवन की बेहतरी की चिन्ता है। आदिवासी समुदाय के जीवन की सुरक्षा भी ज़रूरी है, उतना ही ज़रूरी पेड़–पौधों और खेती को बचाना भी है। और उतना ही ज़रूरी हमारे संसाधनों की रक्षा भी है, ताकि हम एक बेहतर मानव जीवन जी सकें। एक आदर्श कायम कर सके। एक नयी संस्कृति का निर्माण कर सकें। स्वयं प्रकाश कहानी के जादू में इस विकास की विडम्बनाओं को उखाड़कर रख देते हैं और पाठक इनसे प्रभावित हुए बिना नहीं रह सकता।

मनुष्यता और सत्ता के उन्माद की लड़ाई*

पी. रवि

जो प्रकृति के सबसे निकट है, जंगल उनका है
आदिवासी जंगल में सबसे निकट है, इसलिए जंगल उन्हीं का है
अब उनके बेदखल होने का समय है,
यह वही समय है, जब आकाश से
एक तारा बेदखल होगा, एक पेड़ से पक्षी बेदखल होगा
आकाश से चाँदनी बेदखल होगी
जब जंगल से आदिवासी बेदखल होंगे
जब कविता से एक एक शब्द
बेदखल होंगे। (विनोद कुमार शुक्ल)

विकास आज सबसे गुंजायमान शब्द है। सामाजिक, राजनीतिक, आर्थिक, सांस्कृतिक तथा पर्यावरण–पारिस्थितिक क्षेत्र में इसके समान और कोई शब्द मुखरित नहीं है। इसके मुखर होने से कुछ आनन्द से उन्मादित होते हैं, कुछ आतंकित होते हैं और कुछ इससे अनभिज्ञ रहते हैं। लगभग तीस–चालीस साल के पूर्व हम देश व समाज की उन्नति एवं प्रगति की बातें करते थे और 1990 के बाद इन शब्दों की जगह विकास शब्द केन्द्र में आ गया है। वैश्वीकरण के इस दौर में खुद मानव भी संसाधन में बदल गया है। आज मानव संसाधन आयात–निर्यात तथा वितरण सम्बन्धी संस्थाएँ कार्यरत हैं। मनुष्य को, पानी को, वायु को, सम्पूर्ण प्रकृति को संसाधन के अन्तर्गत लाने वाले विकास का मार्ग एवं मकसद क्या नेक है? क्या ये सब जनहित के लिए हैं? विकास पर बहस

* एकान्त श्रीवास्तव की 'डूब' कविता की पंक्ति है।

करनेवाले प्रशासन, राजनीतिक दल, विविध तरह के माध्यम, बहुराष्ट्रीय निगम व कॉरपोरेट्स असल में किसके विकास की बातें करते हैं? ये सब अपने–अपने विकास की बातें करते हैं जिसके लिए देश एवं देशवासियों के विकास को ओट बना देते हैं। सच्चाई यही है, इसलिए हमारे देश की 80 प्रतिशत पूँजी 20 प्रतिशत लोगों के हाथ में सुरक्षित है! बाक़ी 20 प्रतिशत सम्पत्ति 80 प्रतिशत लोगों के बीच बँट गयी है। कहा जाता है कि देश की आर्थिक स्थिति मज़बूत हो रही है। फिर भी ग़रीब लोगों की हालत में कोई अन्तर नहीं दिखाई देता है। क़रीब बीस प्रतिशत की आय में भारी वृद्धि होती है उसे देश की समूची जनता की आमदनी के प्रतिशत के रूप में दिखाया जाता है। यही सबसे बड़ा अन्तर्विरोध है। इसका प्रमाण है आर्थिक स्तर पर छठे नम्बर के देश में भुखमरी, आत्महत्या, बीमारी आदि बातें। बड़े–बड़े कारखाने, बड़े–बड़े बाँध, सेस, औद्योगिक नगर, बन्दरगाह, एक्सप्रेस राजमार्ग आदि का विस्तार हो रहा है और कहते हैं रोज़गार के लिए विकास अनिवार्य है! इतने विकास के बावजूद बेरोज़गारों की संख्या दिन–ब–दिन क्यों बढ़ रही है? यानी इस तरह के विकास में कहीं ऐब है, क्या यह सही रास्ते पर आगे नहीं बढ़ रहा है? गाँधी ने पहले ही इस उपनिवेशवादी विकास योजना का विरोध किया था। वे टिकाऊ विकास योजना को आगे रखकर कह रहे थे कि यहाँ के संसाधनों के आधार पर देश को आगे बढ़ना चाहिए। क्योंकि मशीनीकरण यहाँ की परम्परागत खेती एवं कुटीर उद्योगों को बेदखल करेगा। दूसरी ओर यह पूँजी का केन्द्रीकरण करेगा, और इसके साथ अधिकार भी जुड़ जायेगा। वहाँ हिंसा अनिवार्य रूप में उपस्थित होगी। इसलिए सुन्दरलाल बहुगुणा कहते हैं कि, "प्रश्न केवल विकास के विरोध का नहीं है, ज़िन्दा रहने के अधिकार की रक्षा का है।" निम्नवर्ग, छोटे किसान, आदिवासी, दलित आदि समाज के बड़े तबके के लोग परेशानी में हैं और नव मध्यवर्ग एवं पूँजीपति मस्ती में हैं। इनके साथ वर्तमान पीढ़ी के धूर्त, विकास, उपभोग, स्वार्थ एवं निरंकुश जीवन प्रकृति–पर्यावरण–पारिस्थितिकी का सर्वनाश कर रहे हैं। इस तरह की विकास नीति का विरोध संविधान निर्माण के समय में आदिवासी नेता जयपाल सिंह मुण्डा तथा वेरियर एलविन ने किया था। गाँधी ने कहा था कि असली भारत इस विकास के बाहर है। स्वतन्त्र भारत की सरकारें कहती आ रही हैं कि सबकुछ देश एवं जनता के लिए कर रही हैं।

सच्चाई यह है कि इस विकास की बाढ़ में मनुष्य एवं मनुष्यता डूब मरते हैं। इस सन्दर्भ में इस पर ध्यान देना उचित होगा कि उदारीकरण के अगुवा प्रधानमन्त्री नरसिंह राव ने 1998 में कहा था कि उदारीकरण को मानवीय चेहरा नहीं है। विकास सम्बन्धी नीतियों का निर्णय ब्यूरोक्रेट्स, पूँजीपति एवं राजनीतिज्ञों द्वारा लिया जाता है। उसमें बहुसंख्यकों की सहमति नहीं है। इस तरह बिगड़ते विकास से पर्यावरण बिगड़ गया है। इस तरह के विश्व पर्यावरण को सम्मुख रखकर महान वैज्ञानिक स्टीफन हॉकिन्स ने कहा था कि इस भूमि की आयु आगे 1000 साल से अधिक नहीं होगी।

लोकतन्त्र सही पटरी पर यदि अग्रसर होता है तो सभी निर्णयों में उसके भोक्ताओं की जानकारी एवं सहमति होंगी। यहाँ उल्टा ही होता है। इसलिए विकास के गुणों की अपेक्षा साधारण नागरिक दोषों का भोक्ता बन जाते हैं। इस विकास में किसान और आदिवासी विस्थापित होते हैं। विस्थापन का दुख बहुत मारक होता है। विस्थापित होने का मतलब उनका सर्वनाश है। इसके बारे में सच्चिदानन्द सिन्हा लिखते हैं कि, "....आधुनिक औद्योगिक व्यवस्था के आरोहण के हर पग पर किसानों के हित की बलि चढ़ाई जाती है। चाहे नर्मदा जैसे बड़े बाँधों से हो, राष्ट्रीय राजमार्ग के लिए भूमि अधिग्रहण से हो, औद्योगिक नगर बसाने के लिए हो या महानगरों या अभयारण्यों का प्रसार हो, सभी में किसानों का विस्थापन होता है। एक तरह से वर्तमान सभ्यता में विस्थापन किसानों की नियति बन गया है। जो लोग कृषि को उद्योगों का दर्जा देने की वकालत करते हैं, वे या तो इसके निहितार्थ से अनभिज्ञ हैं या जानबूझ कर बड़े उद्योगों और बड़े औद्योगिक फार्मों के विकास के लिए छोटे किसानों का अस्तित्व मिटाने का वातावरण बना रहे हैं। कृषि भूमि को हदबन्दी क़ानून से मुक्त करने और कृषि में देशी और विदेशी पूँजी निवेश के लिए दरवाज़ा खोलने की पहल को इसी पृष्ठभूमि में देखा जाना चाहिए। एक बार यह शुरू हुआ तो धीरे–धीरे विपन्न होते छोटे किसान अपनी ज़मीन बड़े पूँजीवादी प्रतिष्ठानों के हाथ बेच देंगे और फिर आजीविका की तलाश में भटकेंगे।" (भूमण्डलीकरण की चुनौतियाँ, पृ. 125–126) विस्थापितों का पुनर्वास एवं क्षतिपूर्ति की सभी बातें करते हैं, लेकिन पूर्ण पुनर्वास मुमकिन नहीं है, यह सच्चाई है।

वैश्वीकरण के सालों पहले ही कवि इस तरह के विकास पर आपत्ति करते हुए चेतावनी देते रहे, वैश्वीकरण के दौर में उसे और आवाज़ देने

लगे हैं। कल्पान्तर (गिरिजाकुमार माथुर), विश्वकर्मा (प्रभाकर माचवे) जैसी काव्य कृतियाँ इसके उदाहरण मात्र हैं। गत तीस सालों से विकास का आतंक भयावह स्थिति की ओर बढ़ने लगा है। इस लालची समय पर टिप्पणी करते हुए कवि हरिराम मीणा लिखते हैं कि, "भूमण्डलीकरण के इस दौर में प्रभुत्व वर्ग द्वारा स्वयं के हित में चलाये जा रहे अभियान को यह कहकर न्यायसंगत ठहराये जाने का प्रयास किया जाता है कि निजीकरण–उदारीकरण–भूमण्डलीकरण आम आदमी की प्रगति के लिए हैं। लेकिन बहुराष्ट्रीय कम्पनियों का आख़िरी मकसद प्राकृतिक संसाधनों के दोहन, बाज़ार की शक्ति के आधार पर अधिकाधिक लाभ, पूँजी व तकनीकी के बल पर अपना व्यावसायिक विस्तार है।"(आदिवासी दुनिया, पृ. 7) यानी विकास सबल का हितैषी होता है। उसकी नीति एवं योजना से दुर्बल लोकतन्त्रीय व्यवस्था में बाहर रहने को अभिशप्त है। यह असल में दुर्बलों के सर्वनाश का विकास है। इसलिए 'मौत का मसौदा' शीर्षक कविता में जसिन्ता केरकेट्टा पूछती हैं–

मुझसे पूछे बिना तय हो चुकी है
मेरी खुशियों की परिभाषा
और उबलते हुए मेरा ख़ून
पूछ रहा है मुझसे
ख़ुशियों का कर वादा
कैसे तैयार कर सकता है
कोई तुम्हारे सामने ही
तुम्हारी मौत का मसौदा?

(जड़ों की ज़मीन, पृ. 138)

विकास की योजनाएँ आदिवासी एवं अन्य धरती पुत्रों के लिए ज़मीन अधिग्रहण एवं बेदखल हैं। जीवन को सुगम बनानेवाले औद्योगिक विकास धरती पुत्रों के अस्तित्व को ख़तरे में डाल रहे हैं। सारी सुविधाओं–बिजली, सड़क, नाली, गाड़ी, फ़ोन, मोबाइल, कम्प्यूटर, अस्पताल–के पीछे लोग भाग रहे हैं। इस भागदौड़ के दौरान कुचलती मनुष्यता को लेकर 'जामला' शीर्षक लम्बी कविता के द्वारा प्रेमशंकर रघुवंशी दुखी नज़र आते हैं।

इन सबके लिए/लड़ते झगड़ते हाहाकार मचाते
हज़ारों तरह की दलदल में/फँसते जा रहे लोग हैं

ज़रूरत ही नहीं रही/नन्दीग्राम होते जा रहे
गाँवों में जामलों की/जहाँ रिश्ते नाते
मान अपमान यश कीर्ति/दुकानों में सजी चीज़ों की तरह
क्रय–विक्रय के सामान होते जा रहे हो।

(प्रगतिशील आकल्प, जनवरी–मार्च 2010, पृ. 9)

नन्दीग्राम, सिंगूर, प्लाचीमटा, सारंडा जैसे कई उदाहरण देश के कोने–कोने में देख सकते हैं। कवि कहते हैं कि इस तरह के विकास के भोजन से देशी घी की गन्ध के बदले मानव सभ्यता की सड़ाँध फैल रही है। इसकी नींव में मनुष्यता नहीं, क्रूरता है। धन–दौलत द्वारा प्रायोजित पर्व–त्योहार से ऋतुओं का आवागमन नहीं होता है, प्रकृति का सही विस्तार भी नहीं होता है। दूसरी ओर शहर का विस्तार ही होता रहता है, जिसका नाश नहीं होता है। इसलिए जसिन्ता केरकट्टा 'ओ शहर' कविता में प्रतिरोधी स्वर में पूछती हैं कि क्या विकास के नाम तुम कभी उजड़ते हो? यहाँ प्रश्न शहर एवं शहरी सभ्यता से है। वीरेन डंगवाल भी इस शहरी सभ्यता के तिलिस्म की ओर नयी पीढ़ी के आकर्षण पर प्रश्न करते हैं, जहाँ मनुष्यता नहीं है। यह आदिवासी एवं अन्य छोटे किसानों को बेदखल करते हुए आगे बढ़ती है।

इन नौजवानों से कैसे छिन गया उनका धर्म
और क्यों भर जाने दिया उन्होंने अपने दिमाग़ में
सड़ा हुआ जटा–टूट–घास–पात?
कहाँ से चले आये ये गमले सुसज्जित कमरों के भीतर तक
प्रकृति की छटा छिटकाते
जबकि काटे जा रहे थे जंगल के जंगल
आदिवासियों को बेदखल करते हुए?
आख़िर लपक क्यों लिया हमने ऐसी सभ्यता को
लालची मुफ्तखोरों की तरह? अनायास?

(दुश्चक्र में स्रष्टा, पृ. 41)

ऐसी सभ्यता के ख़िलाफ़ खुद मोर्चा लेती तथा समाज को आगाह करती रहती मेधा पाटकर की मेधा एवं निष्ठा से प्रभावित होकर नीलोत्पल 'अकाल में सुलगती' (कोष्ठक में मेधा पाटकर के लिए) कविता में लिखते हैं–

उसका जुर्म यह है कि/वह शामिल नहीं होना चाहती थी
विकास की उस दौड़ में/जिसमें धकेल दिये जाते हैं इन्सान
इतने पीछे कि पलटने पर/नहीं मिलते उनके गवाह भी।

(अनाज पकने का समय, पृ. 43)

'मेधा पाटकर' शीर्षक कविता के कवि एकान्त श्रीवास्तव आधुनिक सभ्यता और उसकी विकास नीति की गम्भीर आलोचना भारी मात्रा में करते हैं। विकास के केन्द्र में जो हिंसा है, उसके नेपथ्य में जो अधिकार है—इन सब पर प्रकाश डालते हैं।

ये जो मनुष्य हैं/रोटियाँ नहीं बासी
सिमटने लगते हैं सकुचाकर/ये कैसे पहिये हैं
विकास के रथ में/कि जिनमें लगा है इनका रक्त?
ये कैसे फूल हैं/सभ्यता की नयी भोर में
जे इनकी हड्डियों के/खाद से मिले हैं?
धरती अधखिला फूल है

गाँव उजड़ते हैं, उसकी संस्कृति तथा उसके आधार सब मिटाये जाते हैं। आशा की किरणें शेष नहीं रह गयी हैं, फिर भी गाँव जहाँ तक हो सके वहाँ तक अपना विरोध—प्रतिरोध खड़ा करते हैं।

लेकिन रात के अँधेरे में/होते हैं अपराध
जो हिंसाएँ/उनसे भयानक होती है वह हिंसा
जो दिन दहाड़े की जाती है/विकास है यह
अपराध और हिंसा के इतिहास में/कि अपराधियों को
अँधेरे की ज़रूरत नहीं/साहस सभी दुःसाहस में
बदलता है/जब व्यवस्था खड़ी हो
अपराधियों के पक्ष में/और ताक़त साथ हो धन की
समरथ को नहिं दोष गुसाईं।

(वही)

'डूब' शीर्षक कविता में कवि आक्रामक तेवर के साथ खड़े होते हैं। उसमें वे कहते हैं कि 'यह मनुष्यता और सत्ता के उन्माद की लड़ाई' है और पुनर्वास मुमकिन नहीं है। अब जो दिखाई देता है वह असल नहीं, माया दर्पण मात्र है। इसलिए कविता कहती है—

बन्द करो राज्यतन्त्र और विकास तन्त्र के अत्याचार
कि विष में बुझे हैं हमारे भी तीर

अपमानित है मनुष्यता
सम्मानित मनुष्यों के संसार में।

(धरती अधखिला फूल है, पृ. 127)

कविता में बाँध हमारे विकास का प्रतीक है, जैसे 'डूब' उपन्यास आदि में। प्रथम प्रधानमन्त्री ने बाँध को आधुनिक भारत का मन्दिर कहा था। कविता बाँध के पानी में, विकास की बाढ़ में डूबते भारतीय गाँव की त्रासदी को, गलत विकास नीति को, उसके आर्थिक, सामाजिक, सांस्कृतिक एवं अमानवीय पक्ष को प्रश्नांकित करती है। आधुनिक मशीनी सभ्यता में फँसकर हम असली जीवन की उपेक्षा करने लगे हैं। कविता चेतावनी देती है कि सूरज, चाँद, नक्षत्र आदि का डूबना पुनः आने के लिए है, लेकिन डूबते गाँव का उदय मुमकिन नहीं है। इतिहास भी ऐसे गाँवों के प्रति मौन रहता है। गाँव के दुख–दर्द, ग्रामीणों के आत्मीय सम्बन्ध, उसकी संस्कृति का लेखा–जोखा गाँवों के साथ तिरोहित हो जायेंगे। अपनी मिट्टी से बेदखल जनता में अब भी गाँव की महक है, जो उसे सँजोना चाहती है। लेकिन विकास की बाढ़ में सब बिगड़ जाते हैं। मूल्य ढह जाते हैं, संवेदनाएँ निरर्थक होती हैं, स्वप्न यथार्थ में परिणत नहीं होते हैं, आस्था अनास्था में फिसल जाती है, जिसका चित्र कविता खींचती है।

छूटा हुआ घर, कोठा, परसार
डूब रहा है बिके हुए बैलों की आँख में
मशीनों की घराघराहट में बाँसुरी की तान
बाज़ार के शोर में आदमी की आवाज़
बुझी हुई आँखों में सपनों की जोत
ट्रेन की धड़धड़ाहट में पंडुक की आवाज़
विकास के अर्राते जल में
एक पूरी सभ्यता चुपचाप डूब रही है।

(धरती अधखिला फूल है, पृ. 122)

आधुनिक सभ्यता विकास की नींव है, उसका जीवन दर्शन है, इसके मूल में मानवीय संवेदना नहीं, भौतिक जीवन की होड़ है। उक्त जीवन दर्शन के आतंक में ग्रामीण जीवन, उसकी निरीहता, प्रकृति से उसका आत्मीय सम्बन्ध–सब ध्वस्त हो गये। इस दुख के साथ बेदखल लोग ज़िन्दा हैं जिनकी नींद तक खलल में पड़ी हुई है। धरती की ये

सन्तानें प्रकृति की क्रोड में जीना चाहती हैं। वे पुनर्वास, क्षतिपूर्ति आदि नहीं चाहती हैं। वे मशीनी सभ्यता के वीरान जीवन को जीवन नहीं मानती हैं। इससे वाकिफ़ कवि पूछते हैं–

तुम किस–किस चीज़ को पुनर्वास दोगे
छीन सको तो छीन लो
पके धान की खुशबू मेरी साँसों से
और दो उसे पुनर्वास
दो दीवाल में थापे गये
कण्डे के सूखे हुए निशान को पुनर्वास
असम्भव है पुनर्वास
पुरखों के गाँव से बने हुए रास्ते का...।

(वही, पृ. 125)

यह कवि कल्पना नहीं, यथार्थ है। मनुष्य और प्रकृति के साथ गहन सम्बन्ध होता है। इसलिए अपनी मिट्टी से बिछुड़ने का दर्द जीवन भर उसे सताता रहता है। आज जो औद्योगिक विकास हो रहा है उसका मुनाफ़े से बढ़कर कोई मूल्य नहीं है। यान्त्रिक जीवन उसका आधार है, जो बाज़ार की चकाचौंध को जीवन का मापदण्ड मानता है। इस विकास नीति के लाभ पर भी कविता प्रहार करती है। इसका लाभ तीन प्रतिशत है तो इससे जो नुक़सान होता है, उसे हम माप नहीं सकते हैं।

रुपये विश्वबैंक के/जिन्हें लेकर आये ऋण में तुम
जिसके ब्याज से उऋण नहीं हो पायेंगी/कई कई पीढ़ियाँ
कैसी यह नीति विकास की/पाताल की ओर ले जाती हुई
खारिज करो विश्वबैंक को/ऋ.ण को, विकास नीति को।

(वही, पृ. 126)

इस तरह के विकास को पंगु कहती कविता उसे आत्महीन, बेईमान एवं क्रूर बताती है। 'आगहीन नदी को तलवार' बनाकर यह सभ्यता ग्रामीण आदिवासी एवं छोटे किसानों के दिल को काट डालती है। शहरी सभ्यता का विरोध करती कविता आगे कहती है कि आदिवासी का मन गंगोत्री के जल के समान निष्कलुश है जिसका आधुनिक विकास तन्त्र से कोई सरोकार भी नहीं है। फिर भी सत्ता एवं उसके साथी गाँवों पर हमला करते हैं।

दहशत पैदा करती है इस गाँव में तुम्हारी पुलिस
तुम्हारे ट्रक, बुल्डोज़र दहशत पैदा करते हैं
दहशत पैदा करती है तुम्हारी व्यवस्था
व्यवस्था जो बुनती है जाल
और फेंक देती है हम पर
कम समझ में आते हैं तुम्हारे छल कपट।

(वही, पृ. 128)

कवि कहते हैं कि यह अन्धकार का अध्याय समाप्त नहीं होता है जिससे मानवता का रक्त टपकता है। आदिवासी कवयित्री वन्दना टेटे का स्वर भी यही है। आदिवासी को मुख्यधारा में मिलाने का प्रयास सत्ता और उसके साथी करते हैं। यह योजना आदिवासी के लिए स्वीकार्य नहीं है, उससे दूर रहना वे बेहतर मानते हैं।

तुम्हारे विकास का गणित/मेरी समझ में नहीं आता
मेरी आँखें वर्तमान के अँधेरे/में कुछ ढूँढ़ती रह जाती हैं
और मेरे पाँव टिकने की जगह ढूँढ़ते/उजाले के आते ही
दिखती हैं अजीब चीज़ें/जिनसे मेरा दूर–दूर तक का
कभी वास्ता न था।

(कोनजोगा, सं. वन्दना टेटे, पृ. 70)

हरिराम मीणा के अनुसार यहाँ विकास नहीं हो रहा है, उसके बहाने सामूहिक कत्ल हुआ है। इस नकली विकास को पहचानना आसान नहीं है इसलिए 'बाघ और बिरसा मुण्डा की बेटी' की बेटी हैरान होती है।

सुगुना मुण्डा की बेटी हैरान है कि वह
उस बाघ की पहचान कैसे करे?
कुछ कहते हैं, वह सभ्यता के उद्घोषक है
सत्ता का अहं है, कुछ कहते हैं वह आदमी है
तो कुछ यह भी कहते हैं कि
जो हमारे अन्दर भी है और बाहर भी।

(पक्षधर–17, पृ. 113)

याने इस विकास व विकासवादी को पहचानना कठिन है, इसलिए उनके विकास के गणित, उसके छल–कपट, वह मायामृग आदिवासी को पचते नहीं हैं। जसिन्ता केरकेट्टा औद्योगिक सभ्यता पर अडिग इस विकास

नीति की कड़ी आलोचना करती हैं। वे कहती हैं कि विकास की प्रत्येक गोली प्रकृति के माथे पर ही धँसती है। विकास पर्यावरण को ख़तरे में डालता है। 'फ़ैसलों का सच' कविता की पंक्तियाँ हैं–

विकास की बन्दूक से/निकलती गोलियाँ
धँसती हैं सबसे पहले/मिट्टी के माथे पर
जंगल की जांघ पर/गाँव की पीठ पर
और चिड़ियों की आँख पर।

(जडों की ज़मीन, पृ. 34)

विकास का धक्का प्रकृति के प्रत्येक हिस्सों पर पड़ रहा है जिससे धरती, जल–वायु, जीव–जन्तु, चिड़ियाँ सब परेशान होते हैं। इसका भीषण परिणाम निकट है। आधुनिक सभ्यता के सायंकाल का चित्र खींचती 'हाँफती मशीनें' यही बता रही है। मशीनी सभ्यता सम्पूर्ण प्रकृति का नाश करती आगे बढ़ रही है और अब ख़ुद उसके हिमायती इसके दुष्परिणाम भोगने लगे हैं। वे ख़ुद प्रकृति की, शुद्ध पानी, वायु की तलाश करने लगे हैं। पर्यावरण बिगड़ गया; बाढ़, भू–स्खलन हर साल आम घटनाएँ होने लगी हैं स्वार्थी लपलपाती जीभ ने सबकुछ सोख लिया है। फिर भी लालच थमता नहीं है।

अब भी चैन नहीं लूटनेवालों को
उसके सीने पर दिन–दोपहर
चला रहे हैं बेरहमी फावड़े
उखाड़ लेने को उसकी देह से
लाल मांस–सी मिट्टी के लोंधे।

(अंगोर, पृ. 80)

गाँव क़स्बों में, क़स्बे शहरों में और शहर नगरों–महानगरों में विकसित हो रहे हैं। विकसित महानगरों की ज़िन्दगी में शान्ति नहीं है, वहाँ के लोग ख़ुश भी नहीं। आज वहाँ शुद्ध हवा तथा पेयजल तक दुर्लभ हो गये हैं, उन्हें शुद्ध वायु के लिए ऑक्सिजन पार्लर जाना पड़ता है, कभी जंगल की ओर दौरा करना पड़ता है। मदन कश्यप अपनी 'कुछ देर साथ चलो' शीर्षक कविता में इस सच्चाई की ओर हमारा ध्यान आकृष्ट करते हैं।

इस शहर में शामें सुनहरी नहीं होती
कोई ऐसी ममतामयी वाटिका भी नहीं

जिसके एकान्त के आँचल में थोड़ी देर दुबक सकें हम
कोई झील नहीं
जो हमारे स्नेह को दे सके शीतल स्पर्श
बस तपती हुई सड़क का निर्मम सूनापन है।

(नीम रौशनी में, पृ. 22)

प्रकृति से हटकर मनुष्य व अन्य जीव–जन्तु जी नहीं सकते। उन्हें जीवन की प्रेरणा एवं सुकून प्रकृति की क्रोड से प्राप्त होती हैं। शहर में भौतिक सुविधाएँ हैं किन्तु मनुष्यता एवं समाज नहीं है। वहाँ झुण्ड है, महानगर की तपती सड़कों में भागदौड़ करती भीड़ है। वहाँ माफिया है, दलाल है, श्रमिकों को धोखा देते 'श्रमिक' नेता हैं और दूसरी ओर सत्ता और उसकी लालफीताशाही है। 'तुम्हारी यादें' शीर्षक कविता में मदन कश्यप कहते हैं कि–

ऊँची चिमनियों और गहरी खदानों की
साँप–सीढ़ियों वाली इस औद्योगिक नगरी में
हमें हलाल करने के लिए
माफिया और दलाल ही नहीं
क्रान्ति की बातों से बातों की क्रान्ति करनेवाले
श्रमिक–नेताओं के भ्रमजाल भी हैं।
और इनके बीच
मछेरे की हाँडी में क़ैद मछली–सा छटपटाता
गँवई–गाँव का मेरा मन
बिछड़े तालाब की तरह लगातार तुम्हें याद करता रहता है।

(नीम रौशनी में, पृ. 20–21)

विश्वग्राम में बदले आदिवासी गाँवों की स्थिति भी भिन्न नहीं है। हर कहीं शहर उमड़ने लगा तथा उसका जीवन भी। 'नदी, पहाड़ और बाज़ार' शीर्षक कविता में विश्व बाज़ार के अंग हो गये भारतीय गाँव का चित्र जसिन्ता केरकेट्टा खींचती हैं। प्रकृति के सारे अंग बाज़ार के माल बन गये हैं, माँग के आधार पर सबका मूल्य निर्धारित किया जाता है। इस त्रासद स्थिति के प्रति कविता ख़ुद एक चेतावनी बन जाती है। गाँव की नदी नाले में बदलने लगी, नाले सूखकर पगडंडी बन गये हैं, पहाड़ों की जगह खाई व गड्ढे दिखाई देने लगे,

खलिहान क़ब्रिस्तान में बदल गया है। इस तरह के भयावह परिवर्तन की बातें सुनकर नयी पीढ़ी तक चौंक जाती है। कविता आगे दोनों पीढ़ियों, जो बारिश, गीली मिट्टी, बोतल की नदी, डिब्बा बन्द पहाड, दीवार पर टँगी प्रकृति (चित्र) आदि ख़रीदने बाज़ार पहुँची हैं, का चित्र दिखाती है। दोनों दुकानदार से पूछती हैं–

"और ये बारिश इतनी महंगी क्यों?
दूकानदार बोला–ये नमी यहाँ की नहीं!
दूसरे ग्रह से आयी है,
मन्दी है, छटाँक भर मँगाई है।"

(अंगोर, पृ. 32)

विकास से पारिस्थितिक सन्तुलन बिगड़ गया, बारिश कम होने लगी है, इसलिए साधन दुर्लभ होने लगा है। आगे की पंक्तियाँ इस प्रकार हैं–

"पैसे निकालने साड़ी की कोर टटोली
चौंकी! देखा आँचल की गाँठ में
रुपयों की जगह
पूरा वजूद मुड़ा पड़ा था... ।"

(वही, पृ. 32)

इसे कवि कल्पना कहकर खारिज नहीं कर सकते हैं, यह वर्तमान सच्चाई है। प्राकृतिक संसाधनों की वृद्धि नहीं होती है, वह सीमित है, जिसके बलबूते पर आनेवाली (आगामी) कई पीढ़ियों को गुज़ारना है। उस पर ध्यान दिये बिना संसाधनों के उपभोग के कारण पेयजल, वायु, बारिश, मिट्टी, नदी एक–एक होकर दुर्लभ होने लगे हैं। जो बचे हैं उन पर बाज़ार कब्ज़ा कर रहा है। 'नदी का अस्तित्व' मनुष्य के लालच एवं औद्योगिक सभ्यता की निरंकुशता पर सवाल करती है। पुसारो नदी कल–कल करती बहती थी, पर आज उसमें पानी और रेत नहीं, भीतर की लाल मिट्टी भी नहीं। आदिवासी/ग्रामीणों की हालत भी इसके समान हो रही है, उनकी नमी, पारस्परिकता एवं भीतर की आग भी बुझने लगी है।

शोषक गाँव के बाँध से ख़ुश होते हैं और ग्रामीण किसान उसके पानी में डूब जाते हैं। अब ग्रामीण आदिवासी जागने लगे हैं, विकास पर नियन्त्रण लाने की बातें करने लगे हैं। वे गाँधी को अपने निकट महसूस

करने लगे हैं। 'बाँध से बँधी धान की बालियाँ' शीर्षक कविता में जसिन्ता आदिवासी के बीच उभरते प्रतिरोध को व्यक्त करती हैं।

"अब बँध रहा है एक बाँध आँसुओं का
अब बँध रहा है एक बाँध आक्रोश का
टूटेंगे ये बाँध एक दिन
जब भरेंगी उलगुलान की हुंकार
पहाड़ियों पर से साखू की डालियाँ,
मिटेंगी विस्थापित करती शक्तियाँ
और फिर लहलहा उठेंगी
खुलकर खेतों में
बाँध से बँधी धान की शक्तियाँ।"

(अंगोर, पृ. 70)

सारे आदिवासी कवि इस विद्रोही भावना को अभिव्यक्ति देते हैं। क्योंकि आदिवासी जीवन दर्शन में अपनी अस्मिता एवं संस्कृति मुख्य है, जिसे वे कसकर पकड़ने का प्रयास करते आ रहे हैं। 'अंडमानी आदिवासियों को सभ्य बनाने की सलाह' के पीछे के छल को पहचानते हरिराम मीणा उसे सब्ज़बाग से अधिक मानते नहीं हैं। 'सभ्यता के विस्तार के नाम पर हादसे' के द्वारा वे कहते हैं कि उसने (शोषक) तुम्हारे खेत तक घुसकर तुम्हारे माहौल का नाश किया है। फिर भी क्यों चुप रहते हो? कविता की पंक्तियाँ हैं–

"देखो! उन्होंने आख़िर तुम्हें खदेड़ ही दिया
–तुम्हारी ज़मीन से
तुम्हें नेस्तनाबूत करने के लिए
और तुम चुप हो।"

(वही, पृ. 14)

ग्रेस कुजूर और भी गरम अन्दाज़ में लेखकों का आह्वान करती हैं कि 'कलम को तीर होने दो।'

"वे लूटने–लुटाने आये, हम गये परदेश
धरती उजड़ी, जंगल उजड़े, रह गया क्या शेष?
झाड़ियाँ हो गयी कमान, सब बिरवे तीर
देखना बाक़ी है कलम को तीर होने दो

ईंटों के भट्ठों में, सीझ गयी ज़िन्दगी
रोटी की खोज में कहाँ नहीं भागी
बाँहें हो गयीं मकान, सब अँगुलियाँ तीर
देखना बाक़ी है कलम को तीर होने दो।''

('झारखण्ड के आदिवासी : हिन्दी कविता',
सं. रमणिका गुप्ता पृ. 102)

हम विकास का निषेध नहीं कर सकते हैं। बदलते विश्व में विकास का होना आवश्यक है। लेकिन आज जो विकास की बाढ़ आगे बढ़ रही है, उसकी ज़रूरत नहीं है। टिकाऊ विकास जिसके केन्द्र में मुनाफ़ा नहीं, मनुष्यता एवं नैतिक संयमपूर्ण जीवन को होना चाहिए। हमारी विकास सम्बन्धी मान्यताओं का आधार आधुनिक सभ्यता का जीवन दर्शन है। Survival of the Fittest को मानती आधुनिक सभ्यता की नींव में मनुष्यता नहीं, हिंसा है, क्रूरता है। वहाँ पर नहीं, समाज नहीं, मैं और मेरी अपनी सुविधाएँ मात्र हैं। हमेशा 'मुझे क्या मिलेगा?' का रवैया अपनाते लोग सामाजिकता पर एतवार नहीं करते हैं। अपनी सुख–सुविधा के दाता के रूप में मात्र अन्यों को देखना चाहते हैं। सबकुछ ख़रीदने को वे तैयार होते हैं। ऐसी सभ्यता अमानवीय एवं भयावह वातावरण की सृष्टि करती है। ऐसे लोगों की सुविधा, तथा ऐशो–आराम के लिए विकास आज दिखाई दे रहा है। इस सभ्य जनता के लिए सामग्रियाँ/सुविधाएँ प्रदान करने के लिए गाँव का सर्वनाश किया जाता है, प्रकृति का अन्धाधुन्ध दोहन किया जाता है, जिससे मानव की ही नहीं सभी जीव–जन्तुओं का नाश भी होने लगा है। इस रुख का विरोध कविता आस्था के साथ करती रहती है–

''देखो, जल की सतह के ऊपर
एक डूबे हुए आदमी का उठा हुआ हाथ।''

(एकान्त श्रीवास्तव, 'धरती अधखिला फूल है', पृ. 122)

विकास, विस्थापन और हिन्दी कविता

पंकज पराशर

'शहर में इस तरह बसे
कि परिवार का टूटना ही उसकी बुनियाद हो जैसे
न पुरखे साथ आये न गाँव न जंगल न जानवर
शहर में बसने का क्या मतलब है
शहर में ही ख़त्म हो जाना?
एक विशाल शरणार्थी शिविर के दृश्य
हर कहीं उनके भविष्यहीन तम्बू
हम कैसे सफ़र में शामिल हैं
कि हमारी शक्ल आज भी विस्थापितों जैसी
सिर्फ़ कहने के लिए कोई अपना शहर है
कोई अपना घर है
इसके भीतर भी हम भटकते ही रहते हैं।'

—आलोकधन्वा की कविता 'सफेद रात' का एक अंश

सत्ता जब अपने प्रलोभनों, प्रभावों और आतंककारी शक्तियों से अधिकांश मध्यवर्ग को अनुकूलित कर लेने के मुगालते में हो और प्रभुवर्ग को सिवाय अपने स्वार्थ और 'आत्म' विकास के अलावा किसी और चीज़ से कोई मतलब न रह गया हो, तब कथित विकास के हाशिये पर जीने को अभिशप्त बहुजन की पीड़ा और त्रासद जीवन–स्थितियों की आवाज़ हिन्दी कविता की चिन्तन–धारा में स्पष्ट सुनी जा सकती है। कुछ बन चुके और कुछ बनने को आतुर अधिकांश भारतीय मध्यवर्ग जब चुनी हुई चुप्पियों को ओढ़कर सत्ता के आततायी चरित्र को सफलता की सिद्धि के लिए सहनीय नियति मान चुका हो, तब हाशिये

के स्वरों को साहसिक ढंग से अभिव्यक्ति करने के लिए कविता का दायित्व और अधिक बढ़ जाता है। क्योंकि जिन मध्यवर्ग पर क्रान्तिकारी परिवर्तन और सामाजिक आन्दोलन की महती ज़िम्मेदारी होती है, वह मध्यवर्ग यदि इहलोक और परलोक की सफलता के लिए नैतिकता और ईमानदारी को तिलांजलि देकर सत्ता का बगलगीर होने में ही अपने जीवन को धन्य मानने लगे, तब समाज में संवेदनशीलता और नैतिकता के गिरते स्तर की चिन्ता कहीं और भले न दिखाई दे, कविता में लक्षित किया जा सकता है। कालखण्ड चाहे जो हो। इस प्रतिमान पर अगर देखें तो किसी कविता की महत्ता और अर्थवत्ता, भाषा–शैली से नहीं, उसमें अभिव्यक्त प्रश्नपरकता और समय के गहरे बोध से तय होता है। कहना न होगा कि इन्हीं कारणों से मध्यकालीनता और समकालीनता जैसे शब्दों से कविता की प्रासंगिकता और सार्थकता का मसला एकदम श्वेत–श्याम में तय नहीं किया जा सकता।

साहित्य की धारा में बने रहने के दबाववश जब साहित्य की अधिकांश विधाओं में उत्तर–आधुनिक तत्त्वों का ज़ोर बढ़ गया हो और बाज़ार के विरोध के नाम पर लिखी गयी रचनाओं को भी बाज़ार बहुत चतुराई से लोकतान्त्रिक और उदार मुखौटे के साथ 'विरोध के बाज़ार' में बेच लेता हो, तब विरोध की असलियत और बाज़ार के ऑक्टोपसी पकड़ को ठीक–ठीक समझने का दायित्व महज़ राजनीतिक विपक्ष और सजग न्यायालय का ही नहीं, हर उस कला का होता है, जिसके केन्द्र में अन्ततः मनुष्य है। जिसके लिए सभी सत्य से ऊपर अन्ततः मानुष सत्य है। इस मामले में हिन्दी की सार्थक/प्रासंगिक कविता ने कभी अपनी भूमि और भूमिका से परहेज़ नहीं किया। मध्यकालीन कवि तुलसीदास से लेकर समकालीन कवि आलोकधन्वा तक की काव्य–यात्रा इस बात की तस्दीक करती है। जिन तुलसीदास के जीवन का अधिकांश समय मिथकीय चरित्रों के अंकन और नवधा भक्ति के महत्त्व के संस्थापन में बीता, उन तुलसीदास का हृदय भी अपने समय की स्थितियों को देखकर विगलित हुए बिना नहीं रह सका, 'खेती न किसान को, भिखारी को न भीख, बलि/वनिक को बनिज न, चाकर को चाकरी/जीविकाविहीन लोग सीद्यमान सोच बस/कहैं एक एकन सों, कहाँ जाई, का करी।' तब यदि हमारे समय की कविता, जिसके ऊपर समाज के दर्पण होने की सामाजिक और नैतिक ज़िम्मेदारी आयद है, यदि उसके भीतर विस्थापन के अनन्त क्रम की त्रासद सचाई का चित्रण न हो,

तो उस कविता का समकालीन पक्ष चाहे जितना मज़बूत हो, अन्ततः वह अर्थहीन और अप्रासंगिक होने के लिए अभिशप्त होती है। आलोकधन्वा की यह कविता 'सफ़ेद रात' पूँजी की सत्ता के कथित विकासवादी मॉडल के क्रियान्वयन के कारण अनेक स्तरों पर हो रहे व्यापक विस्थापन ऐसी अभिव्यक्ति है, जिसके केन्द्र में मनुष्य का वह सत्य है, जिसे राजनीतिविज्ञान और समाजशास्त्रीय सिद्धान्तों से समझा तो जा सकता है, गहरी संवेदना के साथ शायद महसूस नहीं किया जा सकता। क्योंकि, 'बहस नहीं चल पाती/हत्याएँ होती हैं/फिर जो बहस चलती है/उसका भी अन्त हत्याओं में होता है/भारत में जन्म लेने का/मैं भी कोई मतलब पाना चाहता था/अब भारत भी नहीं रहा/जिसमें जन्म लिया।' जिस भारत में कवि ने जन्म लिया उस भारत के न रहने का कारण अभिधा से शुरू होकर व्यंजना की विद्रूपभरी सच्चाई तक चला जाता है।

दरअसल पूँजी की सत्ता जब अपने स्वार्थ की सिद्धि के लिए राजनीतिक, धार्मिक और सामाजिक सत्ता को अपना अनुचर बना लेने के लिए आक्रामक ढंग से अपनी रणनीतियों पर अमल कर रही हो, तमाम प्राकृतिक संसाधनों को सुरसा की तरह निगलती चली जा रही हो। तब देश की टूटी हुई, बिखरी हुई जनता की आवाज़ बनने वाली कविता कांतासम्मित उपदेश की भूमिका त्यागकर बग़ावत और जंग की जुबान में बात करने लगती है। जिसके पक्ष में कोई नहीं बोलता, जिसके दर्द को कोई अपना दर्द नहीं समझता, उसके दर्द को कविता समझती रही है। वह चाहे भवभूति के द्वारा सीता के दर्द को समझने का प्रयास हो, कालिदास द्वारा शकुन्तला और यक्ष के दर्द को समझने और अभिव्यक्त करने का प्रयास हो, आदिकवि वाल्मीकि द्वारा क्रौंच की असह्य पीड़ा को महसूस करने का प्रयास हो या 'कालिदास सच–सच बतलाना' पूछने वाले हिन्दी के प्रगतिशील कवि नागार्जुन की अनेक कविताएँ हों–अपने समय के त्रासद सत्य को समझने में कभी गलती नहीं करती है। लेकिन क्या यह कथन मध्यकालीन कवियों के साथ ज़्यादती नहीं है कि उन्होंने महज भक्तिपरक कविताओं तक स्वयं को सीमित रखा और अपने समय की सत्ता से टकराने का दुस्साहस नहीं किया! जबकि तुलसीदास ने काशीवासियों की तत्कालीन समस्या को लेकर यह लिखा–

संकर–सहर–सर, नारि–नर बारि बर,
विकल सकल महामारी मांजामई है।

उछरत उतरात हहरात मरि जात,
भभरि भगात, थल–जल मीचुमई है।।

आलोकधन्वा की 'सफ़ेद रात' कविता आत्मालाप के स्वर में यह सवाल पूछने से अन्ततः बाज नहीं आती, कि 'लखनऊ में बहुत कम बच रहा है लखनऊ/इलाहाबाद में बहूत कम इलाहाबाद/कानपुर और बनारस और पटना और अलीगढ़/अब इन्हीं शहरों में/कई तरह की हिंसा कई तरह के बाज़ार/कई तरह के सौदाई/इनके भीतर इनके आसपास/इनसे बहुत दूर बम्बई हैदराबाद अमृतसर/और श्रीनगर तक/हिंसा/और हिंसा की तैयारी/और हिंसा की ताक़त।' दुनिया रोज़ बनने के क्रम में लगातार उजड़ते हुए शहरों की सचाई दर्ज करने की फ़ुर्सत आज मीडिया के किसी भी माध्यम को नहीं है, जबकि वर्तमान समाज के लोकमत को नियन्त्रित करने और अपने द्वारा प्रक्षेपित सत्य को तथ्य को सर्व–स्वीकार्य और व्यापक बनाने के लिए उनके पास बहुत सारा धन और बहुत सारा समय है। ऐसे में यह सवाल हिन्दी कविता के अलावा और कहीं क्यों नहीं दर्ज होता कि अतीत के लखनऊ में ऐसा क्या था जिसे वर्तमान काल के लखनऊ में कवि नदारद पाता है? यही इलाहाबाद, कानपुर, अलीगढ़, हैदराबाद और श्रीनगर तक ढूँढ़ते हुए कवि पाता है कि इस शहर को जिन चीज़ों ने विशिष्ट बनाया था, वह तो नहीं है, है तो बस हिंसा और हिंसा की तैयारी और हिंसा की ताक़त! जिसके कारण अनेक स्तर पर लोगों के पलायन का अनन्त क्रम चलता रहता है। कुछ भौतिक रूप से, कुछ मानसिक रूप से, कुछ रोज़गार के लिए, कुछ ज़मीन–जंगल से बेदखल कर दिये जाने के कारण भागते हैं अधिकांश भगा दिये जाते हैं! दूसरी ओर बाग़ियों को तोड़ कर अपने खेमे में कर लेती है या उन्हें मौन रहने पर विवश कर देती है! इसलिए कवि की संवेदना के स्तर पर पहुँचकर ही इस तक़लीफ को समझा जा सकता है, 'एक असहायता/जो मुझे कुचलती है और एक उम्मीद/जो तकलीफ़ जैसी है।'

पूँजी के वर्चस्व की सत्ता पूरी संरचना ऐसी बनी हुई है कि उसमें केवल शक्ति की ही सुनवाई होती है, शक्ति यदि है, तो आप अपनी बात मनवा सकते हैं। जब कहीं किसी योजना में ज़मीन चले जाने के कारण किसान, मज़दूर और आदिवासी विस्थापित होते हैं, तो पुनर्वास से लेकर मुआवज़े की पूरी प्रक्रिया में भागीदारी सिर्फ़ घर–परिवार के बड़ों की होती है। किसी चीज़ में बच्चों की कोई राय नहीं ली जाती।

हमारे योजनाकर्ताओं से लेकर नीति निर्धारक तक, सभी विस्थापित बच्चों की स्थिति पर मौन हैं। मोटे तौर पर इन बच्चों की संख्या क़रीब पाँच करोड़ होगी जो कि भारत के अनेक राज्यों ही नहीं दुनिया के अनेक राष्ट्रों से अधिक है। परन्तु वे किसी की भी प्राथमिकता में नहीं है। अग्निशेखर ने एक कविता लिखी है, 'विस्थापित बच्चे'। जिसमें विस्थापन की पीड़ा किस तरह व्यक्त हुई है, उसे इसकी संघनित पीड़ा को अनुभूत किये बिना शायद नहीं समझा जा सकता, 'विस्थापित शिविरों में सो रहे बच्चों की ख़ुशियाँ/अनिश्चय के गर्भ में हैं/बच्चों के रंग–बिरंगे कपड़े/पीछे छूट चुके हैं सन्दूकचियों में/जो हमारे चुराये गये घरों में पड़ी है/निर्जन कोनों में/बच्चों का संसार खो जाना/कुछ अदृश्य फ़ैसलों का वास्तुशिल्प है/मेरी बुजुर्ग घाटी में/नहीं जानते अबोध विस्थापित बच्चे कि वे नींद ले रहे हैं हम सबकी उनींदी गोद में/सैकड़ों–सैकड़ों चिथड़े तम्बुओं की बस्तियां/मेले हैं उनके लिए/वे जैसे उतरकर घर की सीढ़ियाँ खेल रहे हैं।' बच्चों की दृष्टि से यदि हम भारत विभाजन की पीड़ा को लेकर लिखे गये साहित्य को देखें, तो उसमें भी विस्थापन के दंश को झेलने वाले चरित्रों के बीच बच्चों की पीड़ा को प्रातिनिधिक स्वर का दर्जा देने की उदारता नहीं दिखाई देती। जबकि विस्थापित होने वाले दूसरे लोगों की तरह जब बच्चे कहीं से विस्थापित होते हैं, तो वे सिर्फ़ उस जगह से ही विस्थापित नहीं होते, बल्कि बचपन की समृतियों से जुड़ी एक–एक चीज़ से बेदखल हो जाते हैं। इस सन्दर्भ को ठीक से समझने के लिए ऊपर उल्लिखित अग्निशेखर की उसी कविता के अन्तिम अंश को देखना उपयुक्त होगा, 'समय खिसक रहा है पाँव तले ज़मीन की तरह/और घनी रात खोलती ही जा रही है/अपनी राक्षसी जटाएँ/बच्चे सो रहे हैं विस्थापित शिविरों में/हमारे ख़ामोश शब्दों के बीच की खाली जगहों में/और हमें लेना है इन्हीं लम्हों में/आँगन में कपड़ों के तार–सा कोई सीधा और/तना हुआ फ़ैसला/जिस पर धोकर हमें सुखाने हैं/इनके मैले कपड़े/बच्चों के कपड़ों को इन्तज़ार है/धुलने का।

देश की ख़ुशहाली के लिए जब भाखड़ा बाँध का निर्माण हुआ, तो गोविंदसागर झील अस्तित्व में आयी। उस झील में हज़ारों परिवारों के घर–ज़मीन सब कुछ डूबा और लोगों को विस्थापित होकर दूसरी जगह बसना पड़ा। पौंग बाँध के विस्थापितों के साथ भी ऐसा ही हुआ था। लोग

अपनी जन्मभूमि छोड़कर हरियाणा व राजस्थान में जाकर बसने को मजबूर हुए थे। अपनी संस्कृति, अपनी जन्मभूमि से कटकर कहीं दूर जाकर विस्थापित के रूप में बसने का दंश वो झेलते रहे। विस्थापन की इस पूरी प्रक्रिया को समझाते हुए अरुंधति राय कहती हैं, 'लाखों लाख विस्थापितों का अब कोई वजूद नहीं है। जब इतिहास लिखा जाता है, वे इसमें नहीं होते। आँकड़ों में भी नहीं। उनमें से कुछ लगातार तीन बार और चार बार विस्थापित हुए हैं। बाँध के लिए, चाँदमारी के इलाके के लिए, दूसरे बाँध के लिए, यूरेनियम की खान के लिए, बिजली परियोजना के लिए। एक बार वे लुढ़कना शुरू करते हैं, तो फिर रुकने की कोई जगह नहीं होती। इनमें से बहुत बड़ी संख्या आख़िरकार हमारे बड़े शहरों की परिधि पर झोपड़पट्टियों में खप जाती है, जहाँ यह सस्ते निर्माण मज़दूरों की बहुत बड़ी भीड़ में बदल जाती है (जो और ज़्यादा परियोजनाओं पर कार्य करती है, जिससे और ज़्यादा लोग बेदखल होते हैं) सही है कि उनका सफाया नहीं किया जा रहा है या उन्हें गैस चैम्बरों में नहीं डाला जा रहा है, मगर मैं दावा करती हूँ उनकी रिहाइश का स्तर थर्ड राइख (नाजी कैम्प) के किसी यातना शिविर से बदतर है। वे क़ैदी नहीं हैं, लेकिन वे मुक्ति के मतलब की एक दूसरी ही परिभाषा देते हैं।' ऐसी स्थितियों में जीने वाले लोगों की विशाल जनसंख्या की पीड़ा को लेकर क्या हिन्दी कविता में कोई सुगबुगाहट नहीं दिखाई देती? जब हमारे जेहन में यह सवाल आता है, तो कुमार अनुपम की कविता 'भानियावाला विस्थापित' को भला कैसे भुलाया जा सकता है, जो टिहरी से विस्थापित हुए लोगों की संघनित पीड़ा को बेहद मार्मिक शब्दों में व्यक्त करती है, 'भाईजी/ इधर फिर आयी है ख़बर/पड़ोस की हवाई–पट्टी है यह/आयेगी हमारे आँगन तक/फिर खदेड़ा जायेगा हमें कहीं और/फिर जारी है/हमारी सृष्टि से हमें बेदखल करने की तैयारी।'

उदय प्रकाश कहते हैं कि भाषा ही स्वतन्त्र अकेले लेखक का पहला और अन्तिम शरण्य होती है। उसका ठौर–ठिकाना। उसका देश। जल–जंगल–ज़मीन। उसका खेत और कुआँ। उसकी छत और उसका शहर। (याद करें, विट्गेंस्टाइन ने भाषा को अतीत से लेकर आज तक की असंख्य सभ्यताओं वाला 'शहर' या 'मानवीय बस्ती' कहा था।) भाषा के बाहर लेखक की कोई अन्य सत्ता नहीं होती। आज के सत्ताकेंद्रिक अर्थों में वह सत्ताहीन होता है, किसी आदिवासी या वंचित मनुष्य की तरह।

अगर उसका कोई समुदाय होता भी है, तो वह सिर्फ़ अपनी प्राथमिक ज़रूरत और अनिवार्य आत्मरक्षा के लिए बना हुआ 'सत्ताहीन समाज' होता है। वह 'लेखक', जिसकी सत्ता अगर उसकी भाषा से ज़्यादा कहीं बाहर है, राजनीति, जातीयता, पूँजी की तमाम संरचनाओं, गुट, झुण्ड, संगठन, संस्थान आदि में, तो इसके मायने हैं कि वह लेखक कम और भाषा की सरहद पर मौजूद कोई बाहरी, कोई हमलावर, अतिक्रमणकारी या फिर भाषा के भीतर दाखिल कोई बाहरी सत्ताओं का एजेंट, भेदिया, आतंकवादी होता है। ऐसे लोग अपनी–अपनी ताक़तों का निर्माण जिन स्रोतों से करते हैं, वे स्रोत भाषा के कतई नहीं होते। उन्हें भाषा की सत्ता पर भरोसा ही नहीं होता, जबकि मैंने पहले भी कई बार कहा है कि रोलां बार्थ भाषा को ऐसी 'सत्ता' मानते हैं, जहाँ अन्य सत्ताएँ निसर्जित हो जाती हैं। शब्द को वह 'उत्कीर्णित सत्ता' (power inscribed) मानते हैं।

शब्दों की इसी उत्कीर्णित सत्ता के सहारे मंगलेश डबराल अपनी कविता 'आदिवासी' में कहते हैं, 'अब क्षितिज पर बार–बार उसकी काली देह उभरती है/वह कभी उदास और कभी डरा हुआ दिखता है/उसके आसपास पेड़ बिना पत्तों के हैं और मिट्टी बिना घास की/यह साफ़ है कि उससे कुछ छीन लिया गया है/उसे अपने अरण्य से दूर ले जाया जा रहा है अपने लोहे कोयले और अभ्रक से दूर/घास की ढलानों से तपती हुई चट्टानों की ओर/सात सौ साल पुराने हरसूद से एक नये और बियाबान हरसूद की ओर/पानी से भरी हुई टिहरी से नयी टिहरी की ओर जहाँ पानी ख़त्म हो चुका है/वह कैमरे की तरफ़ ग़ुस्से से देखता है/और अपने अमर्ष का एक आदिम गीत गाता है।' आज जिस पैमाने पर जंगल, ज़मीन और अपने इलाके से आदिवासी विस्थापित किये जा रहे हैं, उतने विस्थापन का सामना शायद किसी अन्य समुदाय को नहीं करना पड़ रहा है। पर देखकर थोड़ा सन्तोष होता है कि हिन्दी कविता विस्थापन के तमाम पहलुओं को लेकर पहले के कवियों के मुक़ाबले कहीं अधिक चौकस और सतर्क है। जहाँ तमाम तरह के विस्थापनों को पूरी मानवीय संवेदना और मानवीय गरिमा के साथ दर्ज किया जा रहा है। विस्थापन दरअसल एक उलझी हुई प्रक्रिया है। इसका समाधान सिर्फ़ दूसरी जगह घर बनाने, नगद पैसा देने और कुछ ज़मीन का टुकड़ा देने मात्र से नहीं हो जाता। विस्थापित लोग जहाँ जायेंगे वहाँ पहले से लोग होंगे, वहाँ के जंगल और संसाधनों पर अतिरिक्त जनसंख्या का दबाव बढ़ेगा, जो एक

ओर पहले से रह रहे लोगों के मन में असन्तोष को जन्म देगा, तो कहीं विस्थापितों के बीच निराशा और उदासी को जन्म देगा।

ऐसे में युवा कवि प्रभात की कविता 'अपनों में नहीं रह पाने का गीत' की स्मृति बार--बार जेहन में कौंधती है, 'उन्होंने मुझे इतना सताया/ कि मैं उनकी दुनिया से रेंगता आया/मैंने उनके बीच/लौटने की गरज से/बार--बार मुड़कर देखा/मगर उन्होंने मुझे एक बार भी नहीं बुलाया/ऐसे अलग हुआ मैं अपनों से/ऐसे हुआ मैं पराया/समुदायों की तरह टूटता बिखरता गया/मेरे सपनों का पिटारा।' प्रभात की इस कविता के विश्लेषण के सन्दर्भ में गिरिराज किराडू का मानना है, 'हिन्दी कविता में विस्थापन के कई वृत्तान्त हैं, जिनमें सबसे लोकप्रिय लेकिन एक स्तर पर निराश और खिन्न करने वाला (इरिटेटिंग) वृत्तान्त केदारनाथ सिंह के यहाँ है :–काव्यनायक शहर आ गया है, ज़ाहिर ही काम करने (प्रोफ़ेसर बनने?) आया है और इसको लेकर एक नपातुला, अपनी गतिकी में लगभग डिजाइनर जान पड़ने वाला अपराध बोध उसके भीतर स्थायी हो गया है। केदारजी के काव्यनायक की समस्या अक्सर यह है कि वह अपने ड्राइंगरूम में कुल्हाड़ी कहाँ रखे या गाँव से आये दोस्त या कार्यकर्ता से नज़रें कैसे मिलाये। यह खिन्न इसलिए करता है कि इसमें काव्यनायक की स्थिति नियतिवत है–वह अपनी विस्थापित अवस्था में कोई परिवर्तन नहीं करेगा और इसी कारण जो पीछे रह गया–गाँव–उसकी अवस्था में भी नहीं। उसकी अवस्था भी उसके लिए नियतिवत ही है। हालाँकि ऐन इसी कारण एक दूसरे स्तर पर केदारजी की कविता 'विकास' का कुछ पठन विधियों से मार्मिक महसूस होने वाला सबआल्टर्न आख्यान भी बनती है। लेकिन मेरी अपनी पढ़त में यह काव्यनायक ठीक से हमदर्द नहीं बन पाता। क्योंकि उसे अपने अपराधबोध से ही मुक्ति नहीं मिलती। गाँव अपने प्रभाव में छिन चुके स्वर्ग (लॉस्ट पैराडाईज) जैसी मिथकीयता हासिल कर लेता है और बिल्कुल एंथ्रोपोलॉजिकल स्तर पर आपको नस्लीय ढंग की कल्पना के फेर में ले लेता है, जिसका परिणाम गाँव और शहर के बीच दिव्य और दानवीय की बाईनरी में होता है।'

हिन्दी आलोचना में इस बात की इधर बार–बार चर्चा हुई है कि भारत–विभाजन जैसी त्रासदी को लेकर हिन्दी के तमाम बड़े कवियों के यहाँ सन्नाटा दिखाई देता है। बकौल कुलदीप कुमार, 'जहाँ हिन्दी लेखकों ने विभाजन पर बार–बार लिखा, हिन्दी कवि इस बारे में ज़्यादातर तटस्थ

ही बने रहे। कइयों ने आज़ादी मिलने पर जश्न मनाती कविताएँ तो लिखीं, लेकिन देश के बँटने के पीड़ादायी अनुभव पर उनकी चुप्पी बनी रही।' लेकिन उस त्रासदी को केन्द्र में रखकर अज्ञेय ने 'शरणार्थी' शीर्षक से ग्यारह कविताओं की एक कड़ी लिखी। लेकिन विस्थापन के सन्दर्भ में आज के नये कवियों से लेकर अल्पख्यात और विख्यात सब कवियों ने विस्थापन के दर्द को अपनी कविता में दर्ज किया है। इस सन्दर्भ में स्मिता सिन्हा की 'विस्थापन' कविता देखिए, 'हम विस्थापित होते हैं हर रोज़/हम छोड़ देते हैं अपनी मिट्टी को/और भागते है ज़िन्दगी के पीछे बेतहाशा/पर हमारी जड़ें दबी रह जाती हैं/वहीं कहीं/उसी मिट्टी के नीचे/हम विस्थापित होते हैं हर रोज़/अपने सपनों में, अपनी स्मृतियों में/अपनी साँसों और सिलवटों में/भाषा, शब्दों और विचारों में/हम विस्थापित होते हैं/हर नये रिश्ते में/अपनी रूह तक में भी।' समकालीन हिन्दी कविता अब इतिहास को यह मौक़ा नहीं देना चाहती कि विस्थापन जैसे सवालों को लेकर उससे भारत–विभाजन पर चुप्पी–जैसा सवाल पूछा जाये हमारे समय का शायद ही कोई ऐसा सजग कवि हो, जिनके यहाँ विस्थापन के अनन्त–क्रम की शिनाख़्त न हो।

विकास, विस्थापन और स्त्री-सम्बन्धों की अभिव्यंजनाएँ

प्रोमिला

विस्तृत नभ का कोई कोना
मेरा न कभी अपना होना,
परिचय इतना, इतिहास यही

स्त्री–चेतना और चिन्तन के स्तर पर विकास और विस्थापन एक ही धरातल पर आकर्षण और विकर्षण के कारक बनते हैं। विकास से तात्पर्य है, संवृद्धि वाला परिवर्तन या क्षमतानुकूल वृद्धि। वहीं विस्थापन नाम है, उस विखण्डन का जो शारीरिक और मानसिक, दोनों स्तरों पर, मानव मात्र, उसकी भूमि, उसके स्व, और स्व के मूल आश्रय के मध्य घटित होता है। विकास एक चाह है और विस्थापन एक घाव। सत्य है कि विस्थापन में बहुत से लोगों के विकास की अन्तर्ध्वनियाँ सुनी जा सकती हैं परन्तु उसमें निर्वासन की पीर शामिल होती है। कोई नहीं सुनता/कोई नहीं सुनता साला पर मेरी बात/हमारे समय का सबसे बड़ा/दुख है निर्वासन कैसे? कैसे बताऊँ उसे/अपना दुख।[1] विकास की सैद्धान्तिक और उसकी व्यावहारिक परिधि के मध्य विस्थापन की फाँक स्पष्टतः उजागर है। किन्तु ठोस धरातल पर विकास सचमुच पासे का खेल ही खेलता है तो भूमण्डलीकरण के वर्तमान दौर में यह यकायक क्यूँकर इतना सशक्त और उर्ध्वगामी लक्षण बन गया है? कैसे विस्थापन विरोधी आदिवासी एक झटके में विकास विरोधी दर्ज कर दिया जाता है? क्यों अधिकांश लोगों को विकास की आलोचना न केवल अव्यावहारिक वरन मानव–स्वभाव की उपेक्षा भी लगती है। कैसे वे विकास के प्रत्येक स्वरूप को बिना तर्क–वितर्क के मानवीय ठहराते

हैं? एक व्यवस्था के रूप में विकास को खारिज करना, उन्हें मानवता को खारिज करना क्यूँ लगता है?

वस्तुतः सीमित भावबोध यथार्थपरक समझ के चलते विकास के एक पक्ष को ही सम्पूर्ण मानवता की प्रगति का आधार मानने वाले भूल जाते हैं कि मानव का अस्तित्व विरोधाभासों का पुंज है। विकास सिद्धान्त नहीं, प्रक्रिया है जो कई आयामों के माध्यम से किसी अभिलक्षित लक्ष्य तक पहुँचने का उपक्रम तैयार करता है। समतामूलक समाज के नाम पर किये जा रहे विकास के मॉडल का स्वप्नदोष इतना लुभावना है कि उसमें मनुष्य (पुरुष, स्त्री, बच्चे) से लेकर गाँव के गाँव तक निर्वासन भोगने को अभिशप्त हैं। मुट्ठी भर लोगों की महत्त्वाकांक्षा और संवेदनहीनता असंख्यों की बलि का उपादान तैयार कर देती है। कभी विकास के नाम पर, कभी भय के चलते, कभी रोज़ी–रोटी के लिए और कभी बेहतर भविष्य की तलाश मनुष्य को विस्थापन के लिए विवश करती है। भूमण्डलीय ताक़तों के चलते आज विकास के प्रतिमान विस्थापन का केन्द्र बनकर उभरे हैं। राष्ट्र–निर्माण, राष्ट्रीय–विकास, सशक्तीकरण जैसे शब्दों से इसकी ज़मीन तैयार हुई है।

विकास के सन्दर्भ में तथाकथित स्त्री–विकास से तात्पर्य है, स्त्री की पारम्परिक आश्रित छवि और पहचान से अलग एक स्वतन्त्र स्त्री–पहचान और स्त्री–छवि को निर्मित करना। स्त्री के अस्तित्व, उसकी अस्मिता को मानवीय इकाई के रूप में प्रतिष्ठित होने का आभास रचना। प्राचीन काल से ही स्त्री को 'अन्या' की स्थिति में स्थापित किया गया है। उसका कोई स्थायी घर नहीं रहा है। वह वस्तुओं की तरह पिता से पति के यहाँ विस्थापित होती रही है। सात फेरों और कन्यादान के धार्मिक कर्मकांड ने विस्थापन को उसके जीवन का पर्याय बना दिया है। 'पराया धन' पद स्त्री का समानार्थी माना गया है। पारिवारिक पुनर्वास में छिपे विस्थापन ने (स्त्री) जीवन–पूर्णता के केवल एकवचन को संभाषित किया है, उसने (स्त्री) जीवन–विडम्बना के बहुवचन नहीं खँगाले हैं। जबकि इस व्यवस्था ने पहले ही क़दम पर उसे अपनी सेक्सुअलिटी समझने के मौक़े तलाशने और अपने लिए सामजिक हैसियत हासिल करने के अधिकार से छिटक दिया था। स्त्री अत्यन्त सहज ढंग से परिवार, समाज और राष्ट्र–राज्य की पुरुष सत्ता के किसी–न–किसी रूप की स्थायी बपौती मान ली गयी थी। धार्मिक, सामाजिक संरचना में रचे–बसे इस प्रथागत विस्थापन ने स्त्री के प्रथम गठन को आकार दिया। सीमोन के शब्दों में कहें तो 'स्त्री

को स्त्री' बनाया। "बाढ़, भूकम्प, सूखे, दंगों और युद्ध के बिना भी/स्त्रियाँ होती हैं विस्थापित/कहीं दर्ज नहीं होता उनका नाम/न लगते हैं कैम्प, न राशन/पानी, डॉक्टरी सुविधा/ झेलती हैं औरतें बेदखल होने की पीड़ा/घरों के भीतर और बाहर।"[2]

पुरुष मनोविज्ञान जीवन की इन अस्पष्टताओं तथा उजड़ने, जड़ने के अभिक्रम से मुक्त रहा है। वह जन्मते ही एक स्थायी नाम, पता और उत्तराधिकार पाता आया है। उसे वस्तु होने के भावबोध और विवाह होने तक की अनिश्चित जीवन स्थितियों का सामना नहीं करना पड़ा है। उसके सर्वाधिकार सहज ही सुरक्षित होते आये हैं। पुरुष होना उसकी एक विलक्षणता रही है। और इसी विलक्षणता के प्ररोहण से स्त्री स्थिति निर्धारित हुई है। ऐसे नियमों, क़ानूनों, सिद्धान्तों और मान्यताओं को बनाया गया है, जिससे स्त्री एक उपनिवेश बनकर रह गयी है। जैविक विभिन्नता ने स्त्री को दाता पुरुष के समक्ष ग्रहीता के रूप में स्थापित कर दिया है। वह पुरुष द्वारा निर्धारित स्वतन्त्रताओं, सीमाओं के मध्य उसी के सामाजिक स्तर से तादात्म्य स्थापित करती रही है। अरस्तू ने लिखा है, 'औरत केवल पदार्थ है, जबकि पुरुष गति है।' पदार्थ होने के इस भाव ने स्त्री को सम्पत्ति और सत्ता के सारे अधिकारों से वंचित कर दिया है। स्त्री पिता या पति विरासत का हिस्सा भर रही है। उसे समझा दिया गया है, 'मत तोड़ो इन नियमों को/पुत्री बन पिता का प्यार लो/अंकशायिनी बनो/फिर कोख धारण करो/पुरुष का अंश/मत रचो नया लोकाचार/मत जाओ प्रश्नों की सीमा से आगे।'[3]

वैवाहिक संस्था में पुनर्वास भाव से आच्छादित विस्थापन ने स्त्री को ऐसी अपरिहार्य स्थिति में डाल दिया है, जिससे उसकी मनुष्य–चेतना विभिन्न स्तरों पर प्रभावित होती आयी है–

1. विवाह आधारित विस्थापन ने स्त्री की दोयम स्थिति को निर्धारित किया है। वह पिता के घर अस्थायी मेहमान और पति के लिए उत्तराधिकारी पैदा करने वाली के तौर पर देखी गयी है।
2. इसने स्त्री में जीवनगत अनिश्चितता की भावना को अंकुरित और पल्लवित किया है।
3. यह विस्थापन स्त्री के लिए सांस्कृतिक संकट का जन्मदाता बना है। एक स्त्री पहले पिता के परिवार की इज़्ज़त और

विरासत की प्रहरी बनी है और फिर पति के परिवार की संरक्षक।

4. इससे स्त्री की निर्णय लेने की क्षमता पर नकारात्मक प्रभाव पड़ा है। स्त्री के लिए विवाह की मूल्यपरकता और सन्दर्भजनितता में गहरा द्वन्द्वात्मक सम्बन्ध रहा है।
5. विवाह जनित विस्थापन स्त्री की मानसिक असहजता का कारण बना है। परिवार के सदस्यों से तालमेल बैठाने के दबाव पैदा हुए हैं, जिससे विशेषकर स्त्रियों में पारस्परिक प्रतिस्पर्धा उभरी है।
6. विवाह पूर्व कौमार्य के मिथक ने पिता को और विवाह के बाद यौन शुचिता ने पति को स्त्री–देह का स्वामित्व सौंपा है।
7. इस विस्थापन ने स्त्री पर आदर्श स्त्री बनने का दबाव बनाया है। समाज में पराये घर में अच्छी बहू की छवि को महिमामण्डित किया है।

स्त्री–चेतना के गहनतर स्तरों के निर्माण में विवाह–वेदी निर्धारित विस्थापन की विशिष्ट भूमिका है। 'उसे जाना है आज शाम चार बजे रेलगाड़ी से/जाना है पति के घर से इस बार पिता के घर/घर से दूसरे घर जाते हैं वही/नहीं होता जिनका अपना कोई घर/बारह साल की उम्र में/विमला ब्याह दी गयी।'[4] अनामिका ने इस सारी व्यवस्था को शब्दांकित करते हुए लिखा है, 'विवाह का घर' चाहे जो भी हो, पर लगातार 'विस्थापित' की मनोदशा यानी क्लासकीय उठल्लूपन झेलने वाला 'स्त्री–समुदाय' तो अक्सर न घर का होता है ना घाट का। माँ बाप के घर यही सुनते हुए कान पक जाते हैं कि परायी अमानत हो, आन गाँव जाना है, मेहमान हो चार दिन की। यानी 'हमारा घर' तो तुम्हारी सराय है, पड़ाव है, छोटी–सी प्रशिक्षण स्थली है। ससुराल में ज़रा भी गलती हो–रोटी चाँद के मुँह से टेढ़ी हो जाये या टेबल पर किताबें बिखरी रह जायें तो काट खाने दौड़ते हैं लोग कि कैसी कुलच्छनी है, गृहस्थी ठीक से चला भी नहीं सकती, तू कैसे घर से आयी है! कभी–कभी बात डाँट–मार, गाली–गलौज तक पहुँच जाती है और त्रिशंकु की स्थिति में डोलती स्त्री समझ ही नहीं पाती कि जाये तो जाये कहाँ।'[5]

विस्थापन का भौगोलिक मर्म उसके सीधे–सादे प्रत्यक्षार्थ से कहीं अधिक जटिल है क्योंकि वह सांस्कृतिक, मनोवैज्ञानिक आदि कई क्षेत्रों

के अनुभवों का निर्माता बनता है। ऐसा निर्माता स्त्री–मन में गहरे पैठकर पितृसत्तात्मक मूल्यों की रूढ़ छवियों तथा सत्ता समीकरणों के सहज आत्मसातीकरण का आधार बन जाता है। 'सबको बस एक फिक्र रात–दिन सुबह–शाम/लड़की सयानी हुई, शादी का इन्तज़ाम/एक रस्म जल्दी से जल्दी निबाह दो/लड़की का मतलब है किसी तरह ब्याह दो।'[6] इस विस्थापन की अर्थ छटाएँ इतनी रुपहली हैं कि वे स्त्री–अवचेतन को बलिदान नहीं वरन वरदान का विषय प्रतीत होती हैं। मौखिक परम्परा, पारिवारिक स्मृतियों और अन्य औपचारिक एवं ग़ैर–औपचारिक तरीक़ों से संरक्षित तथा प्रसारित वैवाहिक जीवन मूल्यों की अन्तर्निहित सीख परोक्ष ढंग से नियन्त्रक का काम करती है। यह नियन्त्रक स्त्री–पुरुष में अलग–अलग स्तर रचते हैं। 'एक लड़की तिल–तिल एक स्त्री होती जाती है/एक लड़का होता जाता है एक पुरुष शनैः–शनैः।'[7] विस्थापन का पहला प्रभाव स्त्री–पहचान के संकट के रूप में उभरता है जहाँ वह अपने नाम और अपने अस्तित्व से दूर हो जाती है। 'मेरा नाम/वेदना/घुटन/गुलामी/ करुणा/कलाली की हाँडी/भी हो सकता था/एक रिवाज/जूती किसी मर्दाने पाँव की/ख़रीद और बिक्री/कुछ भी हो सकता था मेरा नाम।'[8]

नाम जिस अस्तित्व–चेतना का पहला अवबोधक बनता है, उस चेतना का सम्बन्ध निजी जीवनदृष्टि से होता है, जिससे जाँच परखकर ही इतिहास, संस्कृति और मानवीय सम्बन्धों को पुनः विश्लेषित किया जाता है। ज़ाहिर है इस प्रक्रिया से किसी–न–किसी रूप में यथास्थिति का बदलाव घटित होता है परन्तु बहुत–सी स्त्रियाँ आज भी इस अवबाधन तक नहीं पहुँच पायी हैं क्योंकि, 'वो किसान की औरत थी/इसलिए किसनी तो उसे पहले से ही कहा जाता था/इसलिए गाँव में ऐसा ही रिवाज था कि औरत के नाम/उनके पतियों के नाम या पदनाम बिगाड़कर बना लिए जाते थे/डॉक्टर की बीवी डॉक्टरनी और कलेक्टर की कलेक्टराइन कहलाती थी।'[9]

यहाँ विस्थापन एक ऐसी बहुस्तरीय और बहुआयामी घटना के रूप में उभरता है जिसके पन्ने इतिहास और वर्तमान में खुलते हैं। यह विस्थापन समाज, परिवार, यथार्थ अनुभव और भावनाओं के स्तर पर घटित होता है। एक स्मृति मिटती है और दूसरी बनती जाती है। स्मृतियों के बनने और मिटने के बीच तलाश का क्रम जारी रहता है। कई प्रकार के सवाल

घर, परिवार, अस्तित्व और अस्मिता को लेकर स्त्री को घेरे रहते हैं। '1. एक स्त्री के कहाँ–कहाँ होते हैं घर/एक घर वह जहाँ होता है सिर्फ़ धड़/एक घर वह जहाँ रोपती है मन/xxx 3. घर खानाबदोश स्त्री का सपना नहीं/परम्परा है/जिसे वह कबीलाई युग से अब तक/रोप रही है दूसरी स्त्री की आँखों में/फिर शुरू हो जाती हैं घर के लिए उसकी सारी कोशिशें/एक घर तक पहुँचने के लिए/पार करती है कितने कठिन समुद्र और पहाड/नन्ही आँखों में लौ की तरह टिमटिमाता रहता है/एक घर।'[10]

पर उपरोक्त उदाहरणों से जो बात सामने आती है वह यह है कि घर का जो ढाँचा भारतीय परम्परा में गढ़ा गया है वह क्या जताता है और क्या छुपाता है? इस ढाँचे के गढ़े जाने की प्रक्रिया क्या थी? क्या सचमुच स्त्री–विस्थापन और पहचान के संकट में घर की पूर्व निर्धारित व्यवस्था का कोई योगदान है? क्योंकि घर के लिए स्त्री कहती है, 'पर यह मेरा घर नहीं है/बरामदे में खेलते बच्चे मेरे हैं/घर के बाहर लगी नेम प्लेट मेरे पति की है/कहीं कोई घर नहीं होता मेरा/बल्कि मैं होती हूँ स्वयं एक घर/जहाँ रहते हैं लोग निर्लिप्त।'[11]

स्त्री सन्दर्भों में पुनर्वास का एक आशय विवाह–संस्था के प्रति प्रश्न रहित भावात्मक लगाव मानें तो भी इससे जुड़ी द्वन्द्वात्मक स्थिति की जड़ें अतीत में गहरे पैठती हैं और दो क़दम आगे बढ़कर पितृसत्तात्मक समाज और सामाजिक, सांस्कृतिक मूल्यों तक जाती हैं। क्योंकि यदि यह पुनर्वास एक सामान्य घटना होती तो स्त्री के वापस लौट आने की पीड़ा इतनी मार्मिक नहीं बनती। 'धकियाई गयी बेघर लड़कियाँ/लौट आयी हैं ...कुछ नहीं बदला था यहाँ/ बार–बार उसी रास्तों से गुज़रती है/पर उसके लिए सब कुछ बदल गया है/रास्ते बन्द हो गये हैं।'[12] स्त्री–जीवन की अस्थिरता उसके अधिकारों की सीमाओं और कर्तव्यों की सीमा हीनता का निर्धारक बनती हैं। इसमें सर्वप्रथम स्त्री का आवरण बदलता है। एक पदानुक्रम और अन्तर की व्यवस्था जन्म लेती है। पुरुष इस वैवाहिक विस्थापन से परे रहने के कारण ऊँचा दर्जा पाता है और स्त्री नीचा। प्रथागत विश्वासों की देहरी असमानता के सामाजिक अन्याय के समर्थन में बहाने गढ़ लेती है। 'पति को एहसास यह भी/कि पत्नी को क्यों याद रहता है/उसकी बनियान सूखी या नहीं/सब्जी उसके स्वाद की बनी या नहीं/ज़रूरत तो नहीं कहीं/उसके सर को मालिश की/कहीं थक

तो नहीं गया वो बेचारा बहुत ज़्यादा/पत्नी को सब याद रहता है।''[13]

यानी परिवार संस्था में स्त्री–स्थिति पुरुष–व्यवहार या बदले परिवार तक का ही मामला नहीं होती। यह यौनिकता पर नियन्त्रण के साथ–साथ उसकी उत्पादक या श्रम–शक्ति पर अधिकार क्षमता का भी इतिहास रचती है। देह और श्रम पर नियन्त्रण स्त्री की सहज समग्रता में फाँक पैदा करता है। पितृसत्ता का पूरा पैक्ट उसे एक अलग ही स्तर की नैतिकता का बोध देता है लेकिन तर्क–वितर्क ना करने की क़ीमत पर। इससे स्त्री में 'अच्छी बनने' की लालसा उत्पन्न होती है। पर भयावह विडम्बना तो यह है कि पितृतन्त्र ही नहीं माँएँ भी ठीक ऐसा ही करती हैं। वे देहरी के भीतर पुरुष के एकाधिकार को पुष्ट बनाती हैं। यह स्थिति वास्तव में विचारणीय है। कारण है कि पितृसत्ता भले ही ऐतिहासिक वस्तु हो, जैसा कि इस प्रचारित किया जाता है, स्त्री एक मनुष्य है और वह उसे इसी मनुष्य भाव से विच्छिन्न कर देती है। उसकी सहज मनुष्यता को उसी के लिए अजनबी बना देती है। पितृसत्ता उससे अपेक्षा रखती है कि स्त्री सारे नियमों, क़ानूनों, सत्ता समीकरणों को इस तरह से पावन माने कि कभी सवाल ना उठाएँ कि इस 'पर्सनल में भी कुछ पॉलिटिकल' हो सकता है।

यहाँ गौरतलब है कि पारिवारिक पुनर्वास की उपयुक्त अभिव्यक्तियों और साम्प्रदायिक दंगों से इतर भी स्त्री विस्थापन की भेंट चढ़ती हैं। ऐतिहासिक धरातल पर जो विस्थापन राजनीतिक शक्ति, प्राकृतिक आपदाओं और उच्च ग़रीबी दर से मुक्ति की प्रतियोगिता से जुड़ता आया था, आज उसने विकास के नाम पर आत्म विस्थापन का एक नया भूमण्डलीय खेल रच लिया है। विकास का यह खेल स्त्री ही नहीं पुरुष के लिए भी इतना सीधा, सच्चा और अर्थहीन नहीं है। 'विकास इस दिशा में हुआ है;/अब बहुत आदमी/बे सिर–पैर का हुआ है/ XXX पीठ के नीचे धूल पड़ी है/पेट पर आसमान खड़ा है।'[14] पर स्त्री इसकी आसान और मनमाफिक शिकार साबित हुई है। ''भूमण्डलीकरण के पहले चरण में निर्यात हेतु माल बनाने के लिए श्रम–प्रधान प्रौद्योगिकी में ग़रीब महिला श्रमिकों को बड़े पैमाने पर खपाया गया। ...भूमण्डलीकरण का दूसरा चरण ऑटोमेशन, कम्प्यूटरीकरण, और संचार–क्रान्ति का था जिसके लिए उच्च शिक्षित और मध्य व उच्च मध्यवर्गीय औरतों की ज़रूरत पड़ी। ...भूमण्डलीकरण ने औरत की पारम्परिक अधीनस्थ छवि को कायम रखते हुए उसकी सुन्दरता के संस्थागत इस्तेमाल को वैश्विक आयाम प्रदान कर

दिया। ...भूमण्डलीकरण ने अतीत के किसी भी काल के मुक़ाबले सर्वाधिक दोहन किया। भूमण्डलीकरण ने पितृसत्ता के कुछ नये रूप रचे।''[15] यानी विकास द्वारा उछाले 'पावन वुमेन' के नारे में स्त्री–विस्थापन की नयी गोलबन्दी तैयार कर दी गयी है। बाज़ार, विज्ञापन, पूँजी, संचार–क्रान्ति के व्यामोह ने स्त्री की दुनिया ही बदल दी है। उसके लिए रोज़गार के नये–नये अवसर प्रचारित किये हैं। उसे घर से ऑफ़िस तक का नया रास्ता सुझाया है। पर यह विस्थापन वैवाहिक विस्थापन से इस अर्थ में भिन्न ठहरता है कि इसमें स्त्रियों के वर्गानुसार उनकी सफलताओं और चुनौतियों का चित्र उभरता है। हालाँकि विस्थापित स्त्री के शोषण के आधार लगभग पहले जैसे ही हैं। ''विस्थापन की स्थिति में महिलाओं पर अत्याचार और हिंसा बढ़ जाते हैं। हमारे समाज में आर्थिक तथा सामाजिक सत्ता पुरुषों को हस्तान्तरित होती है। महिलाओं की पारम्परिक भूमिका में कोई बदलाव नहीं आता।''[16] जहाँ घरेलू विस्थापन निजी और सामाजिक अलगाव का निर्धारक बनता है, वही बाह्य जीवनगत विस्थापन स्त्री के सामूहिक शोषण, विभेदकारी चरित्र और अधीन बनाने वाले नित नये रूपों को निर्मित कर रहा है। इन दोनों रूपों में एक अन्योन्याश्रित सम्बन्ध है। स्त्री–श्रम की आवश्यकता ही इन दोनों का निर्धारक तत्त्व है।

विकास के सन्दर्भ में विस्थापित स्त्री के तीन रूप उभरते हैं।

1. ऑफ़िस से लेकर बाज़ार और विज्ञापन जगत तक पूरे मेकअप में सजी–सँवरी, परिवार के साथ विस्थापित होकर आयी स्त्री
2. अपने पैरों पर खड़ी, बौद्धिक दक्षता से अर्थ–जगत में जगह बनाती अकेली विस्थापित स्त्री
3. अन स्किल्ड लेबर में लगी आदिवासी, देहाती, दलित, श्रमजीवी स्त्री

वास्तव में, एक शहर से दूसरे शहर, गाँव से नगरों, महानगरों में कभी पूरे परिवार और कभी अकेले ही विस्थापित स्त्री के सम्बन्धों और शोषण की नयी–नयी सरणियाँ निर्मित हुई हैं। स्त्री–स्वतन्त्रता का परचम लहराते भूमण्डलीकरण ने स्त्री–पुरुष सम्बन्धों के पारम्परिक वैषम्य को खण्डित नहीं होने दिया है बल्कि अतिरिक्त मूल्य कमाने की तीन–पाँच में विकास की बाँसुरी से ऐसा मोहक संगीत गढ़ा है कि चित भी उसकी और पट भी उसी की। स्त्री के लिए यह विकास परिवार और बच्चों की ज़िम्मेदारी से मुक्ति का नाम बन कर नहीं आया है। बल्कि उसकी

आत्मनिर्भरता हमेशा दूसरे पायदान पर ही ठहरी है। स्त्री का देहरी लाँघकर पैसा कमाना आज उसके लिए दोहरे दायित्व वहन का सबब है। 'नौकरी पर जाती हुई औरतें/उठ जाती हैं मेरे शहर में/सूरज के जगने के साथ/निबटा कर घर का चूल्हा–चौका/बर्तन–ताशन/भागती हैं ''रेस'' के घोड़े की तरह/जिन पर करोड़ों के सट्टे का दारोमदार है/ये औरतें इस अर्थ युग में/परिवार का मेरुदण्ड हैं/जिनकी कमाई व्यवस्थित करती है/परिवार की स्तरीयता को। ...फेर लेती हैं आँखें/आँखों की नमी बता देगी सच/इसलिए बड़े ग्लास वाला काला चश्मा चढ़ा/निकलती हैं मुस्कुराते हुए/xxxx नौकरी पर जाती हुई/मिडिल क्लास औरतें/दुधारू गाय बन चुकी हैं पितृसत्ता के लिए/जिसे नैतिकता की रस्सी के सहारे/बाँधा जाता है/संस्कारों के खूँटे में/अनवरत दूही जाती हैं स्नेह से/जब तक कमाऊ हैं।[17] फलतः स्त्री का विकास घर, परिवार, बच्चों या सास–ससुर आदि को पीछे छोड़ आने के अपराध–बोध से विंधा रहता है। 'पूरे दिन करती हूँ काम/पर जेहन में घूमता है घर/ताला ठीक से बन्द हुआ था या नहीं/दूध फ्रिज में रख दिया था न...।'[18]

विकास ने दूसरे शहरों, क़स्बों से बेहतर रोज़गार की तलाश में विस्थापित होकर आयी अकेली स्त्री की भी एक बड़ी खेप तैयार की है। ये स्त्रियाँ आर्थिक रूप से आत्मनिर्भर हैं पर सांस्कृतिक संकट की शिकार हैं। आस–पड़ोस वाले ऐसी स्त्रियों को सशंकित दृष्टि से देखते हैं। भीतर–बाहर की सारी ज़िम्मेदारियों को निभाते हुए भी ये निशंक नहीं रह पातीं। फिकरेबाज़ी, अश्लील नज़रों और मौक़ा लगते ही यौन शोषण की शिकार बना दी जाती हैं। 'सीता/यह द्वापर/त्रेता को पार करते/कलिकाल आ गया/पर तुम अब भी मुक्त नहीं हो/ऑफ़िस में रावण की आँखें/घर में राम की शंका।'[19] और अन्ततः परिवार के प्रत्यक्ष–परोक्ष दबाव इन अकेली स्त्रियों को कैरियर भूल विवाह और परिवार की परिधि में समेट लाते हैं। किन्तु उनके लिए जीवनसाथी का चुनाव करना इतना सरल नहीं होता। 'एक वर्किंग विमेन्स हॉस्टल की हम सब औरतें/ढूँढ़ती ही रह गयीं कोई ऐसा/जिन्हें देख मन में जगे प्रेम का हौसला।'[20]

विकास की आँधी का सबसे बड़ा आखेट बनी है, श्रमजीवी, देहाती और आदिवासी स्त्री। कभी ग़रीबी और कभी सरकारी विकास नीति के नाम पर अपनी प्रकृति और संस्कृति से बेदखल होकर, नौकरी के लिए

बड़े–बड़े शहरों में पहुँची, ये स्त्री विस्थापन की सबसे भयावह विडम्बना का शिकार हुई है। पेट की विवशता ऐसी स्त्री को शहरी घरों में साफ़–सफ़ाई का काम करने के लिए खींच लाती रही है। परन्तु उनका यह विस्थापन इतना सामान्य नहीं है। वह असह्य दुख, पीड़ा, दमन और श्रम शोषण तथा यौन शोषण की यातना भोगने को विवश है। 'मुनिया अपना गाँव छोड़ आयी.../कुल तेरह की थी/मुनिया/जब ठेकेदार संग अपने टोले की लड़कियों और जबान औरतों संग/आयी थी शहर/ईंट के भट्ठे पर/कमाने/...पूरे दिन चलती है, फोड़ती है मिट्टी के ढेले/सानती है, माढती है/थापती है ईंटें और जल्दी–जल्दी समेट कर छोटे/पुराने बक्से में रुपये/भाग जाना चाहती है/वापस अपने गाँव, सिवान/...ठेकेदार मुस्कुराता है/पुरानी मजूरनियों को कनखी से समझाता है/आये दिन रात को शराब परोसने के ऐवज में पचास की नोट पकड़ाता है/मुनिया फँसती गयी वैसे ही जैसे चारे के लालच में फँसती है मछली और अन्ततः/बिक जाती है मनुष्यों के बाज़ार में।'[21] देह–बाज़ार इस स्त्री के विकास की अन्तिम सच्चाई है। भूख को मात देने और कुछ बेहतर पाने की चाह इसके दोहन की अस्त्र बन जाती है। 'क्यों जा रही है सुगिया–बुधनी आज भी बंगाल/क्यों बिक रही हैं यहाँ की बेटियाँ दिल्ली और उत्तर प्रदेश के जनपदों में?'[22] जंगल, ज़मीन, गाँव, संस्कृति से कटी श्रमजीवी स्त्री को, नयी जगह अपनी जड़े जमाने में ना जाने कितने मानसिक और शारीरिक संकटों से गुज़रना पड़ता है।

इन मानदण्डों को सामने रखकर परखने से पता चलता है कि स्त्री का विकास से पेचीदा या कहें द्वन्द्वात्मक सम्बन्ध जुड़ा है। पहले की बनिस्बत स्त्री प्रत्येक स्थान पर अपनी उपस्थिति तो दर्ज करा रही है। उसके व्यवहार, स्थितियों, उपलब्धियों में भी परिवर्तन आया है। वह बोलना और समझना सीख रही है। बाहरी जगत पर सदियों से चले आ रहे पुरुष के एकाधिकार को चुनौती दे रही है। नयी गुंजाइश को रेखांकित कर रखी है। किन्तु सवाल है कि किस क़ीमत पर? विकास ने स्त्री को स्वतन्त्र करने के लिए जिस मिथ को गढ़ा है, वह है, दैहिक सौन्दर्य मिथ। इसके आधार पर ही आज विकास के नाम पर बाज़ार और पूँजीवाद ने मुनाफ़े का रास्ता तलाशा है। स्पेस और अवसर के नाम पर स्त्री के भोग को असीम बनाने की दिशा निर्धारित की है। असल में "गिने–चुने प्रतिनिधि महिला

चरित्रों (टोकेन बीमेन) के विकास का हवाला देकर यह जताने की कोशिश नहीं की जानी चाहिए कि स्त्रियाँ अब तो हाशिए पर नहीं रही।"[23] बल्कि भ्रमों और छलावों की नकाब से परे समझना चाहिए कि बेशक आज स्त्री का अपने आपको स्थापित करना उतना कठिन नहीं रहा पर अब भी वह उन लक्ष्मण रेखाओं को अतिक्रमण नहीं कर पा रही है जो उसके स्त्रीत्व को विस्थापित करती रही है। लब्बोलुबाब है कि–

कितनी सुन्दर होती हैं
वह औरतें
जो दहलीज़ फाँद जाती हैं
पर घर की औरत
रहे दहलीज़ में
इसके लिए
करते हैं प्राण–प्रण
पूरी कोशिश।[24]

सन्दर्भ

1. घर की याद, राजेश जोशी, दो पंक्तियों के बीच, पृ. 62
2. कहती हैं औरतें, कमल कुमार, पृ. 65
3. गार्गी, कात्यायनी, कवि ने कहा, पृ. 24
4. विमला की यात्रा, अपने जैसा जीवन, सविता सिंह, पृ. 38
5. स्त्री मुक्ति : साँझा चूल्हा, अनामिका, पृ. 144
6. कोई दूसरा नहीं, कुँवर नारायण, पृ. 150
7. स्त्री और पुरुष, लीलाधर जगूड़ी, अनुभव के आकाश में चाँद, पृ. 99
8. कोई और नाम दो, अनामिका, समकालीन हिन्दी कविता, ए. अरविन्दाक्षन, पृ. 133
9. क्यों रोयी वह इतने बरस बाद, राजेश जोशी, पृ. 104
10. स्त्री और घर, गीताश्री, कविता कोश डॉट काम
11. नगाड़े की तरह बजते शब्द, निर्मला पुतुल, पृ. 30
12. घर लौटी लड़की, कमल कुमार, स्त्री : मुक्ति का सपना, पृ. 151–152
13. मंगल सूत्र, थी... हूँ ...रहूँगी ...वर्तिका नन्दा, पृ. 76
14. कहें केदार खरी खरी, विकास, केदारनाथ सिंह, पृ. 45
15. पितृसत्ता के नये रूप, सं. राजेन्द्र यादव, प्रभा खेतान, अभय कुमार दुबे, पृ. 62–63

16. भारत में विकास बनाम विस्थापन–लेख, डॉक्टर अमित कुमार विश्वास, मानव अधिकार : नयी दिशाएँ, सम्पादक. रणजीत सिंह, पृ. 136, वार्षिक अंक–12, 2015
17. नौकरी पर जाती हुई औरतें, मन की खुलती गिरहें, सोनी पाण्डेय, पृ. 102
18. चीख पड़ूँ, रंजना, स्त्री : मुक्ति का सपना, सं. प्रो. कमला प्रसाद, राजेन्द्र शर्मा, पृ. 167–168
19. सीता का भविष्य, गुलमोहर का गाँव, आभा पूर्वे, पृ. 83
20. अनब्याही औरतें, अनामिका, हिन्दी समय डॉट कॉम
21. वही, विस्थापित औरतें, सोनी पाण्डेय, पृ. 123
22. सन्ताल परगना का दुख, अशोक सिंह, समकालीन आदिवासी कविता, सं. हरिराम मीणा, पृ. 71
23. स्त्री–मुक्ति : साझा चूल्हा, अनामिका, पृ. 75
24. कुछ बातें, एक क़दम मेरा भी ...अनिता भारती, भाग–5

विकास, विस्थापन और रामपुर बाग़ की प्रेम कहानी

आशुतोष कुमार

कविता मनुष्य द्वारा आविष्कृत सबसे सन्दिग्ध कला है; अपने बारे में सबसे संशयग्रस्त भी।

सन्देह की शुरुआत अफलातून से ही हो गयी थी। उनके लेखे कविता झूठ को सच की तरह पेश करने की कला थी।

संशय भवभूति जैसे महाकवि को भी था। क्या सचमुच कोई है जो उस ऊलजलूल चीज़ का कुछ मतलब निकाल सकता है, जिसे कविता कहते हैं। वे ख़ुद को ढाँढस बँधाते हुए–से लिखते हैं–दुनिया बहुत बड़ी है और समय असीम। कभी तो कोई समानधर्मा जन्म लेगा, जो मेरे लिखे का मतलब समझ पायेगा। अंग्रेज़ी आलोचना की पहली किताब सर फिलिप सिडनी की 'कविता के लिए माफ़ीनामा' ही थी। शैली तक को कविता के 'बचाव' में निबन्ध लिखना पड़ा। कविता क्या है, किसलिए है, ठीक–ठीक कह पाना मुश्किल है। फिर भी वह है। कुछ और नहीं तो एक दिमाग़ी खलल की तरह।

लेकिन सिर्फ़ कविता ही दिमाग़ी खलल नहीं होती। एक अबूझ दिमाग़ी खलल वह भी है, जिसे प्रेम कहते हैं। सारी की सारी प्रेम–कहानियाँ हैं। ठलुओं के लिए टाइमपास होने के सिवा भला इन चीज़ों का भला और कोई मसरफ है?

वीरेन डंगवाल की कविता 'रामपुर बाग़ की प्रेम कहानी' ऐसा ही एक दिमाग़ी खलल है। यह हमारा नहीं, ख़ुद इस कविता का बयान है।

यह कोई रूपक नहीं
न निजंधर न कूटकथा न मनोकाव्य

न व्यंग्य न परिहास
यह ये सब कुछ है थोड़ा बहुत
और सबसे बढ़ कर थोड़ा दिमाग़ी खलल शायद
जैसा कि हर प्रेम कहानी होती ही है

थोड़ा दिमाग़ी खलल शायद। कविता इस खलल के बारे में भी कम संशय में नहीं है। अगर संशय नहीं है तो बस ये कि यह कोई रूपक, निजंधर, कूटकथा, व्यंग्य, परिहास नहीं है। अगर होती, तो उसके पास पाठक को देने के लिए एक निश्चित आशय या अनुभूति होती। भले ही छुपा होता, भले ही उसे खोजना और खोलना होता, लेकिन एक ऐसा आशय, जिससे सारे नहीं तो बहुत सारे सहमत हो सकें। इस अर्थ में वह निश्चित हो। लेकिन कविता की घोषणा है कि वह उसके पास ऐसा कोई आशय नहीं है। इसलिए ऐसे किसी आशय को उसमें ढूँढ़ना बेमानी है। कुछ है तो सही। है यह सब कुछ। लेकिन निश्चित कुछ नहीं। क्योंकि या इसीलिए, यह एक खलल है।

यों पाठक को तनिक सावधान करते हुए कहानी आगे बढ़ती है। वह कोई बड़ी उम्मीद न बाँधे। अन्त में हो सकता है, कुछ भी उसके हाथ न लगे। वह तैयार रहे।

कभी यहाँ एक नवाब का विशालकाय घना बाग़ था।
आम–अमरूद–जामुन और कटहल का
यह पचासेक साल पहले की बात है
गणतन्त्र बन चुका था
लेकिन राजे नवाब ज़िमींदार वग़ैरह भी थे ही।

थे ही। गणतन्त्र बन जाने से वे मिट नहीं गये। लेकिन अब वे वग़ैरह थे। इसलिए घने बाग़ों को कटना था। इस तरह पचासेक साल पहले बागों का बाज़ार या रिहाइशी कालोनियों में बदलना शुरू हुआ। कविता को आज़ादी के बाद भारतीय इतिहास की बड़ी साफ़ पहचान है। वह लगभग सटीक तारीख़ बताती है। गणतन्त्र की स्थापना की तारीख़। यह एक काल–विभाजक बिन्दु है। इस बिन्दु के आगे–पीछे दो कालखण्ड हैं। एक है, आज़ादी और गणतन्त्र के पहले का। दूसरा बाद का।

लेकिन यह विभाजन हर एक के लिए एक ही जैसा नहीं है।

कुछ के लिए जो गणतन्त्र और आज़ादी के साथ विकास का काल है, वही कुछ और लोगों के लिए विध्वंस और विस्थापन का। यह एक बात इस कविता में एक तथ्य, सूचना या ख़बर की तरह आयी है।

फिर पेड़ कटे
कोठियाँ बनने लगीं
पहले थोड़ी भव्य
फिर क्रमशः आलीशानतर
कालोनी बनी जिसका नाम स्वतः पड़ा
या रखा गया रामपुर हाता और कालान्तर में रामपुर गार्डन
अलबत्ता बाग़ रहा नहीं
मगर बन्दरों को
सँकरी सड़कों और हर मेल की
कारों–मोटरों–साइकिलों–स्कूटरों से गची पड़ी
कुछ सजावटी पेड़ों के अलावा वृक्षहीन
इस कालोनी से
अभी भी बहुत लगाव है
यह शायद उनकी जातीय स्मृति हो
विध्वंस और विस्थापन के विरुद्ध
उनका सामूहिक क्षोभ!
उनके झुण्ड यहाँ बराबर छापे मारते रहते हैं।

विकास के साथ विध्वंस और विस्थापन तो होना ही है। आलीशान कालोनियों के लिए घने बाग़ों–जंगलों को कटना ही पड़ेगा। वहाँ रहनेवालों को विस्थापित होना पड़ेगा। यह तयशुदा बात है। मामूली जानकारी है। यह इतनी मामूली है कि अक्सर हम इसे याद रखना भी ज़रूरी नहीं समझते। हमारी पंचवर्षीय योजनाओं में तेज़ विकास के लिए बाँधों और भारी उद्योगों पर सबसे अधिक ज़ोर दिया गया। नेहरू जी ने बाँधों को आज़ाद भारत के मन्दिरों की तरह देखा। मन्दिर के साथ धर्म की ताक़त जुड़ी हुई है। मन्दिर में दी जाने वाली बलि पर कौन सवाल उठा सकता है? इसलिए सरकार ने आज तक कोई आँकड़ा ही नहीं रखा कि 1950 से अब तक नियोजित विकास की हमारी योजनाओं में कितने लोगों की बलि हुई, कितने बर्बाद हुए लेकिन भरोसेमन्द शोधकर्ताओं ने अनुमान लगाया है कि यह संख्या दो से चार करोड़ हो सकती है। (देखिए, 01 अप्रैल 2005 की इकोनोमिक एंड पोलिटिकल वीकली में विश्वरंजन मोहंती का शोधपत्र) यह संख्या अर्जेंटाइना की कुल आबादी के बराबर है। आबादी के लिहाज से दुनिया में केवल तीस देश अर्जेंटाइना से बड़े हैं। बाक़ी, तकरीबन ढाई

सौ देश, चार करोड़ से कम आबादी वाले हैं। ये सब मामूली जानकारियाँ हैं, जिन्हें याद रखना ज़रूरी है।

विस्थापन का मतलब एक जगह से उठकर दूसरी, और बेहतर जगह, पहुँच जाना नहीं होता। जनसमुदाय अपने परिवेश से गहराई से जुड़े होते हैं। सामूहिक विस्थापन का मतलब उनके लिए पूरी तरह उजड़ जाना और नष्ट हो जाना होता है। यह भयानक रूप से तकलीफ़देह प्रक्रिया है। इस तकलीफ़ में निहित भीषण विडम्बना यह है कि विस्थापितों को विकास का कोई लाभ नहीं मिलता। यानी नियोजित विकास से होने वाला विस्थापन एक तरह से साधनहीन आबादियों को सुलभ प्राकृतिक संसाधनों को उनसे छीन कर साधनसम्पन्न समुदायों के हाथ में सौंप देना है। (देखिए उपरोक्त शोधपत्र)

लेकिन ये भी मामूली जानकारियाँ हैं। हम जानते हैं, लेकिन ध्यान नहीं देते। कविता भी इसे ऐसे ही आवेगहीन ढंग से दर्ज करती है।

ग़ैर–मामूली बात यह है कि कविता मनुष्यों के नहीं, बन्दरों के विस्थापन के बारे में है। तेज़ विकास ने केवल मनुष्यों को नहीं, पशु–पक्षियों को भी भारी पैमाने पर विस्थापित किया है। इसके चलते जीव–जन्तुओं की बहुत सारी प्रजातियाँ नष्ट हो गयी हैं और बहुत–सी अपने अस्तित्व के संकट से जूझ रही हैं। इससे भी बुरी बात यह हुई है कि प्राणीजगत का मनुष्य के साथ सनातन हिंसा का रिश्ता बन गया है जिनकी ज़मीनों और घरों पर हमने कब्ज़ा कर लिया है। वे हमारे घरों में घुस कर हम पर छापेमारी करने के लिए मज़बूर हो गये हैं। जैसे कालोनियों में बन्दरों के सतत सामूहिक हमले।

बन्दर तो हमारे पुरखे ही बताये जाते हैं। डार्विन साहब ने कुछ ऐसा ही बताया था। हमने सुख–सुविधा के लिए अपने पुरखों को भी विस्थापित कर दिया। बन्दरों को पुरखे न मानिए तो भी इतना मानना चाहिए कि मनुष्य के प्राकृतिक पर्यावास में प्राणियों की सभी प्रजातियाँ शामिल हैं, हमने हर को घर से निकाल बाहर किया। ख़ुद पूरे घर पर काबिज़ हो गये। भूल गये कि इन प्राणियों के साथ ख़ून–पसीने का रिश्ता है। आख़िर सीताजी को मुक्त करने के राम के अभियान में बन्दर–भालुओं ने जो सहायता की थी, उसके बिना हम कहाँ होते? हमारी संस्कृति और इतिहास कहाँ होता? इतना पुराना, आत्मीय, गहरा रिश्ता क्या एक झटके में टूट जाता है?

माना कि वह सब कहानी है, मिथक है। लेकिन इन मिथकों के रचने वालों का प्राणीजगत से रिश्ता कुछ और ही था। मनुष्य समेत तमाम जीव–योनियाँ एक ही जीव–सृष्टि में शरीक थीं। सभी जीव एक ही दुनिया के रहवासी थे। इस हद तक कि कोई भी जीव किसी दूसरे जीव के रूप में प्रकट हो सकता था। नाग मनुष्य का रूप धारण कर सकते थे। देवता और मनुष्य किसी भी पशु–पक्षी का रूप ले सकते थे। वे एक दूसरे की बोलीबानी समझते थे, एक–दूसरे की मदद करते थे। एक–दूसरे की ज़िन्दगियों में इस हद तक शामिल थे कि उन्हें अलग करना मुश्किल था। इन मिथकों से एक ऐसी विश्वदृष्टि प्रकट होती है, जिसमें विश्व मनुष्य और मनुष्येतर प्राणियों के बीच आज की तरह विभाजित नहीं है। अपनी दुनिया से इन जीवों को बाहर निकालकर मनुष्य ने अपने मिथकों को भी विस्थापित कर दिया है। यह एक विश्वदृष्टि और उससे जुड़ी हुई जीवनदृष्टि का विस्थापन है। यह उस सम्मिलित दुनिया से मनुष्य का आत्मविस्थापन भी है।

ग़ैर–मामूली बात यह है कि हिन्दी की एक समकालीन कविता अचानक मिथकों की उस खोई हुई दुनिया में प्रवेश करती हुई प्रतीत होती है।

कोठियों की छतें उनके क्रीड़ांगन हैं
टेलीफ़ोन–केबल के तार
आम की लचकदार टहनियों की तरह उनके झूले
वे घरों से डबलरोटियाँ, फल और कपड़े उठा ले जाते हैं
घुड़कते हैं हाउसकोट काफ्तान पहनीं
अधेड़ गिरस्थिनों और उनकी युवा बहुओं को
जिनके पतिजन तो गये
अपनी दुकानों–दफ़्तरों–कारख़ानों को
और औलादें व्यस्त
स्कूल–टीवी–मोबाइल में
उनमें कोई दिलचस्पी नहीं बन्दरों को
उनकी माँओं में शायद है
अपने छोटे–छोटे मोटे हाथों में
एक साबुत डबलरोटी थामे
तिमंज़िले के छज्जे से कुछ यों घूर रहा है

वह बलिष्ठ बन्दर श्रीमती चड्ढा को
कि उनकी कनपटी गर्म और कान लाल हो आये हैं
रमण की उन कल्पनाओं के रहस्य
केवल ऊटपटाँग रास्तों पर चलने वाले कवियों को पता हैं
या फिर उस मोटे बन्दर को
अपने टोले पर जिसका वर्चस्व असन्दिग्ध है
लेकिन जिसका ह्रदय
इन दिनों एक मानुसी के लिए धड़कने लगा है
और श्रीमती चड्ढा?
इधर मंगलवार को प्रसाद चढ़ाते समय
पता नहीं क्यों उनकी आँखें पूरा पहाड़ हथेली
पर उठाये हनुमान जी के
चरणों से ऊपर ही नहीं उठ पातीं।

मिथकीयता का कविता में इस तरह लौटना उस विस्थापित जीवनदृष्टि का कविता में पुनःप्रवेश है।

बलिष्ठ बन्दर और श्रीमती चड्ढा के अनुराग–प्रसंग में हनुमानजी की मौजूदगी सीतामुक्ति अभियान में हनुमानजी की भूमिका की याद न दिलाये, यह नामुमकिन है। श्रीमती चड्ढा सीता की याद भले न दिलाती हों, लेकिन उनकी स्थिति सीताजी से बहुत अलग नहीं है। किसी रावण ने उनका अपहरण नहीं किया, लेकिन गिरस्थी की अशोक वाटिका में वे सीता की तरह ही क़ैद हैं। बल्कि उनकी दुर्दशा सीताजी से बढ़–चढ़ कर है। बदनीयती से ही सही, सीताजी की खोजख़बर लेने एक रावन वहाँ आता तो है। यहाँ तो भरेपूरे परिवार में कोई हालचाल पूछने वाला नहीं। न किसी को फ़ुरसत है, न ज़रूरत। उसका जीवनसाथी, साथी क्या मनुष्य तक नहीं रह गया है। वह औद्योगिक–पूँजीवादी विकास की इस विराट मशीन का बिना रुके बिना थके चलनेवाला पुर्जा भर है। वह एक मशीनी ज़िन्दगी जी रहा है। उसकी गिरस्थी और गिरस्थिन भी इसी मशीनी ज़िन्दगी का एक हिस्सा है। बकौल कैफ़ी–

चन्द रेखाओं में, सीमाओं में
ज़िन्दगी क़ैद है सीता की तरह
राम कब लौटेंगे मालूम नहीं
काश रावन ही कोई आ जाता।

कविता में गिरस्थिन शब्द इस विडम्बना को गहरा कर देता है। गृहस्थी कृषि–सभ्यता से जुड़ा हुआ शब्द है। गृहस्थ तब बने, जब खानाबदोशी छोड़ कर मनुष्य ने अपनी खेतियाँ और गृहस्थियाँ जमायीं। लेकिन औद्योगिक–पूँजीवादी सभ्यता ने इन गृहस्थियों को बेमानी बना दिया। मज़दूरी के बाज़ार में भटकता, पूँजी की मशीन में चक्करघिन्नी की तरह घूमता इन्सान या तो फिर से खानाबदोश हो गया, या घर में रहते हुए बेघर, इस बेघर के घर में क़ैद स्त्री के पास न राम हैं, न रावण। रामपुर बाग़ से केवल बन्दर ही विस्थापित नहीं हुए। आदमी भी आत्मविस्थापित हैं। ऐसे में औरत थोपे हुए अकेलेपन के हवाले कर दी गयी है। बाहरी विस्थापन के साथ–साथ यह आन्तरिक विस्थापन है। यह एक अदृश्य उत्पीड़न है।

सीताजी का हनुमान से रिश्ता अलग तरह का है। राम और रावण का रिश्ता अधिकार या अनधिकार से सम्बन्धित है। वह बुनियादी रूप से पुरुष–सभ्यता में पुरुष और स्त्री का रिश्ता है। पुरुष स्त्री पर अधिकार चाहता है। विवाह उसे यह अधिकार प्रदान करता है। इसलिए सीता पर राम की अधिकार–भावना वैध हो जाती है, जबकि रावण की अवैध। लेकिन चाहते दोनों हैं एक स्त्री को अधिकृत करना। हनुमान सेवक हैं, दास हैं, पराधीन हैं, पराधीनता ख़ुद अपनी आत्मवत्ता से विस्थापन है। भक्ति के नाम पर इसे हनुमान के अपने चुनाव के रूप में प्रचारित किया गया है। लेकिन है वह आत्म–विस्थापन ही। हनुमान और सीता के बीच वह अधिकार भावना नहीं है। वह राम–सीता के बीच भी दुर्लभ है। मुझे नहीं मालूम कि रामकथा के किसी संस्करण में हनुमान और सीता की पारस्परिक सहानुभूति की भावना के भीतर अनुराग की कल्पना की गयी है या नहीं। लेकिन रामकथा की सुलभ संरचना के भीतर वह असम्भव कल्पना नहीं है। ऐसी कल्पना धार्मिक आस्था को गहरी चोट पहुँचा सकती है। मुमकिन है कि इसे निरस्त करने के लिए ही हनुमान को अखण्ड ब्रह्मचर्य का व्रत दे दिया गया हो। हालाँकि कुछ ऐसी भी कथाएँ हैं, जिनमें उन्हें विवाहित दिखाया गया है। जो भी हो, यहाँ इस चर्चा का मकसद किसी भी रूप में ऐसी किसी कल्पना को हवा देना नहीं है। रेखांकित सिर्फ़ यह करना है कि हनुमान और सीता का रिश्ता दो पीड़ाओं की परस्पर सहानुभूति का रिश्ता है। कविता में बलिष्ठ बन्दर और श्रीमती चड्ढा के बीच के अनुराग का आधार भी यही है। दोनों विस्थापित हैं।

एक बाहर से, एक भीतर से। दोनों अकेले हैं। क्या असम्भव है कि वे जाने–अनजाने एक–दूसरे का भावनात्मक सहारा बनें। नारी और नर के भावनात्मक जुडाव से यौन कामना के उदय की सम्भावना बहुत दूर नहीं रह जाती। ऐसा होना आकस्मिक नहीं है। संयोग मात्र नहीं है। बल्कि स्वाभाविक है।

बलिष्ठ बन्दर और श्रीमती चड्ढा के बीच यौन कामना की स्वाभाविकता ही असल में विस्थापन की भीषणतम परिणतियों को रेखांकित करती है। विस्थापन, चाहे वह प्राकृतिक परिवेश से हो, चाहे मानवीय परिवेश से, आत्म–विस्थापन को जन्म देता है। यानी अपनी–अपनी स्वाधीनता, इयत्ता और जीवन की सार्थकता के अहसास से विस्थापन। कविता में इस आत्म–विस्थापन के शिकार बन्दर भी हैं, श्रीमती और उनके पति भी। लेकिन यह केवल भावनात्मक और मनोवैज्ञानिक अहसास नहीं है। यह बन्दर और मनुष्य का अपनी यौनिकता और जैविकता से विस्थापन भी है। यौनकामना किसी भी जीव के लिए उसकी जैविकता या उसके जीवित होने मात्र का सबसे अधिक जीवन्त और अनिवार्य लक्षण है। लेकिन विस्थापन की परिस्थिति में यह सहज स्वाभाविक यौनकामना भी बची नहीं रही सकती। जहाँ जीवन की सहजता न हो, वहाँ यौन जीवन की सहजता कैसे हो सकती है। विस्थापन पर आधारित विकास ने मनुष्य की प्राकृतिक यौन कामना को भी विस्थापित कर दिया है। उसकी स्वाभाविक जीवन–कामना को ही विस्थापित कर दिया है। वह मनुष्य के रूप में अपने प्रजाति–गुणों से विस्थापित हुआ अपनी मानवीयता और स्वाधीनता को खोकर। अपनी यौनकामना को खोकर वह एक जीवित प्राणी मात्र के रूप में अपनी जैविकता से भी विस्थापित हुआ। क्या मनुष्य होने की और जीवित होने की इससे भी बड़ी कोई त्रासदी हो सकती है? यह विराट त्रासदी हिन्दी कविता में यहीं पहली बार दर्ज होती है।

रात का खटका
'खटाक' से गिरता है
जैसे पिंजरे का द्वार।
अँधेरे में छत से आती है
एक प्रार्थना भरी करुण कूँक
नगर निगम ने बुलवाया है कहीं बाहर से
बन्दर पकड़ने वाला पेशेवर दस्ता

जिसकी फ़ीस है एक सौ सत्तर रुपये फी बन्दर
बेचैनी से करवट बदलती श्रीमती चड्ढा
चोर निगाहों से देखती हैं
नशे और नींद में धुत्त अपने पति को
जिसकी लार एक हज़ार रुपये क़ीमत के
नफीस तकिये को सतत भिगो रही है।

रात का खटका उसी पिंजरे में गिरता है, जिसमें ज़िन्दगी क़ैद है सीता की तरह। कविता में इस 'खटाक' की चोट दूर तक आती है। पिंजरा तो पिंजरा है। रात केवल उसका दरवाज़ा बन्द करती है। खटाक की आवाज़ उस पिंजरे के वजूद की याद भर दिलाती है। पिंजरे में बैठे प्राणी के लिए तो रात और दिन बराबर है। दरवाज़ा खुला भी हो तो उसे उड़ जाने की छूट नहीं है। उड़ना पहले ही छूट चुका है, छीना जा चुका है। उड़ने की न सम्भावना रही, न आदत। पिंजरे के जीवन की आदत पड़ जाये तो पिंजरे में होने की बात भूल जाती है। फिर भी रात आती है तो खटका गिरता है। पिंजरे के दुखती वजूद की दुखित हुई याद हरी हो जाती है। रात का आना एक करुण घटना है, क्योंकि वह दिन के बीत जाने की याद दिलाती है।

रात वैसे तो कामना और अभिसार का समय है। लेकिन रात से यह जीवन–सुन्दरता विस्थापित हो चुकी है। बची है तो नशे की नींद और रुपयों की तानाशाही।

और ऊपर एक वानर यूथ पति
नवाब रामपुर के बाग़ का मूल अधिवासी
पूर्ण चद्रमा जैसे टीवी डिश पर
अपना शीश टिकाये
अन्धकार में आँसू भरे नेत्रों से
टाक रहा है तारों को
ढूँढ़ता उन्हीं में
आम का वह भव्य दरख़्त
अपने कुनबे का छीन लिया गया आशियाना
जिसकी शाखों पर केलि करते थे
उसके पुरखे–पुरखिनें
अब तो हज़ारों रातें बीत चुकीं

ठण्डे सीमेंट से पेट सटा कर सोते हुए
बीत चुकीं लू–लपट से तपतीं
हज़ारों प्यास–ख़ुश दोपहरें
गर्म पानी से भरी पानी की टंकियों से जूझते
कुत्तों–पत्थरों और हुलकारती
हिंसक आवाज़ों से
कूदते भागते गये जाने कितने
भूखे विस्थापित दिन
लेकिन ताड़ पर मार कर बतौर चेतावनी टाँगी गयीं
सहजातियों की लाशें
भयाक्रान्त करने के बावजूद
मनद नहीं कर पातीं
उस पुराने सपने का सम्मोहन

कविता आख़िर कविता है। उसमें ज़रूर एक जगह आती है, जहाँ वह व्याख्या से परे चली जाती है। इन पंक्तियों की व्याख्या करने की कोई भी कोशिश इनमें निहित संवेदना और सच्चाई को सीमित करने से नहीं बच पायेगी। वे बिना किसी व्याख्या के ही सबसे अच्छी तरह संप्रेषित होती हैं। इतना ज़रूर कहा जा सकता है कि यहाँ तक आते–आते कविता अपनी मिथकीयता में अन्तर्निहित सामाजिक–राजनीतिक यथार्थ अपने पूरे आवेग के साथ बाहर आ जाता है। यहाँ यूथपति वानर और हमारे समय के किसी भी विस्थापित मनुष्य, किसान हो या आदिवासी, के बीच फ़र्क़ करना नामुमकिन हो जाता है। वही जानलेवा स्मृतियाँ, वही ठण्डी क्रूरता, हिंसा और आतंक की वही रुतें और रुटीन, लेकिन यही कविता का या इतिहास का अन्त नहीं है।

यूथपति एक दृढ़ वानर संकल्प लेता है
फिर से यहीं बनायेंगे
अपना वह बाग़
फिर से प्यार करेंगे
पेड़ों की घनी–भारी दालों पर
सब विजातियों को भगा देंगे
बस एक उसी मानुषी को छोड़ कर
जिसकी वसन्त में आम के नये पत्तों जैसे हरे परिधान में देखी

करुणामयी छवि
हृदय से उतरती नहीं
जो गोया उस पुराने भव्य आम्रवृक्ष
का ही कमनीय प्रतिरूप है

कामना शेष है तो सपना बाक़ी है। सपना जो एक छिने हुए घर, विस्थापित आत्म, विनष्ट पर्यावास, कुचली हुई जैविकता की स्मृति को जीवित रखता है, और नूतन निर्माण के संघर्ष के संकल्प का सृजन करता है। लेकिन कविता बिना इस उपसंहार के ख़त्म नहीं होती।

न कोई रूपक, न निजंधर
न व्यंग्य न समाजेतिहास
थोड़ा दिमाग़ी खलल, बस, शायद

जिस समाज और समय में जीवन विस्थापित है, कविता भी विस्थापित है। जैसे दिमाग़ से खलल विस्थापित है। कविता उस दिमाग़ी खलल को फिर से रायज़ करती है। यह सर्वग्रासी विस्थापन के विरुद्ध कविता का एकमात्र सम्भव, लेकिन सबसे शक्तिशाली, हस्तक्षेप है। कविता का यह पुनर्वास जीवन का पुनर्वास भी है। 'रामपुर बाग़ की प्रेम कहानी' हिन्दी कविता की ग़ैर–मामूली उपलब्धि है।

विकास, विस्थापन और झारखण्ड की आदिवासी महिलाएँ

रवि रंजन

मौजूदा दौर को हम एक ठिठका हुआ दौर भी कह सकते हैं जो बहुत ही ख़तरनाक है। इसने एक ख़ास तरह के पूँजीवाद को जन्म दिया है जिसकी मुख्य नयी विशेषता, वित्तीय पूँजी का विश्वीकरण है। यह एक ऐसा राष्ट्र, एक ऐसा विश्व चाहता है जो श्रम के सम्बन्ध में तो कमज़ोर हो, पर पूँजी के पक्ष में बेहद सख़्त हो। निश्चित रूप से हम एक विश्वव्यापी पूँजीवादी सभ्यता का उदय और विकास होते अपनी आँखों से देख रहे है। अपने ही देश में अमीर और ग़रीब के बीच तथा अन्तर्राष्ट्रीय स्तर पर ग़रीब देशों और अमीर देशों के बीच असमानताएँ निरन्तर बढ़ती जा रही है और सबसे ख़ास बात कि इसने रोज़गार विहीन विकास की एक बहुत ही त्रासद परिघटना पैदा की है। ज़ाहिर–सी बात है इससे अधिक संकट की स्थिति हमारे समय, समाज और संस्कृति के लिए और दूसरी नहीं हो सकती। मार्क्स ने शायद कुछ ऐसी ही परिस्थितियों से रू–ब–रू होते हुए लिखा था–''पूँजीवाद एक ऐसी व्यवस्था है जो मनुष्य द्वारा मनुष्य और राष्ट्र के शोषण पर आधारित है। यह कभी भी एक संकट मुक्त व्यवस्था नहीं हो सकती।'' (कार्ल मार्क्स : सेलेक्टेड वर्क्स) इसलिए हमारे समय, समाज और संस्कृति की हर तरह की तकलीफ़ों से सच्ची मुक्ति, इस नवीन पूँजीवादी व्यवस्था से मुक्ति के ज़रिये ही हो सकती है।

एक बहुप्रसारित पत्रिका 'साप्ताहिक आउटलुक' (नवम्बर, 2004) का 'स्त्री विशेषांक' अभी–अभी फिर से दोबारा देख रहा था। मुझे यह देखकर काफ़ी आश्चर्य हुआ कि इस विशेष अंक में कुछ 'कामयाब औरतों' की प्रतिक्रिया तो प्रकाशित है, पर जो समाज हाशिये पर है, संघर्षरत है उसके

लिए इसमें कहीं कोई जगह नहीं बन पायी है। इसी अंक में 'स्त्रियों के लिए बदले सफलता के मानदण्ड' विषयक एक सर्वेक्षण भी प्रस्तुत किया गया है जो पूरी तरह से बाज़ार और मुनाफ़े के दुनिया से बाहर की कोई तस्वीर पेश नहीं करती।

आख़िर हमें यह कब अहसास होगा कि मौजूदा हाई प्रोफ़ाइल दुनिया से अलग भी एक दुनिया है जो संघर्षरत है, हाशिये से ऊपर उठने के लिए। वैश्वीकरण के इस गहराती–उफनाती सुनामी (ज़लज़ले) में भी इनमें उठ खड़े होने की शक्ति हिलोंरे ले रही हैं। क्योंकि वे सुखभोगवाद की मौजूदा संस्कृति से इतर श्रम की संस्कृति पर ज़िन्दा है। प्रख्यात बांग्ला लेखिका महाश्वेता देवी ने इनके बारे में बहुत माकूल बातें कही हैं :

"हाशिये के लोगों की संस्कृति बहुत समृद्ध है। वे जात–पाँत नहीं मानते। दहेज नहीं लेते–देते। आदिवासियों में स्त्री–पुरुष की मर्यादा समान है। इनका हस्तशिल्प देखकर महानगरों के लोग ठगे रह जाते हैं। प्रतिकूलताओं में भी उन्होंने अपने नृत्य–शिल्प, कला–संस्कृति को बचाये रखा है। लेकिन समस्या यह है कि आदिवासी समाज आज पहले की तुलना में ज़्यादा तंग है और समाज की असहिष्णुता का शिकार है। आर्थिक उदारीकरण और उसके पाश्चात्य मॉडल ने उनकी सामाजार्थिक संरचना को बिगाड़ा हैं वे जीवन और विकास में पिछड़े हुए हैं, पर संस्कृति में नहीं। इसी के बीच यह शोषित–शासित तबका प्रतिरोध की लड़ाई लड़ रहा है। लोकतान्त्रिक तरीक़े से प्रतिरोध की चेतना का प्रसार आवश्यक हो गया है। ये चेतना आ रही इसीलिए घुमन्तू–खानाबदोश आदिवासी भी विद्रोही चेतना से लैस हो रहे हैं। जिन्हें अपराधी माना जाता है। 'व्यवहार' में ये ग़रीब लोग भी अब जागरूक हो रहे हैं और जीने का हक़ माँग रहे हैं। भविष्य में उनकी लड़ाई निर्णायक सिद्ध होगी।" (कृपाशंकर चौबे द्वारा लिए गये साक्षात्कार का अंश)

बेशक, झारखण्ड की आदिवासी जनता की यही सच्चाई है। इनकी कला–संस्कृति और समाज सर्वश्रेष्ठ है तथा इनके द्वारा गठित सामाजिक व्यवस्था समतावादी और जनतान्त्रिक है। इसकी परख हम इनकी आर्थिक–सामाजिक गतिविधियों को देखकर बखूबी कर सकते हैं जो मूलतः सामूहिकता और सहकारिता पर आधारित है। यहाँ व्यक्तिवाद, लालच, प्रतिस्पर्धा और जीवन के यन्त्रीकरण का व्यापक विरोध किया जाता है तथा श्रम और सामंजस्यपूर्ण सामुदायिक जीवन को महत्त्व दिया जाता है।

जैसा कि महाश्वेता देवी यह ज़ोर देकर कहती हैं कि 'आदिवासियों में स्त्री–पुरुष की मर्यादा समान है।' निस्सन्देह आदिवासी समाज में स्त्री–पुरुष की अवधारणा ही परस्पर सम्मान और मर्यादा पर आधारित है। दूसरे समाजों की स्तरानुक्रमीय अवधारणाएँ, जिसके अनुसार स्त्रियों की स्थिति पुरुष के अधीन रहने की है, आदिवासी समाज में नहीं है। यहाँ यह उल्लेख करना प्रासंगिक होगा कि आज जब देश भर में पुरुषों की तुलना में स्त्रियों की संख्या निरन्तर घटती जा रही है, लोग लड़कियों को जन्म से पहले ही काल–कवलित करने से नहीं हिचकते। अब तक लाखों–लाख लड़कियाँ पैदा होने से पहले ही दिवंगत हो गयीं। आख़िर इसका कारण क्या है? क्या वे इसलिए मरीं कि पैदा ही नहीं होना चाहती थीं? सच तो यह है कि सामाजिक मान्यताओं, अपने रीति–रिवाजों, दहेज, पराये घर भेजने आदि के डर से बचने का सबसे आसान रास्ता मिला कि उन्हें पैदा ही न होने दिया जायें और तो और बहुत सारी स्त्रियाँ कन्या भ्रूणहत्या को गलत नहीं मानतीं। पर क्या यह महज़ संयोग है कि झारखण्ड के गाँवों में आज भी लड़कियों के जन्म का जश्न मनाया जाता है। यहाँ तक कि लड़कों के होते हुए भी लोग अपने घर–मकान आदि का नामकरण लड़कियों के नाम से करते हैं। यह परम्परा यहाँ बहुतायत देखने को मिलती है। आदिवासी एवं सदान लोग भी लड़कियों के जन्म पर नाचते हैं, गाते हैं और जैसे उनका आँगन गूँज उठता है। एक नागपुरिया गीत जिसे इस मौक़े पर गाया है, उसकी बानगी कुछ यों है–

"बेटी जनम सोना,
धरती सिंगार रे,
नारी जनम बेटी,
सुखकर सार रे..."

(एक पारम्परिक नागपुरी गीत)

झारखण्ड की इस सामाजिक–सांस्कृतिक चेतना को आज के दौर में भी सुरक्षित देखकर गहरा सन्तोष होता है और अहसास भी कि हमारा देश कितना अद्‌भुत है। तरह–तरह की संस्कृतियाँ, इनकी अपनी जीवन शैली, सब–के–सब अद्‌भुत और विलक्षण। इसकी जितनी भी तारीफ़ की जाये, कम है। इन पंक्तियों का लेखक जहाँ बैठकर आदिवासी समुदाय की सामाजिक–संस्कृति गतिविधियों की 'आँखों देखी' लिख रहा है

वह झारखण्ड प्रदेश का सुदूर अति–पिछड़ा इलाका है। इस क्षेत्र को 'कोल्हान' नाम से जाना जाता है, 'कोल' आदिवासियों की बड़ी आबादी के कारण। इनकी एक बहुत जीवन्त भाषा है–'हो', जो इस क्षेत्र विशेष की सम्पर्क भाषा भी है। एक 'हो जनगीत' जिसे स्त्री–पुरुष साथ मिलकर नृत्य के साथ प्रस्तुत करते हैं, कुछ इस तरह–

"कोवा–
कुडि होनेम–होनन रेदो माइ तञ
गन्ता लेका जुड़ा ताइमे।
कुडि–
कोवा होनेम–होनन रेदो बाबु तञ
सर अः सर हतर ताइमे।"

(अर्थ : पुरुष–अगर बच्ची जन्म लेती है/उसे ख़ूब दुलार देना और सजाकर रखना/स्त्री–अगर बच्चा जन्म लेता है/उसके कन्धे पर तीर–धनुष दे देना।)

अमूमन यह देखा जाता है कि भारतीय स्त्रियाँ न्याय सम्बलित अहिंसक दृष्टि को अपना अन्तिम अस्त्र मानकर चलती हैं। उनका मानना है कि एक दमन चक्र का जवाब दूसरा दमन चक्र नहीं होता। लेकिन इस जनगीत में झारखण्ड की आदिवासी स्त्रियाँ ख़ुद अपने बच्चों के कन्धे पर तीर–धनुष देने की बात करती हैं। अपनी आत्मरक्षा के लिए। अपने अस्तित्व, आत्मसम्मान और अस्मिता की रक्षा के लिए। जल, जंगल और ज़मीन की रक्षा के लिए। हालाँकि यहाँ की आदिवासी स्त्रियाँ स्वयं भी शारीरिक रूप से काफ़ी मज़बूत और बलशाली होती हैं। इनके शौर्य का ज़िक्र करते हुए रणेन्द्र ने अपने उपन्यास 'ग्लोबल गाँव के देवता' में लिखा है–

"धरती भी स्त्री, प्रकृति भी स्त्री, सरना माई भी स्त्री और उसके लिए लड़ाई लड़ती सत्यभामा, इरोम शर्मिला, सी.के. जानू, सुरेखा दलबी और यहाँ पाट में बुधनी दी और सहिला ललिता भी स्त्री।" (नया ज्ञानोदय, अंक–66, पृ. 116, सं. रवीन्द्र कालिया)

बहरहाल, हम झारखण्ड की आदिवासी स्त्रियों की बात कर रहे हैं जो निश्चित रूप से यहाँ के पुरुषों से अधिक श्रमजीवी होती हैं। इन स्त्रियों को घर के काम के अलावा खेतों, जंगलों, ईंट–भट्ठों, खदानों, कल–कारखानों एवं अन्य निर्माण कार्यों में लगा देख सकते हैं और, चूँकि

यहाँ की खेती मानसून के भरोसे होती है और इधर बीते सालों से भीषण सूखा पड़ जा रहा है। कृषि कार्यों में लगी स्त्रियाँ अपनी भाषा में गाती हैं–

"हसा तेयाः गितिल तेया
ओते रोतना दःअ अंजेड तना
हुजुः में गामा हुजुः में।
दोया रेया होमोड़ो रेया
जेटे तना बलबन तना
हुजुः में गामा हुजुः में।
कोड़ा कोवा बूढ़ा कोवा
उर तना को सी तना को
हुजुः में गामा हुजुः में।"

(अर्थ : मिट्टी के बालू की ज़मीन/सूख रही है, पानी घट गया है/आओ वर्षा आओ/पीठ में, शरीर में/धूप से पसीना निकल रहा है/आओ वर्षा आओ/युवतियाँ, बूढ़ियाँ/रोप रही हैं, निकौनी कर रही हैं/आओ वर्षा आओ।)

इस गीत में श्रम में लगी स्त्रियाँ गा–गाकर मानसून के आने का आह्वान कर रही हैं। इससे इनकी सरलता तथा कठिन श्रम के बारे में पता चलता है। इसमें प्रकृति, प्रेम, करुणा, सौन्दर्य बोध तथा मानवीयता इन तमाम तत्त्वों की मौजूदगी सहज ही में अपनी ओर आकर्षित करती है। असल में इनकी पहचान और संस्कृति इन्हीं प्राकृतिक संसाधनों और परिवेश के साथ घनिष्ठ रूप से जुड़ी है। इन्होंने अपनी विविध मान्यताओं, मूल्यों, विश्वासों और व्यवहारों को विकसित किया है जो चारों तरफ़ मौजूद प्राकृतिक संसाधनों के उपयोग को इस प्रकार नियन्त्रित करते हैं कि प्रकृति हमेशा अपनी विपुलता के साथ बनी रहें।

हालाँकि आज झारखण्डी आदिवासी स्त्रियों की पहचान और अस्तित्व भी उत्पीड़न की नव–औपनिवेशिक और राष्ट्रीय पद्धतियों के चलते ख़तरे में पड़ गयी है। वैश्वीकरण के मौजूदा दौर में इनकी श्रम–जीवी–संस्कृति और नृत्य–गीत की बहुरंगी परम्परा सुरक्षित रह पायेगी कहना थोड़ा कठिन है। आज 'ग्लोबल विलेज' की बात की जा रही है और इसकी परिकल्पना साकार भी होती दिख रही है। कहा तो यह जा रहा है कि 'वैश्वीकरण एक अधिक विविधतापूर्ण, अनेकरूपी, विभिन्न संस्कृतियों का मिश्रण पेश करेगा। यह अनिवार्य रूप से एक ऐसी परिघटना होगी जिसमें

भाषाएँ और संस्कृतियाँ न केवल स्वतन्त्र विकास कर सकेंगी, बल्कि एक मिली–जुली संस्कृति को भी पल्लवित करेंगी।' ये बस उलझने वाली बात है और एक कोरा बकवास मात्र। हक़ीक़त तो यह है कि हर नयी सभ्यता जीवन सौन्दर्य रचने का दावा लेकर आती है, पर किस तरह परदे के पीछे अपने स्वार्थ का खेल रचती है, हम भारतवासियों से छुपा नहीं है। यह साम्राज्यवाद और पूँजीवाद का मिला–जुला खेल है। महाश्वेता देवी के शब्दों में 'पाश्चात्य मॉडल' की आधुनिकता, जो अपने देश में पुनः एक विनाशकारी स्थिति पैदा करने वाली है।

वस्तुतः साम्राज्यवाद ने हमेशा से ही राष्ट्रों की संस्कृति के साथ, भाषा के साथ और मानवीय सर्जनात्मकता के साथ बड़े पैमाने पर बाधाएँ उपस्थित करने का काम किया है। ब्रिटिश साम्राज्यवाद के युग के आरम्भ में भी इस देश में लोक–चेतना और जातीय संस्कृति के विघटन और प्रदूषण का अभियान ब्रिटिश शासकों और उनके विचारकों ने चलाया था। आज भी साम्राज्यवाद के समर्थक विद्वान इतिहास और संस्कृति का विखण्डन करके एक नयी पूँजीवादी व्यवस्था को कायम होते देखना चाहते हैं ताकि असमानता, शोषण और अभाव–जनित हीनता की स्थिति बनी रहे। इसलिए झारखण्डवासियों को अपनी आख़िरी लड़ाई संस्कृति के मोर्चे पर ही लड़नी होगी।

आज पूरा झारखण्ड जैसे खदबदा रहा है और इस आग में झुलसे हुए लोग अपने–अपने तरीक़े से अपना असन्तोष प्रकट कर रहे हैं। कहना न होगा कि आर्थिक और सांस्कृतिक रूप से मूल्यवान विरासतों का हक़दार होते हुए भी चौतरफ़ा शोषण और दमन के कारण झारखण्डी जनता दलित और विपन्न है। 'मार्किस्ट कोऑर्डिनेशन कमिटी' के नेता श्री. ए.के. राय का कहना है–

''भारत में झारखण्ड दलितों का वासस्थान है। यह शोषित जनता की जन्मभूमि तथा कर्मभूमि है, जहाँ लोग सामाजिक, आर्थिक तथा क्षेत्रीय शोषण के शिकार हैं एवं जो हिन्दुस्तान के अन्दर सबसे बड़ा आन्तरिक उपनिवेश है। नेता जो भी कहें, संगठन जो भी हो, झारखण्ड आन्दोलन मृत्युहीन है क्योंकि वह भारत के दलितों के मुक्ति आन्दोलन तथा भविष्य से जुड़ा हुआ है।'' (ए.के. राय, झारखण्ड आन्दोलन की नयी दिशा, चाईबासा, पृ. 14)

बेशक, यह बात आज भी इस क्षेत्र के लिए उतनी ही सच है। एक ओर बाहर से आये हुए लोगों द्वारा सुनियोजित ढंग से यहाँ की सम्पदा की लूटपाट मची है तो दूसरी ओर यहाँ के अधिकांश लोग ग़रीब और भुखमरी से लाचार हैं। बेहद संकट की स्थिति है। इस संकटपूर्ण समय में यहाँ की आदिवासी स्त्रियों की स्थिति क्या हो सकती है। सोचने वाली बात है। जो जन्म से ही सर्वहारा है। फ्रेडरिक एंगेल्स ने कहा भी है–'पुरुषसत्तात्मक समाज में पुरुष बुर्जुआ और स्त्री सर्वहारा है।' यद्यपि आदिवासी समाज में स्त्री–पुरुष के बीच ऐसी भेदभाव जनित स्थिति नहीं है, फिर भी टी.वी. और विज्ञापन के खेल में मुनाफ़े की भेंट चढ़ रही हैं, आदिवासी स्त्रियाँ। उनकी स्वतन्त्रता को भी अब नकेल लगने लगी है। ख़ासकर वैसे गाँवों में जहाँ सामन्ती संरचना के अवशेष ज़्यादा गहरे हैं। स्त्री–पुरुष विभेद वहाँ ज़्यादा उग्र रूप में देखने को मिलता है। यहाँ झारखण्ड की एक प्रतिबद्ध आदिवासी महिला वासवी किडों का आत्मकथ्य देखना प्रासंगिक होगा। उनका कहना है, ''आदिवासी स्त्रियों के मुद्दे अन्य समाजों की तुलना में जटिल और उलझे हुए नहीं हैं। यह श्रम आधारित समाज है–जहाँ स्त्री और पुरुष दोनों खेत–खलिहान में मेहनत करते हैं। स्त्रियों के हाड़–तोड़ मेहनत पर ही समाज टिका है। उसकी आर्थिकी बची हुई है। समस्या तब खड़ी होती जब औपनिवेशिक संस्कृतियों के प्रभाव से ग्रसित आदिवासी समाज सामन्ती मूल्यों का वाहक हो जाता है। स्त्रियों के बहुत सारे प्रश्न इस परिप्रेक्ष्य में गम्भीर हो जाते हैं। हल नहीं छूने देना, छप्पर नहीं छाने देना और त्योहारों में पाहन पूजा में स्त्रियों की अगुवा भूमिका न होना समाज की वर्जनाओं को दर्शाता है, इसे तोड़ने की आवश्यकता है और इसके ख़िलाफ़ महिलाएँ आवाज़ मुखर कर रही हैं।'' (वासवी : 'कथादेश' जून, 2005, पृ. 34. सं. हरिनारायण) इनमें एक तरह का उत्साह है। डाइन प्रथा आदि महिलाओं पर अत्याचार, पारिवारिक एवं सामाजिक समस्याएँ, ज़मीन व अन्य पारिवारिक सम्पत्ति का उत्तराधिकार आदि समस्याओं पर महिलाएँ मुखर होकर बोल रही हैं। सन्ताली कवयित्री निर्मला पुतुल कहती हैं–''किसी कारणवश यदि सन्ताल महिलाओं को दोबारा शादी करनी हो तो पहले की तरह धूम–धाम से विवाह करने पर सख़्त पाबन्दियाँ हैं। जबकि पुरुषों के लिए नहीं हैं। वह चाहे जितनी बार धूमधड़ाका कर सकता है।'' (निर्मला पुतुल : 'अखड़ा', मार्च–मई–2010,

सं. वन्दना टेटे; पृ.सं. 45) जबकि सच तो यह है कि ग्रामीण झारखण्ड जीवित रहने के लिए महिलाओं पर निर्भर है। स्त्री–श्रम के कारण ही बच्चों और परिवारों को भोजन मिलता है। घर के लिए जल और ईंधन स्त्रियाँ ही इकट्ठा करती हैं। परिवार के खेत और गाँव की अर्थव्यवस्था स्त्रियों के श्रम के बल पर फलती–फूलती है। घर का रखरखाव, कुल कृषि श्रम में 85 फ़ीसद योगदान स्त्रियों का है। भविष्य में क्या करने की आवश्यकता है, ये स्त्रियाँ ही सबसे अच्छी तरह समझती हैं। बकौल निर्मला पुतुल–''आदिवासी औरतें जो आदिवासी समाज की अर्थव्यवस्था की रीढ़ हैं, उन्हें खेत–खलिहान, जंगल–पहाड़ में ही नहीं, हाट बाज़ारों में भी मेहनत मजूरी करते हुए देखा जा सकता है। अनाज के एक–एक दाने उनके पसीने से पुष्ट होते हैं।'' (वही, पृ. 44)

महुआ (वनोपज) लेकर गाँव से हाट आने वाली एक स्त्री टिपरीया तीऊ इन पंक्तियों के लेखक से बातचीत के क्रम में बताती है : ''मुझे रोज़ाना 15 किलोमीटर पैदल चलकर बाज़ार तक आना होता है तब जाकर 100–50 रु. कमा पाती हूँ। अगर यह यात्रा में मैं गाड़ी से करूँ तो 20–30 रुपये उसी में ख़र्च हो जायेंगे तब तो मेरा परिवार भुखमरी का शिकार हो जायेगा। बच्चे अन्न के दो दाने के लिए तरस जायेंगे।'' बावजूद इतनी कठिन मेहनत के इनकी मौत भूख से होती है, इस पर न तो सरकार का ध्यान जाता है और न ही इनके नाम पर लाखों रुपये उगाहने वाले ग़ैर–सरकारी संस्थानों के कुछ के अपवादों को छोड़कर। दिल्ली में एक ग़ैर–सरकारी संस्था है 'पैनोस इंस्टीट्यूट'। यह एक ऐसी विश्वव्यापी ग़ैर–सरकारी संस्था है जिसका उद्देश्य है विकास के मुद्दों पर सार्वजनिक वाद–विवाद व चर्चा को बढ़ावा देना। पैनोस साउथ एशिया तथा पैनोस लन्दन इन्हीं का हिस्सा हैं। संसार भर में होने वाली विकास प्रक्रियाओं से जिन लोगों के जीवन सर्वाधिक प्रभावित हुए हैं, पैनोस उन लोगों की आवाज़ को बीच मंच पर लाना चाहते हैं। इसके तहत पैनोस ने झारखण्ड के हजारीबाग ज़िले में कोयला खदानों के आने से विस्थापित हुए जनसमुदायों विशेषकर स्त्रियों के बीच एक मौखिक साक्षात्कार परियोजना का संचालन किया। खदानों से लोगों पर आर्थिक प्रभाव तो पड़ा है ही, साथ–साथ यह भी सामने आया है कि विस्थापन और पुनर्वास के सबसे दीर्घकालीन प्रभाव सामाजिक और सांस्कृतिक होते हैं–जैसे पारम्परिक सामाजिक रिश्तों और ढाँचों का ढहना, सांस्कृतिक

पहचानों का मिटना और लोगों की जीविका और उनके पर्यावरण के बीच के सम्बन्धों का टूटना।

बहरहाल, पैनोस ने इसकी मार झेल रही कुछ झारखण्डी संघर्षशील स्त्रियों का मौखिक साक्षात्कार लेकर उसे 'काली हरियाली' नाम से प्रकाशित किया है। इसमें फूलमनी सोरेन, आयु लगभग 30 वर्ष एक विधवा आदिवासी महिला का साक्षात्कार संकलित है। इनके पति का कुछ वर्ष पहले ही देहान्त हुआ है। इनके चार बच्चे हैं, दो लड़के व दो लड़कियाँ। इनके पति सीसीएल में नौकरी करते थे किन्तु उनके देहान्त के बाद भी फूलमनी को पति की जगह पर अभी तक नौकरी नहीं मिली है। खदान में होने वाली ब्लास्टिंग से इनका घर बुरी तरह से क्षतिग्रस्त हो गया है। जीवनयापन के लिए थोड़ी बहुत खेती करती हैं और लोकल सेल डिपो में काम करती हैं। इनके रोगग्रस्त बूढ़े ससुर भी इन्हीं के साथ रहते हैं। फूलमनी का जीवन अत्यन्त कष्ट से कट रहा है क्योंकि चार बच्चों व एक वृद्ध को पालना कोई आसान कार्य नहीं है। फिर भी फूलमनी हिम्मत नहीं हारी है और हर हालात में अपने बच्चों को शिक्षा देकर उनका भविष्य सुधारने के प्रति दृढ़ संकल्प है। वह अपना दर्द–ए–बयाँ कुछ यूँ करती है–

''जब यहाँ मैं नयी–नयी आयी थी, तब हम औरतें जंगल जाकर जलावन, फल–फूल, साग सब लेकर आती थीं। कोई खदान, मजदूर, ठेकेदार, कोई नहीं था। हम औरतें खेत में काम करती थीं या जंगल जाती थीं। सबके लिए काम था। अब औरतें खाली बैठी रहती हैं। हम औरतों को ही पता है कि खदान ने हमारी क्या हालत कर दी है। पहले सारे साल खेतों में काम करके धान उगाते थे, दाल उगाते थे। दोपहर का खाना खेतों में खाकर शाम को घर लौटती थीं। ...खदान आने से कोई फ़ायदा नहीं हुआ बल्कि हम डूब गये हैं। अगर अभी भी हमसे कोई कहे कि पहाड़ धाँसों तो धाँस सकते हैं लेकिन यहाँ तो कुछ भी नहीं कर सकते। सब ज़मीन सरकार के हाथ में चला गया ...मेरे बच्चों के पिता नहीं है। मुझे ही उनका रास्ता बनाना है, उनको आगे अच्छा आदमी बनाना है।'' (फूलमनी सोरेन का आत्मकथ्य : काली हरियाली : संकलन–सोनल वर्मा, पृ. 38–41, प्रकाशन–पैनोस इंस्टीट्यूट, नयी दिल्ली)

फूलमनी जैसी न जाने कितनी महिलाएँ हैं। इस पर भी तमाम तरह के प्रतिबन्ध और सरकारी अत्याचार, इनको विवश करते हैं पलायन को

और उकसाते हैं संघर्ष के रास्ते अख़्तियार करने को। यही कारण है कि "आदिवासियों के बीच नक्सलवादी हिंसक संघर्ष पैदा हुए हैं।" (मधु किश्वर : भारत का भूमण्डलीकरण (सं.) अभय कुमार दुबे, वाणी प्रकाशन, नयी दिल्ली, पृ. 293) और, अब तो इस संघर्ष में आदिवासी महिलाएँ भी सम्मिलित हो रही हैं। निश्चित रूप से महिलाएँ यहाँ दोहरे मोर्चे पर संघर्ष करती हैं। आजीविका के संकट के कारण एक तो पलायन करती हैं, दूसरे मानव व्यापार का शिकार होती हैं। दोनों ही स्तरों पर उन्हें कई तरह के शोषण से गुज़रना पड़ता है। आँकड़ों पर गौर करें तो क़रीब एक लाख से ऊपर आदिवासी महिलाएँ दिल्ली में घरेलू कामगार मसलन–'आया' अथवा 'नौकरानी' के रूप में कार्य कर रही हैं। यद्यपि महिलाएँ अपनी सीमित आय से अपने परिवार वालों को आर्थिक मदद पहुँचा रही हैं। लेकिन दूर परदेस में इनके साथ हो रहा मानसिक और शारीरिक शोषण एक ज्वलन्त सामाजिक समस्या बनकर सामने आया है। इन महिलाओं से बातचीत करने पर यह बात प्रमुख रूप से सामने आयी है कि वे ग़रीबी और स्थानीय स्तर पर आय के साधन उपलब्ध न हो पाने के कारण पलायन को मजबूर हैं।

'झारखण्ड धारा' के सम्पादक नेह अ. इंदवार इन पलायनग्रस्त महिलाओं के बारे में लिखते हैं, "आदिवासी समाज ही शायद एक ऐसा समाज है जहाँ माँ–बाप और गाँव वाले अपनी ग़रीबी को दूर करने के लिए अपनी लड़कियों को दूर परदेस कमाने के लिए भेजते हैं। भारत के शायद किसी दूसरे प्रान्त में इस तरह के उदाहरण नहीं मिलेंगे। दूसरे समाज के लोग आय के साधनों के लिए पुरुष वर्ग पर ही निर्भर होते हैं और अपनी महिलाओं को ग़रीबी में भी अपनी घर की अमानत समझकर उन्हें हर तरह के दुःखों से बचाते हैं। इस मायने में आदिवासी समाज में महिलाओं को पर्याप्त व्यक्तिगत आज़ादी हासिल है और समाज उनकी इच्छाओं का समादर करता है तथा लड़कियाँ इन्हीं मूल्यों के कारण अपनी इच्छा से रोज़गार प्राप्ति के लिए शहरों में जाती हैं।" (झारखण्ड धारा : सं. नेह अ. इंदवार–प्रवेशांक, अक्टूबर 2006; पृ. 12) हालाँकि दिल्ली जैसे शहरों में अब झारखण्ड की आदिवासी महिलाओं ने अपनी समस्याओं से तंग आकर एक संगठन भी बना लिया है। यह संगठन झारखण्ड की कामकाजी महिलाओं को संरक्षित करने का प्रयास करता है। दिल्ली के परिवारों में घरेलू काम करने वाली ये महिलाएँ 'निर्मला निकेतन' नामक

इस संगठन की सदस्य हैं। आदिवासी लड़कियों पर हो रहे विभिन्न तरह के शोषण को कम करने और ख़ुद ही अपनी आवाज़ बनने के लिए इस संगठन का निर्माण हुआ है। दिल्ली में रह रही शान्ति इंदवार गुमला ज़िले के मरदा पँड़ा टोला गाँव की रहने वाली है। वह अपने अनुभव को कुछ यूँ बतलाती है–"मैं दिल्ली शहर में नौकरी की तलाश में गयी थी। जिन स्थानों पर मुझे नौकरी मिली वहाँ खाना सही ढंग से नहीं मिलता था। दिन में अट्ठारह घण्टे काम करने होते थे। जब से झारखण्ड की लड़कियों ने संगठन बनाये हैं तब से दूसरी बहनों के सहयोग से मैं भी अपनी आवाज़ बुलन्द करने लगी हूँ।" (झारखण्ड धारा : वही, पृ. 13) इसी तरह दस–बारह वर्षों से दिल्ली में काम कर रही भलेरिया तिर्की गुमला ज़िले के डोवारी मेकपुर गाँव की रहनेवाली हैं। आर्थिक तंगी के कारण भलेरिया वर्ग–9वीं तक ही पढ़ सकी। उसने अपने भाई–बहन की पढ़ाई पूरा कराने की ठानी। इसके लिए उसने शहर में जाकर काम करना निश्चय किया और दिल्ली चली गयी। भलेरिया बतलाती हैं : "यहाँ आने के बाद झारखण्डी लड़कियों पर दया आती थी। लेकिन गाँव वापस आने के बदले हमने यहाँ रहकर राहत का विकल्प खोजा। हम एक–दूसरे के सहयोगी बने। आज झारखण्ड की कई लड़कियाँ साथ रहती हैं। काम भी करती हैं और घर भी आती हैं। सभा सेमिनार में लोगों को सम्बोधित भी करती हैं। संगठन ने हमें अन्दर से मज़बूत किया है।" (वही, पृ. 13) कुछ यूँ ही सन्ताली कवयित्री निर्मला पुतुल की कविताओं में आदिवासी स्त्री जीवन का दर्द अब संघर्ष का रूप लेता है। शब्द जैसे नगाड़े की तरह बज उठते हैं। 'बहामुनी' कविता की ये पंक्तियाँ देखें–"तुम्हारे हाथों बने पत्तल पर भरते हैं पेट हज़ारों/पर हज़ारों पत्तल भर नहीं पाते तुम्हारे पेट/कैसी विडम्बना है कि/ज़मीन पर बैठे बुनती हो चटाइयाँ/और पंखा बनाते टपकता है/तुम्हारे करियाये देह से टप...टप...पसीना/क्या तुम्हें पता है कि जब कर रही होती हैं तुम दातुन/तब तक कर चुके होते हैं सैकड़ों भोजन–पानी/तुम्हारे ही दातुन से मुँह–हाथ धोकर?" (निर्मला पुतुल : नगाड़े की तरह बजते हैं शब्द : पृ. 12, भारतीय ज्ञानपीठ, नयी दिल्ली, सं. 2004)

कहना न होगा कि कवयित्री यहाँ बहामुनी के माध्यम से समूचे आदिवासी स्त्री समुदाय की आर्थिक–सांस्कृतिक आज़ादी की माँग कर रही है। आर्थिक शोषण का यह फलसफ़ा है कि दिन भर जीतोड़

मेहनत–मज़दूरी करके भी वह अपना पेट नहीं भर पाती हैं। इसलिए उनके लिए संघर्ष के अलावा कोई दूसरा रास्ता नहीं बचता। वह 'बिटिया मुर्मू के लिए' कविता में यह उद्‌घोष करती हैं कि–

''उठो कि अपने अँधेरे के ख़िलाफ़ उठो/उठो अपने पीछे चल रही साज़िश के ख़िलाफ़/उठो, कि तुम जहाँ हो वहाँ से उठो/जैसे तूफ़ान से बवण्डर उठता है/उठती है जैसे राख में देखो चिनगारी/देखो! अपनी बस्ती के सीमान्त पर/जहाँ धराशायी हो रहे हैं पेड़/कुल्हाड़ियों के सामने असहाय/रोज़ नंगी होती बस्तियाँ/एक रोज़ माँगती तुमसे/तुम्हारी ख़ामोशी का जवाब।'' (वही, पृ. 14)

निश्चय ही कवयित्री जैसे अपने समुदाय को चुप्पी तोड़ने के लिए विवश कर रही हैं। चूँकि जल, जंगल और ज़मीन का आदिवासी जीवन संस्कृति से गहरा जुड़ाव है। इसके बिना समाज की जड़ें हिल जायेंगी और आर्थिक–सामाजिक ताना–बाना तो प्रभावित होगा ही। इन पंक्तियों का लेखक कोल्हान प्रक्षेत्र में कार्यरत है। इस क्षेत्र में संघर्षरत आदिवासी समुदाय के लगभग दस संगठनों का एक साझा मंच है–'मचा कुमुटि'। इस मंच की एक महिला कार्यकर्ता शान्ति सावैयाँ अपनी भाषा में ही कहती हैं–''मयोंम सेनाः रेओ मिड बिते ओते कबू ओमेया'' यानी ''ज़मीन देना, ख़ुद को बर्बाद करना'' यह वर्तमान पूँजीवादी व्यवस्था और विस्थापन की भयावहता के विरुद्ध खुले संघर्ष का उद्‌घोष है।

वस्तुतः आदिवासी समाज की अर्थव्यवस्था के केन्द्र में पूँजी का महत्त्व कभी रहा ही नहीं है। आज भी इनकी आन्तरिक अर्थव्यवस्था का केन्द्रीय तत्त्व श्रम है। जल, जंगल और ज़मीन इनके श्रम की संस्कृति को सामूहिकता और सृजनशीलता के संस्कार से सींचता है। स्वभावतः जंगल और ज़मीन से उजाड़े जाने का दर्द तो इनमें होगा ही जैसा कि ऊपर की कविता में आया है। इस जंगल को बचाने के लिए वे कहीं तक जाने को तैयार हैं। क्योंकि इनके पास पूँजी की स्वीकृति उतनी ही है जितना कि वह श्रम और सामूहिकता को आसान और आनन्ददायक बनाती हैं। इसलिए तो विश्वपूँजीवाद के इस दौर में कवयित्री निर्मला पुतुल अपने समुदाय को उद्वेलित करती हैं–

''आओ मिलकर बचायें/अपनी बस्तियों को/नंगी होने से/शहर की आवो–हवा से बचायें उसे/....और इस अविश्वास–भरे दौर से/थोड़ा–सा विश्वास/थोड़ी–सी उम्मीद/थोड़े–से सपने/आओ, मिलकर

बचायें/कि इस दौर में भी बचाने को/बहुत कुछ बचा है, अब भी हमारे पास!'' (वही, पृ. 76–77) इसलिए कवयित्री कहती हैं–

''मुझे वापस लौटना है/उन बूढ़ी पथराई आँखों में उम्मीद की रौशनी बनकर/थक हारकर निराश चुप्पी साधे बैठी/लुईसा मुर्मू की आवाज़ बनकर/अपने दोस्त की रक्षा की ख़ातिर/वापस लौटना है/वापस लौटना है/इसलिए मुझसे उम्मीद न करें/कि मैं आपकी शानो–शौकत के आकर्षण में बँधकर/आपके चमकते चेहरे और मीठी बातों में दिलचस्पी लूँगी/मुझसे उम्मीद न करें।'' (जनसत्ता : रविवार, 13 फ़रवरी, 2005) एक लम्बी कविता का यह अंश अपने आप में एक पूरी कविता है जिसका सम्बन्ध आज के संकटग्रस्त समय के भीतर एक संवेदनशील नागरिक की सजगता से है। इस कविता के भीतर से एक संकल्प भी फूटता है जिसकी ओर ध्यान दिलाना बेहद ज़रूरी है, यह कि–''आपकी शानो–शौकत के आकर्षण में बँधकर दिलचस्पी लूँगी/मुझसे उम्मीद न करें।'' पूरे समाज का भविष्य सँवारने के लिए अपने वर्तमान के सुखों का त्याग निश्चय ही एक बहुत बड़ा संकल्प है और आज के भोगवादी युग में एक बड़ी चुनौती भी।

बोल व्यापारी तब क्या होगा...
विकास, विस्थापन और कथेतर लेखन

गणपत तेली

वैश्वीकरण के इस ज़माने में शब्दों के प्रचलित अर्थ बदल गये हैं। जिन शब्दों के प्रयोग पहले निश्चित अर्थ देते थे, वे अब परिस्थितियों के अनुकूल सकारात्मक और नकारात्मक अर्थ रखते हैं। नवउदारवादी आर्थिक एजेंडे के आधार पर नयी आर्थिक नीतियों का लागूकरण 'आर्थिक सुधार' कहा जाता है। हम अपनी प्रचलित धारणाओं में सुधार का अभिप्राय सकारात्मक विकास और बेहतरी से लेते हैं लेकिन यहाँ उदारीकरण के बाद जो नीतियाँ लाग़ू की गयीं उनसे व्यापक जन–समाज का सुधार नहीं, बल्कि वे उनके लिए नुक़सानदायक रही। यदि ये आर्थिक सुधार हैं, तो पूँजीपतियों के लिए हैं, न कि आम जनता के लिए। इन आर्थिक सुधारों के नाम पर बड़े पैमाने पर नौकरियों का ठेकाकरण, पेंशन समाप्ति, श्रमिक क़ानूनों को कमज़ोर करना, सामाजिक सुरक्षा की अनदेखी करना आदि कई काम किये गये। स्पष्टतः ये आम जनता के हितैषी क़दम नहीं थे और समावेशी अर्थव्यवस्था के लिए भी प्रतिकूल थे लेकिन इन्हें सुधारों के नाम से ही जाना गया। इसी तरह श्रम सुधार का मतलब श्रमिकों की बेहतरी नहीं, बल्कि उनके मालिकों की बेहतरी के लिए किये जाने वाले काम थे। वे निश्चित ही मालिकों के अतिरिक्त श्रमिकों, अर्थव्यवस्था, देश सभी के प्रतिकूल थे लेकिन सुधार के नाम से जाने गये।

समाजशास्त्रीय विमर्शों के समानान्तर साहित्यिक लेखन में भी यह विमर्श प्रखरता से उभरकर सामने आया है। बदलते समाज के विभिन्न पहलुओं पर प्रचुर साहित्य लिखा गया। हिन्दी में लिखी गयी कविताओं, कहानियों एवं उपन्यासों में वैश्वीकरण के विविध प्रभावों का चित्रण देखा

जा सकता है। उदय प्रकाश, स्वयं प्रकाश, काशीनाथ सिंह, ओम प्रकाश वाल्मीकि, अशोक वाजपेयी, वीरेन डंगवाल, मंगलेश डबराल, रमणिका गुप्ता, काशीनाथ सिंह, दूधनाथ सिंह आदि रचनाकारों की रचनाओं में हमें इस दौर की विभिन्न सच्चाइयाँ दिखाई देती हैं, जो उक्त आर्थिक घटनाक्रम के तहत होने वाली तमाम गतिविधियों को पाठकों के सामने रखती हैं। सुधारों की इस पूरी परिघटना के पीछे पूँजीवादी हितों का महत्त्वपूर्ण स्थान है। छोटे से बड़े स्तर पर मुनाफ़ा कमाने की होड़ इस परिघटना के मूल में थी। अर्थात् मुनाफ़ा कमाना ही सर्वोपरि है, उसके लिए प्रकृति, मनुष्य आदि के दूरगामी विनाश की भी परवाह ना करना।

इसी दौर में ऐसा ही एक और शब्द 'विकास' प्रचलन में आया है। विकास का सामान्य अर्थ आगे बढ़ना है, अर्थात् वे सारे क़दम जिनसे देश, अर्थव्यवस्था, समाज आगे बढ़े। इस अवधारणा में बड़े पैमाने पर निर्माण कार्य शामिल थे। अर्थात् सड़क, भवन, बाँध आदि का निर्माण और इस निर्माण से सम्बद्ध परियोजनाएँ इस विकास नामक पद के दायरे में आने लगीं। इस परिघटना के केन्द्र में उद्योग भी आये। अलग-अलग क्षेत्रों के उद्योगों को भी विकास का पर्याय समझा जाने लगा। ऊपर से ठीक दिखाई देने वाली विकास की इस परिघटना की जटिल परतें हैं।

हिन्दी के लेखकों ने अपनी रचनाओं में विकास नामक इस पद की जटिल परतें उघाड़ने का प्रयास किया है। देश भर में विकास के नाम पर किये जा रहे निर्माण और विध्वंस कार्यों ने किस हद तक लोगों का विनाश किया है, यह हमारे कथा-साहित्य में प्रमुखता से आया है। कथा-साहित्य की तरह ही वह प्रश्न कथेतर साहित्य में भी महत्त्वपूर्ण स्थान रखता है। हिन्दी के कथेतर में लिखे गये यात्रा-वृत्तान्त और निबन्धों में यह प्रश्न प्रमुखता से उभरा है।

वैश्वीकरण दरअसल मुक्त बाज़ार की व्यवस्था है। अर्थात् विभिन्न देशों के बीच व्यापार की उदारता लेकिन यह उदारता समान न होकर विकसित देशों और बड़े पूँजीपतियों के पक्ष में झुकी हुई है। यह कम्युनिस्ट अन्तर्राष्ट्रीयतावाद की परिघटना, जिसमें मज़दूरों और शोषितों के एक होने की बात थी, के विपरीत पूँजीपतियों के एक होने पर आधारित है। नोबेल पुरस्कार प्राप्त अर्थशास्त्री अमर्त्य सेन का विचार है कि "यदि कोई वैश्वीकरण को उचित रूप से इसके पूरे सन्दर्भ में देखे तो वैश्वीकरण का विरोध मुश्किल प्रतीत होता है।" वैसे तो वैश्वीकरण का सामान्य

अर्थ वैश्विक सम्पर्क होता है, लेकिन नब्बे के दशक से चलन में आये वैश्वीकरण को आर्थिक उदारीकरण के अर्थों में समझा जाता है कि इसने बाज़ार और व्यवसाय के लिए देशों की सीमाओं को तोड़ दिया। इसके समर्थक एक तरफ़ इसे अर्थव्यवस्था के हित में बताते हुए कहते हैं कि ग्राहकों के लिए विकल्प भी बढ़ेंगे और हमारा बाज़ार अन्तर्राष्ट्रीय स्तर पर जायेगा। वैश्वीकरण के विरोधियों का कहना है कि बाहरी कम्पनियों के लिए बाज़ार खोलने से स्थानीय उत्पादकों के हितों पर प्रतिकूल असर पड़ेगा।

भारत में 1991 में मनमोहन सिंह को भारत में उदारीकृत आर्थिक नीतियाँ लागू करने और अर्थव्यवस्था को वैश्विक व्यापार के लिए खोलने का श्रेय दिया जाता है। उसके बाद की सरकारें, चाहे वे किसी भी पार्टी की हों, उनकी इस नीति पर चलती रहीं। मनमोहन सिंह ने आर्थिक संकट से निकलने के लिए अर्थव्यवस्था को खोला था लेकिन आज हम देखें तो आम लोगों के हालात बहुत ज़्यादा नहीं सुधरे हैं। आज 25 साल बाद भी हम बेरोज़गारी, भुखमरी, खेती की बर्बादी, ग़रीबी जैसी समस्याओं से ग्रस्त हैं, ये समस्याएँ उदारीकरण से पहले भी मौजूद थीं लेकिन उदारीकरण इसका कोई समाधान नहीं पेश कर पाया। दूसरी तरफ़, वैश्वीकरण के दौर में उदारीकृत अर्थव्यवस्था के कारण निजीकरण की प्रवृत्ति बढ़ी, जिससे अर्थव्यवस्था उद्योगों और उद्योगपतियों के पक्ष में झुकने लगी। निजीकरण व्यवसाय, उद्यम, एजेंसी या सार्वजनिक सेवा के स्वामित्व के सार्वजनिक क्षेत्र (राज्य या सरकार) से निजी क्षेत्र (निजी लाभ के लिए संचालित व्यवसाय) या निजी ग़ैर–लाभ संगठनों के पास स्थानान्तरित होने की घटना या प्रक्रिया है। एक व्यापक अर्थ में, निजीकरण राजस्व संग्रहण तथा क़ानून प्रवर्तन जैसे सरकारी प्रकार्यों सहित, सरकारी प्रकार्यों के निजी क्षेत्र में स्थानान्तरण को सन्दर्भित करता है।

वैश्वीकरण की तरह ही निजीकरण भी एक विवादित विषय है, जहाँ एक तरफ़ कई लोग इसके समर्थक हैं, तो दूसरी तरफ़ लोग इसे जन विरोधी मानते हुए इसका विरोध करते हैं। निजीकरण के कई समर्थक भी यह मानते हैं कि हर चीज़ का निजीकरण नहीं किया जाना चाहिए क्योंकि बाज़ार की विफलता और एकाधिकार समस्याजनक हो सकते हैं। हालाँकि, कुछ लोग और ख़ासकर अराजक–पूँजीपति चाहते हैं कि रक्षा और विवाद समाधान सहित राज्य के हर कार्य का निजीकरण होना

चाहिए। निजीकरण के समर्थकों का मानना है कि निजीकरण में मुक्त बाज़ार प्रतियोगिता के कारण सरकारों की तुलना में अधिक कुशलता से माल अथवा सेवा प्रदान की जा सकती है। सामान्यतः यह तर्क दिया जाता है कि समय के साथ इससे क़ीमतें कम होंगी, गुणवत्ता में सुधार होगा, अधिक विकल्प मिलेंगे, भ्रष्टाचार कम होगा, लालफीताशाही नहीं होगी और त्वरित वितरण होगा।

निजीकरण के समर्थन में बुनियादी आर्थिक तर्क यह दिया जाता है कि अपने उद्यमों को सुनिश्चित रूप से अच्छी तरह चलाने के लिए सरकारों के पास बहुत ही कम प्रोत्साहक–तत्त्व होते हैं। राज्य के एकाधिकार में, तुलना या प्रतिस्पर्द्धा की कमी एक समस्या है। तुलना करने के लिए प्रतियोगी के उपस्थित न होने से, यह कहना बहुत कठिन होता है कि उद्यम कुशल है या नहीं। दूसरे यह कि सरकार, प्रशासन और मतदाता, जिन्होंने उन्हें चुना है, को इतने सारे और अलग–अलग उद्यमों की क्षमता का मूल्यांकन करने में कठिनाई होती है। एक निजी मालिक, अक्सर जिसे विशेषज्ञता और एक निश्चित औद्योगिक क्षेत्र के बारे में अधिक ज्ञान होता है, मूल्यांकन कर सकता है और कम संख्या के उद्यमों में अधिक कुशलता से प्रबन्धन को दण्डित या पुरस्कृत कर सकता है। इसके अतिरिक्त, एक निजी मालिक के विपरीत, सरकारें राजस्व अपर्याप्त होने पर, कराधान से या केवल मुद्रा का मुद्रण करके धन जुटा सकती हैं। निजीकरण के समर्थकों के अनुसार निजीकरण से उत्पादन, दक्षता, विशेषज्ञता, उत्तरदायित्व के कारण फ़ायदा होता है, भ्रष्टाचार भी नहीं होता है। अपना मुनाफ़ा कमाने के लिए निजी उद्यम ठीक से काम करते हैं। इन्हीं कुछ तर्कों के कारण ठेकेदारी प्रथा भी विकसित हुई।

दूसरी तरफ़, निजीकरण के विरोधी इस आधार पर कि सरकार प्रतिनिधि होने के नाते लोगों के प्रति जवाबदेही होती है, सार्वजनिक सेवाओं को अच्छी तरह चलाने के लिए सरकार के पास प्रोत्साहनों की कमी होने के दावे का विरोध करते हैं। यह तर्क दिया गया है कि जो सरकार राष्ट्रीयकृत उद्यमों को ख़राब ढंग से चलाएगी वह लोगों का समर्थन और मत खो देगी, जबकि उद्यमों को अच्छी तरह चलाने वाली सरकारों को लोगों का समर्थन और मत मिलेंगे। इस प्रकार, लोकतान्त्रिक सरकारों के पास भी, भविष्य के चुनावों के दबाव के कारण राष्ट्रीयकृत कम्पनियों में अधिकतम दक्षता बढ़ाने के रूप में प्रोत्साहन उपलब्ध हैं।

निजीकरण के विरोधियों का मानना है कि सार्वजनिक वस्तुओं और सेवाओं को मुख्य रूप से सरकार के हाथ में रहना चाहिए ताकि यह सुनिश्चित किया जा सके कि समाज के प्रत्येक व्यक्ति की उन तक पहुँच हो सके (जैसे क़ानून प्रवर्तन, बुनियादी स्वास्थ्य तथा बुनियादी शिक्षा)। निजीकरण में निजी स्वामित्व के कारण उद्यम विशेष अपना मुनाफ़ा अर्जित करने का काम करते हैं, जन सेवा उनका उद्देश्य नहीं होता है इसलिए वे जनता को लूट सकते हैं। सरकार लाभ कमाने के लिए काम नहीं करती है, जबकि निजी कम्पनियों का अधिकतम लाभ के अलावा कोई लक्ष्य नहीं होता है। एक निजी कम्पनी बहुसंख्यकों की आवश्यकताओं की बजाय उन लोगों की आवश्यकताओं की पूर्ति करेगी जो ज़्यादा पैसा दे सकते हैं, जबकि ऐसा करना समानता और लोकतन्त्र विरोधी है।

निजीकरण का सबसे बड़ा नकारात्मक प्रभाव यह हुआ कि लोक कल्याणकारी राज्य की अवधारणा समाप्ति की ओर बढ़ने लगी। जिसके परिणामस्वरूप सामाजिक सुरक्षा के सामने संकट आ गया। शिक्षा और स्वास्थ्य जैसी सेवाओं में निजी उद्यमियों ने निवेश किया और मुनाफ़ा कमाते रहे हैं। अब ये सेवाएँ न होकर व्यवसाय बन गये हैं। ज़ाहिर सी बात है कि निजी उद्यमी सेवा के लिए निवेश नहीं करेगा, बल्कि लाभ ही कमाना चाहेगा। ऐसे में भारत महाशक्ति कैसे बन जायेगा। यह भारत के आर्थिक महाशक्ति बनने की दिशा में सबसे बड़ी बाधा साबित होगा। अर्थशास्त्री अमर्त्य सेन लिखते हैं कि ''मैं ऐसा कोई उदाहरण नहीं जानता, जहाँ अस्वस्थ और अशिक्षित परिश्रम द्वारा अविस्मरणीय विकास हुआ हो।''

विकास और विस्थापन के भारतीय संस्करण में इस निजीकरण का बहुत बड़ा योगदान है। उद्योगपतियों और ठेकेदारों के मुनाफ़े के लिए बड़ी–बड़ी योजनाएँ बनायी गयीं। इसके लिए प्राकृतिक सम्पदाओं का बड़े पैमाने पर दोहन किया जा रहा है। उत्तराखण्ड, हिमाचल जैसे पहाड़ी क्षेत्रों के अलावा खनिज सम्पदा से भरपूर उड़ीसा, झारखण्ड और छत्तीसगढ़ जैसे राज्यों में भी यह समस्या विकराल है। प्राकृतिक सम्पदाओं पर अधिकार और निर्माण कार्यों के लिए लोगों को उनके जंगल और ज़मीन से बेदखल कर दिया गया है।

यह सच है कि विकास और विस्थापन का यह दंश कथा–साहित्य में प्रमुखता से उभरा है। लेकिन कथेतर भी इससे वंचित नहीं है। ख़ासकर

हिन्दी की पत्रिकाओं में प्रकाशित कई लेखों को इस सन्दर्भ में उद्धृत किया जा सकता है। 'पहल' में प्रकाशित जितेन्द्र भाटिया की 'श्रृंखला' इसका ज्वलन्त उदाहरण है। यदि हम यात्रा–वृत्तान्तों की बात करे तो नर्मदा के किनारे पद यात्रा कर 'सौन्दर्य की नदी नर्मदा' लिखने वाले अमृतलाल वेगड़ ने नदी की प्रकृति से जुड़े मुद्दों को उठाकर पर्यावरणविद की ज़िम्मेदारी भी पूरी की। वेगड़ जी नर्मदा के बदलते रूप पर चिन्ता प्रकट करते हैं। नर्मदा से निकाली जाने वाली बालू पर वे चिन्ता प्रकट करते हैं। उनकी यात्रा के समय नर्मदा पर बाँध बन रहे थे। यद्यपि वे उन बाँधों के कारण नर्मदा के स्वरूप के बदल जाने पर चिन्ता करते हैं लेकिन विकास से होने वाले विस्थापन तक उनकी दृष्टि नहीं जाती है। उनकी यात्रा के समय बरगी बाँध निर्माणाधीन था। वे निर्माण–स्थल पर भी गये और लिखा कि, ''जब से बरगी कालोनी से चले हैं, तब से एक नया दृश्य बराबर देखने को मिल रहा है। बारूद से चट्टानें तोड़ी जा रही हैं, बड़ी–बड़ी नहरें खोदी जा रही हैं। बाँध के बन जाने पर ये नहरें ख़ुशहाली की सौगात लायेंगी। सारा इलाका धन–धान्य हो उठेगा।'' ज़ाहिर है कि वेगड़ जी बाँध से होने वाले विस्थापन की ओर नज़र नहीं डालते हैं। उन्हें यह चिन्ता तो होती है कि बाँध बन जाने और नहरें निकलने पर नर्मदा की परिक्रमा करने वालों का क्या होगा लेकिन उनकी चिन्ता वहाँ के स्थानीय निवासियों, किसानों, आदिवासियों तक नहीं जाती है, जो पानी के भराव क्षेत्र में होने के कारण विस्थापित होंगे। बल्कि वे बाँधों के समर्थन में ही दिखाई देते हैं, यद्यपि वे जानते हैं कि बहुत–सा इलाका डूब में चला जायेगा। वे लिखते हैं, ''मेरी इस यात्रा के सौ साल तो क्या, पचीस साल बाद भी कोई इसकी पुनरावृत्ति न कर सकेगा। पचीस साल में नर्मदा पर कई बाँध बन जायेंगे और इसका सैकड़ों किलोमीटर लम्बा तट जलमग्न हो जायेगा। न वे गाँव रहेंगे, न वे पगडंडियाँ। शूलपाण की पूरी झाड़ी डूब जायेगी। पिछले 25,000 वर्षों से नर्मदा तट का भूगोल नहीं बदली है, उतनी आने वाले 25 वर्षों में बदल जायेगी।'' इस विशाल डूब से परिचित होने के बावजूद भी वे बाँधों को सकारात्मक मानते हुए लिखते हैं कि ''नर्मदा का जो विशाल जलभण्डार अभी तक व्यर्थ जाता था, अथवा बाढ़ के कारण नुक़सान पहुँचाता था, वह अब नहीं होगा। मध्य प्रदेश और गुजरात का तो कायापलट हो जायेगा।'' जबकि बाँध बनने से भौगोलिक और पारिस्थितिकी का

सन्तुलन भी बिगड़ता है, लेखक की नज़र यहाँ तक नहीं जाती है। इसके विपरीत वीरेन्द्र जैन के उपन्यास 'डूब' में नर्मदा नदी पर बनाये जा रहे सरदार सरोवर बाँध से होने वाले विस्थापन को मूल संवेदना बनाकर उस विकास के दंश को प्रस्तुत किया है।

नवागाम में जहाँ आज सरदार सरोवर बाँध है, एक मन्दिर के पुजारी कहते हैं कि शूलपाण की झाड़ी और पूरा मन्दिर सब डूब जायेगा, तब भी लेखक स्वान्तः सुखाय होकर सोचते हैं कि ''इस सुन्दर एकान्त स्थान में जितना हो सके रह लो, रह लो। जी भर देख लो। पन्द्रह वर्ष के बाद तो इसका अस्तित्व ही समाप्त हो जायेगा।'' सरदार सरोवर बाँध से हुए विस्थापन के दंश को अरुंधति राय ने अपनी किताबों–'न्याय का गणित' और 'नव साम्राज्यवाद के नये क़िस्से' में बखूबी चित्रित किया है। नर्मदा कि किनारे बसे आदिवासियों का वर्णन भी विकास की पोल खोलता है। विशेष रूप से शूलपाण की झाड़ी का इलाका, जहाँ उस समय भी आदिवासियों के लिए आजीविका का स्रोत लूटपाट ही था। लेखक ने उन्हें देखा कि दूर, नदी की सँकरी धारा को कूदते–फाँदते पार करते भील दिखाई दिये, लँगोट पहने सात–आठ भील! यहाँ के भील आदिवासियों की यही वेशभूषा थी और वे यहाँ से गुज़रने वाले यात्रियों को लूटकर अपना गुज़ारा करते थे।

पिछले वर्षों में चर्चित रहे अनिल कुमार यादव के यात्रा–वृत्तान्त 'यह भी कोई देश है महराज' उत्तर–पूर्व पर लिखा गया है। उत्तर–पूर्व की विडम्बना यह है कि कंफ्लिक्ट ज़ोन होने के कारण वहाँ विकास के अर्थ बदल जाते हैं। प्राकृतिक संसाधनों से भरपूर होने के बावजूद वहाँ आर्थिक संसाधनों की बन्दरबाँट ने ज़मीनी हक़ीक़त को बदल दिया है। दिल्ली से उत्तर–पूर्त तक आने–जाने के यातायात के साधन ही देखें तो उस क्षेत्र के 'विकास' का संकेत मिल जाता है। किताब की शुरुआत में ही लेखक लिखता है, ''पुरानी दिल्ली के भयानक गन्दगी, बदबू और भीड़ से भरे प्लेटफ़ॉर्म नम्बर नौ पर खड़ी मटमैली ब्रह्मपुत्र मेल को देखकर एकबारगी लगा कि यह ट्रेन एक ज़माने से इसी तरह खड़ी है। अब कभी नहीं चलेगी। अँधेरे डिब्बों की टूटी खिड़कियों पर उल्टियों से बनी धारियाँ झिलमिला रही थीं जो सूख कर पपड़ी हो गयी थीं। ...इस ट्रेन को देखकर सहज निष्कर्ष चला आता था–चूँकि वह देश की सबसे रहस्यमय और उपेक्षित हिस्से की ओर जा रही थी इसलिए अँधेरे में उदास खड़ी थी।''

इस रेलगाड़ी की स्थिति से लेखक जिस उपेक्षा की ओर संकेत करते हैं, वह उत्तर–पूर्व के विकास की कहानी भी है।

उत्तर–पूर्वी की आर्थिक और राजनीतिक परिस्थितियों में वहाँ के अलगाववादियों और उग्रवादियों की महत्त्वपूर्ण उपस्थिति है। जब एक स्थानीय दुकानदार द्वारा लेखक ठगा जाता है, तो इससे लेखक को उग्रवाद और अपराध का नेक्सस पता चलता है, जो पूरे उत्तर–पूर्व में फैला है। दुकानदार का कहना उस पूरे परिवेश को सामने रखता है, ''यहाँ अंडरग्राउंड और ओवर ग्राउंड दोनों को इतना ज़्यादा टैक्स देना पड़ता है कि धन्धा करना मुश्किल हो गया है। भईसाहब, असली बेचें तो भूखे मर जायेंगे। आप कोहिमा देख लीजिए, हर दुकान का यही हाल है।'' शिलांग में हुए एक नरसंहार पर लेखक की टिप्पणी गौरतलब है कि ''यह नरसंहार भारतीय साम्राज्यवाद के विरोध या अलग खासी देश की माँग की तरफ़ प्रधानमन्त्री का ध्यान खींचने के लिए नहीं, सिर्फ़ और सिर्फ़ धन उगाही के लिए किया गया था।''

मानसून में सबसे ज़्यादा बारिश के लिए जाना जाने वाला चेरापूँजी की हालात लेखक बताता है कि जाड़े के दिन आते ही सरकारी पानी की सप्लाई नब्बे मिनट की रह जाती है और अधिकांश लोगों को बर्तन आदि लेकर दूर तक पानी लेने जाना पड़ता है। इसका कारण भी विकास की वही अवधारणा है। लेखक लिखता है, ''तीस साल पहले चेरापूँजी की कुल आबादी चार हज़ार थी, अब चालीस हज़ार से ऊपर लोग रहते हैं। झूम खेती और कोयला खनन के लिए जंगलों की अन्धाधुन्ध कटान हुई है जिससे अधिकांश पहाड़ियाँ नंगी हो चुकी हैं।'' अर्थात् प्राकृतिक संसाधनों का दोहन यहाँ के विकास का मूल है, जिसकी वजह से लोगों ने मुनाफ़ा कमाया लेकिन बड़े स्तर पर प्रकृति को दूरगामी नुक़सान पहुँचा।

अण्डमान के आदिवासियों पर लिखी गयी लीलाधर मण्डलोई की किताब 'काला पानी' विकास के एक और चेहरे की ओर संकेत करती है। अण्डमान के आदिवासियों की स्थिति और सरकार की योजनाएँ उनकी जीवन–शैली के प्रतिकूल हैं। सरकार उन आदिवासियों को मुख्यधारा में लाना चाहती है, लेकिन उनको मुख्यधारा में लाने के लिए उनकी जीवन–शैली और संस्कृति के मूल को ही ख़त्म कर दिया गया। इसी तरह से कश्मीर पर लिखा उर्मिलेश का यात्रा–वृत्तान्त 'झेलम किनारे दहकते चिनार' आतंकवाद के साये में चल रही ज़िन्दगी

का लेखा–जोखा पेश करता है। हालाँकि यह पुस्तक राजनीति, इतिहास आदि पर ज़्यादा केन्द्रित है, इसलिए सीधे–सीधे विकास की अवधारणा इसमें नहीं दिखाई देती है, लेकिन लेखक द्वारा किया गया वर्णन कश्मीर के जीवन की कठिनाइयों को उकेर देता है।

विकास और विनाश से जुड़े प्रसंगों पर पहाड़ पर 2013 में उत्तराखण्ड की भीषण बाढ़ पर लिखी गयी हृदयेश जोशी की किताब 'तुम चुप क्यों रहे केदार' महत्त्वपूर्ण है। यह किताब इस त्रासदी के पीछे विकास की कलई खोलती है। यहाँ हमें विकास का वह रूप दिखाई देता है, जिसके तहत पूँजीवादी नीतियों की वजह से पारिस्थितिकी सन्तुलन की परवाह किये बिना नदियों के पेटे में होटल और अन्य भवनों का निर्माण किया गया। पहाड़ और नदियों की प्रकृति की परवाह किये बिना मुनाफ़ा कमाने की अन्धी दौड़ में बड़े–बड़े पावर प्लांट लगाये गये। नतीजा भीषण तबाही और जान–माल के नुक़सान के रूप में हुआ। जनकवि गिरीश तिवारी 'गिर्दा' की यह चेतावनी विकास की इस अवधारणा की परते खोल देती है–

महल चौबारे बह जायेंगे
खाली रौखड़ रह जायेंगे
बूँद–बूँद को तरसोगे जब,
बोल व्यापारी तब क्या होगा...

इस गीत में जिसे व्यापारी कहा गया है, उसे विस्तृत अर्थ में मुनाफ़े की व्यवस्था समझा जाना चाहिए। अर्थात् गिर्दा की चेतावनी थी कि मुनाफ़ा कमाने के लिए किया जा रहा अन्धाधुन्ध 'विकास' कार्य के परिणामस्वरूप स्वयं निर्माण कार्य तो बर्बाद हो ही जायेंगे, वे प्राकृतिक सम्पदा को भी नष्ट कर देंगे।

दरअसल, 2013 में उत्तराखण्ड के विभिन्न इलाकों में आयी भयानक बाढ़ महज प्राकृतिक आपदा नहीं थी। बल्कि विकास के नाम पर अन्धाधुन्ध निर्माण कार्य की वजह से पहाड़ कमज़ोर हुए और नदियों में मलबा–पत्थर आदि बहा देने के कारण बाढ़ के दौरान मलबा और पत्थर बस्तियों में घुसकर पानी के साथ तबाही मचाने लगे। हृदयेश जोशी इस विषय पर लिखते हैं, "आज कई पत्रकार हिमालयी क्षेत्र में जंगलों के कटाव, पहाड़ों के साथ हो रही तोड़फोड़ और नदियों के साथ खिलवाड़ पर रिपोर्टिंग कर रहे हैं। इन ख़बरों को आम लोगों और पत्रकारों के छोटे–से समूह

में भले ही सराहना मिलती हो, लेकिन मीडिया के बड़े हिस्से में इन दिनों ऐसी पत्रकारिता को 'एनजीओ जर्नलिज़्म' या फिर 'झोलाछाप पत्रकारिता' ही कहकर अनदेखा करने की कोशिश होती है। भारत की 'ग्रोथ स्टोरी' के लिए फ़िक्रमन्द चमकते भारत के पैरोकारों को यह ख़बरें अच्छी नहीं लगतीं, क्योंकि यह उसी चमकते भारत को आईना दिखाती है।''

अर्थात् पर्यावरण से खिलवाड़ करने वाली किसी भी गतिविधि या ख़बर को विकास विरोधी कहकर खारिज कर दिया जाता है। रामचन्द्र गुहा लिखते हैं कि ''पर्यावरण के समर्थक कार्यकर्ताओं और आन्दोलनकर्ताओं पर प्रायः विकास विरोधी होने का आरोप लगाया जाता है।'' 'नर्मदा बचाओ' आन्दोलन की नेतृत्वकर्ता मेधा पाटकर पर भी ऐसे ही आरोप लगाये गये। यहाँ इस बात को समझना आवश्यक है कि जिसे आज विकास कहकर परिभाषित किया जाता है, वह दरअसल मुट्ठीभर धनी लोगों के फ़ायदेमन्द है लेकिन व्यापक स्तर पर समाज और पर्यावरण को इसका खमियाज़ा भुगतना पड़ता है। पर्यावरणविद् सुनीता नारायण इस सन्दर्भ में सटीक सवाल उठाती हैं कि क्या पर्यावरण की क़ीमत पर विकास किया जाना चाहिए। उनका कहना है कि ''हमें विकास के लिए एक ऐसी वैकल्पिक रणनीति चाहिए जो राज्य में उपलब्ध संसाधनों के इस्तेमाल से जुड़ी हो और साथ ही लोगों के लिए रोज़ी–रोटी का ज़रिया मुहैया कराये। ...किसी भी नीति को बनाते समय स्थानीय लोगों को साथ लेकर चलना होगा।'' सस्टेनेबल डेवेलपमेंट की अवधारणा इसी विचार का विस्तार है, जहाँ स्थानीय लोगों और पर्यावरण को केन्द्र में रखकर परियोजना बनायी जाती है, न कि व्यावसायिक हितों को।

'तुम चुप क्यों रहे केदार' में हृदयेश जोशी जहाँ एक तरफ़ उत्तराखण्ड में हुए विनाश को दिखाते हैं, वहीं दूसरी तरफ़ वे स्थानीय लोगों की इस वजह से हो रही परेशानियों के बारे में लिखते हैं। एनडीटीवी के लिए रिपोर्टिंग करते हुए जब वे सात हज़ार फ़ीट की ऊँचाई पर बसे धाँसड़ा गाँव पहुँचे तो उन्हें यह जानकर अचरज हुआ कि या तो अधिकांश लोगों के घरों पर ताले लगे हैं, या वे घर छोड़कर जा रहे हैं। पूछने पर जवाब मिलता है कि, ''यहाँ इस गाँव के ऊपर जो पहाड़ है वह टूट रहा है। अगर तेज़ बारिश हुई तो कभी भी मलबा पूरे गाँव को ढक सकता है।'' इस गाँव के बाशिन्दे बरसात में गाँव से ऊपर की एक पहाड़ी पर टेंट में रह रहे थे। सवाल फिर वही उठ खड़ा होता है कि उत्तराखण्ड में होने

वाले बड़े–बड़े निर्माण कार्य और विकास के कार्य किसलिए हैं यदि एक छोटे से पहाड़ी गाँव के लोग चैन से सो भी नहीं पायें।

चण्डी प्रसाद भट्ट जिन वजहों को उत्तराखण्ड की त्रासदी का कारण मानते हैं, वे समेकित रूप से हमारी वर्तमान मुनाफ़ा केन्द्रित विकास की अवधारणा है। वे मुख्य रूप से दो कारण गिनाते हैं, पहला, तेज़ी से बढ़ता अनियन्त्रित पर्यटन और निचले इलाकों में बड़े प्रोजेक्ट और सड़कों का अन्धाधुन्ध निर्माण पर्यटन जहाँ अन्धाधुन्ध भवन और यातायात का दबाव बनाता था, वही निर्माण कार्य पहाड़ों को खोखला कर रहे थे और उनसे निकला मलबा नदियों में गाद भर रहा था।

दशक भर पहले प्रकाशित कर्ण सिंह चौहान की पुस्तक 'यूरोप में अन्तःयात्राएँ' विकास की अवधारणा में पूँजी के खेल को प्रकट करती हैं। हालाँकि यह पुस्तक शुद्ध रूप से संक्रमणशील यूरोपीय समाज पर केन्द्रित है लेकिन यह उस प्रवृत्ति की ओर संकेत करती है, जिसमें पूँजी की चमक–दमक लोगों को आकर्षित करती है और उस वजह से वे जनहितकारी व्यवस्था से दूर भागते हैं। पूर्व–सोवियत देशों के यात्रा–वृत्तान्त लिखते हुए लेखक सोफिया के बारे में बताते हैं कि वहाँ के नागरिकों को समाजवादी शासन द्वारा इतनी सुविधाएँ दी जाती थीं कि वेतन का एक बड़ा हिस्सा बच जाता था, बावजूद इसके कि वे खाता–पीता, स्वस्थ, सुखी और सुन्दर जीवन जीते थे लेकिन जब विदेशी (पश्चिमी यूरोप के) सामान की स्थानीय बाज़ार में आवक हुई तो उसके लिए लाइन लगने लगी, लोग अपना काम छोड़कर ये सामान ख़रीदने के लिए लाइन में लगे रहते थे। लेखक के शब्दों में, "जैसे–जैसे विदेशी सामान की आवक लगातार बढ़ने लगी, वैसे–वैसे उन्हें ख़रीदने के लिए लाइनों की संख्या भी बढ़ने लगी–पहले कच्छियाँ और ब्रा आये, फिर महिलाओं की सजावट के सामान, फिर टेलिविजन, वाशिंग मशीन आदि। और ऐसा समय आ गया जब लोग कहने लगे कि देश का कोई स्त्री–पुरुष अब काम नहीं करता बल्कि इन चीज़ों की ख़रीद के लिए आये दिन एक लाइन से दूसरी लाइन में भागता रहता है। विदेशी आयातित चीज़ों के प्रति गहरी लालसा, यह था लाइन बढ़ने का रहस्य।" लोगों में यह आकर्षण उन्हें उस अवस्था से दूर ले जा रहा है जिसे हम समावेशी विकास कह सकते हैं। लोगों का यह आकर्षण अन्ततः उन्हें पूँजीवादी व्यवस्था की ओर ले गया जिसका फ़र्क़ लेखक बताते हैं कि पहले जहाँ

14 लेवा में चार लोगों के परिवार के लिए हफ्ते का राशन आ गया था, वहाँ बाद में 200 लेवा में भी मुश्किल हो रहा था। यह प्रसंग उस प्रवृत्ति की ओर संकेत है कि कैसे जन मानस में अपनी हितकारी अवधारणाओं के प्रति वितृष्णा आ जाती है और वे छोटे फ़ायदे के लिए बड़े नुक़सान करने लगते हैं। अन्ततः जब सब कुछ ख़त्म हो जाता है तो उनके पास वापसी का रास्ता भी नहीं होता है।

गिर्दा ने हिमालय और पहाड़ों में 'विकास' के कर्ताधर्ताओं को जो चेतावनी दी, वह मोटा–मोटी पूरे भारत पर लागू होती है। चाहे खनन का हो या निर्माण का–हर मामले में विकास के नाम पर अन्धाधुन्ध कार्य किये गये जिसके नतीजे में मुनाफ़ा कमाने वालों ने मुनाफ़ा कमाया लेकिन पर्यावरण और आम लोगों की बड़ी हानि हुई। हिन्दी के कथेतर साहित्य में यह अवधारणा हमें मौजूद दिखाई देती है लेकिन विधागत सीमाओं के कारण यह यात्रा–वृत्तान्तों में अधिक दिखाई देती है।

मानगढ़ आन्दोलन केन्द्रित साहित्य : पाठकीय नज़रिया

प्रणव कुमार ठाकुर

गुजरात एवं राजस्थान के सीमावर्ती क्षेत्र में अरावली पर्वत के दुर्गम इलाकों में स्थित मानगढ़ पर्वत अनेक अनलिखे ऐतिहासिक साक्ष्यों को वर्तमान समय में प्रस्तुत करता है। जलियाँवाला कांड (1919) से छह वर्ष पूर्व यानी 1913 ई. में इस पर्वत पर पन्द्रह सौ से अधिक आदिवासी अपने अस्तित्व एवं अस्मिता के संघर्ष में औपनिवेशिक शासक एवं देशी सामन्ती रजवाड़ों के गठजोड़ द्वारा बर्बर तरीक़े से मारे गये। फिर भी वर्षों तक इस नरसंहार के प्रति इतिहास की चुप्पी न केवल अफ़सोसजनक बल्कि आश्चर्य में डालने को भी बाध्य करती है। किन्तु पिछले कुछ वर्षों से इतिहास के अनलिखे महत्त्वपूर्ण पहलू को सामने लाने का प्रयास साहित्य एवं साहित्येतर माध्यमों द्वारा लगातार हो रहा है। मानगढ़ आन्दोलन पर आरम्भिक लेखन कार्य की शुरुआत फुटकल रूप में राजस्थान की पत्र–पत्रिकाओं के माध्यम से होती है। किन्तु सबसे महत्त्वपूर्ण प्रयास बी.पी. वर्मा 'पथिक' (अरावली उद्घोष के संस्थापक–सम्पादक, उदयपुर) द्वारा इस पत्रिका में 1995 में प्रकाशित 'आदिवासी बलिदान' के रूप में मिलता है। आरम्भिक प्रयासों के उपरान्त हरिराम मीणा ने–'मानगढ़–आदिवासी बलिदान के तहखानों तक' शीर्षक से यात्रा–वृत्तान्त 'पहल' पत्रिका में सन् 2002 में और एक लेख 'दैनिक भास्कर' में लिखा। इन छिट–पुट लेखनों के बाद कई साहित्यिक पुस्तकें भी अब स्वतन्त्र रूप में आयीं जिनमें हरिराम मीणा : 'धूणी तपे तीर' (उपन्यास, 2008), घनश्याम सिंह भाटी 'प्यासा : मोर्चा मानगढ़' (नाटक, 2009), राजेन्द्र मोहन भटनागर : 'नगरी मानगढ़ : गोविन्द गिरि' (उपन्यास, 2011), हरिराम मीणा : 'मानगढ़ धाम' (उपन्यास, 2013–'धूणी तपे तीर' उपन्यास का ही विशेष

संस्करण) महत्त्वपूर्ण है। हाल ही में इस घटना पर केन्द्रित एक लम्बी कविता 'मानगढ़' (हरिराम मीणा) नाम से प्रगतिशील वसुधा के अंक–90 में एवं एक आलोचनात्मक पुस्तक 'मानगढ़ आन्दोलन केन्द्रित हिन्दी साहित्य (शताब्दी प्रसंग के सन्दर्भ में)' पिण्टू कुमार मीणा द्वारा भी प्रकाशित हुई है। अश्विनी कुमार पंकज ने भी इस घटना को आधार बनाकर एक नाटक का मंचन वर्षों पहले राजस्थान में किया था किन्तु यह अब उपलब्ध नहीं है। यह नाटक मानगढ़ आन्दोलन पर रचित आरम्भिक साहित्य में महत्त्वपूर्ण था।

मानगढ़ आन्दोलन केन्द्रित साहित्य की उपलब्धि

शताब्दी वर्ष के अवसर पर हमें यह विश्लेषण करना ज़रूरी है कि मानगढ़ आन्दोलन केन्द्रित साहित्य ने आदिवासी विमर्श को गति दी है या नहीं। यदि है तो किस रूप में। हिन्दी साहित्य लेखन के वर्तमान परिदृश्य को देखें तो यहाँ समकालीन मुद्दे केन्द्रीय विषय के रूप में लगातार स्पेस पा रहे हैं। लेकिन भारतीय आदिवासी साहित्य लेखन पर गौर करें तो उसकी मूल प्रकृति आन्दोलनधर्मी है। यानी यह साहित्य अपने वर्तमान के विश्लेषण के लिए ऊर्जा अनिवार्य रूप से ऐतिहासिक आन्दोलनों से ग्रहण करता है। हिन्दी में राकेश कुमार सिंह (जो इतिहास में नहीं है/ हुल पहाड़िया), विनोद कुमार (समर शेष है), मधुकर सिंह (बाजत अनहद बोल) भिक्खु (रक्तयात्रा), श्रीप्रकाश मिश्र (जहाँ बाँस फूलते हैं/रूपतिल्ली की कथा) आदि के उपन्यास भी इस दृष्टि से महत्त्वपूर्ण हैं। हिन्दी के अलावा अन्य भारतीय भाषाओं पर नज़र डालें तो बांग्ला में महाश्वेता देवी (जंगल के दावेदार/सालगिरह की पुकार पर/चोटी मुण्डा और उसका तीर), तेलुगु में 'कोमरम भीम', असामिया में वीरेन्द्र भट्टाचार्य का 'मृत्युंजय', मराठी में बाबा भाण्ड का 'टंट्या' आदि के अलावा आदिवासी भाषाओं में भी ऐतिहासिक आन्दोलन केन्द्रित साहित्य काफ़ी विपुल मात्रा में है। हाल ही में आदिलाबाद ज़िला (आन्ध्र प्रदेश राज्य) के गुंजाला गाँव के गोंड आदिवासियों के पास गोंडी लिपि में लिखी गयी पांडुलिपि मिली है जिसमें चंद्रपुर के राजा का 1740 ई. में अंग्रेज़ों के विरुद्ध आन्दोलन करने का ज़िक्र है जिसे 'दलित–आदिवासी अध्ययन एवं अनुवाद केन्द्र', हैदराबाद विश्वविद्यालय, हैदराबाद तेलुगु के साथ–साथ हिन्दी–अंग्रेज़ी भाषा में भी लाने का प्रयत्न कर रहा है जिससे गोंडवाना क्षेत्र का इतिहास नये रूप

में सामने आयेगा। इस रूप में बीसवीं सदी के अन्तिम दशक में उभरा आदिवासी विमर्श विविध आन्दोलनों (जो कि उस समाज में हुए थे) से अपनी सामग्री जुटाता है। यह तथ्य उपन्यास से लेकर अन्य विधाओं एवं मौखिक साहित्य पर लागू होता है।

जहाँ तक मानगढ़ आन्दोलन का आदिवासी विमर्श में गति देने का सवाल है इस आन्दोलन ने बिरसा मुण्डा के आन्दोलन 'उलगुलान' के बाद कई धरातलों पर हाल के दिनों में समृद्ध किया है। इस आन्दोलन की गूँज साहित्यिक माध्यमों से लेकर साहित्येतर माध्यमों में लगातार दिखाई देती है। इतना ही नहीं मानगढ़ आन्दोलन केन्द्रित साहित्य ने अन्य लेखकों को आदिवासी जीवन के उपेक्षित किन्तु महत्त्वपूर्ण ऐतिहासिक पहलू पर शोध करने के लिए प्रेरित किया।

मानगढ़ आन्दोलन और ऐतिहासिक दृष्टिकोण : सीमा व सम्भावना

शताब्दी प्रसंग में हमें मानगढ़ आन्दोलन केन्द्रित साहित्य ने इतिहास की सीमा या कमियों की पूर्ति किस रूप में और किस हद तक की है इस ओर भी देखने के लिए मजबूर करती है। अक्सर इतिहासकारों पर आरोप लगाया जाता है कि उन्होंने औपनिवेशिक मानसिकता व वर्गीय पूर्वाग्रह के चलते आदिवासी आन्दोलनों को इतिहास में पर्याप्त स्पेस नहीं दिया है। यदि हम इतिहास के पन्ने पलटें तो यह बात बिल्कुल सत्य प्रतीत लगती है। 1857 को प्रथम स्वतन्त्रता संग्राम के रूप में इतिहासकारों ने बहुप्रचारित तरीक़े से उल्लेख किया किन्तु इसके क़रीब सौ साल पहले से ही औपनिवेशिक हुकूमत के ख़िलाफ़ आदिवासियों ने भारत के प्रत्येक हिस्से से अनेक आन्दोलन किये जिसका ज़िक्र भर इतिहासकारों ने मात्र खानापूर्ति के लिए किया है ताकि इतिहाराकार अपने दायित्व से मुक्त हो सकें।

मानगढ़ आन्दोलन और ऐतिहासिक दृष्टिकोण को परखने के लिए मैं आधुनिक भारत के दो महत्त्वपूर्ण इतिहासकार विपिन चन्द्र और सुमित सरकार की इतिहास दृष्टि को सामने रख रहा हूँ। विपिन चन्द्र ने अपनी सम्पादित पुस्तक 'भारत का स्वतन्त्रता संघर्ष' में नागरिक और आदिवासी विद्रोह शीर्षक के तहत 'जनजातीय विद्रोह' का क़रीब दो पृष्ठों में उल्लेख किया है। यह बात अलग है कि आदिवासी आन्दोलन को सीमित नज़रिये के कारण वे उसे मात्र विद्रोह मानते हैं। अपनी दूसरी महत्त्वपूर्ण पुस्तक

'आधुनिक भारत' (एन.सी.ई.आर.टी) में सिर्फ़ नागालैंड के रानी गाइडल्न्यू का सिर्फ़ कुछ शब्दों में उल्लेख भर करते हैं। ध्यान देने की बात यह है कि जगह व नाम दोनों का यहाँ गलत रूप में उल्लेख हुआ है।

कई बार हम इतिहास की पुस्तक ठीक से पढ़े बग़ैर उन पर आरोप लगाना शुरू कर देते हैं। सुमित सरकार की पुस्तक 'आधुनिक भारत' को ध्यान से पढ़ें तो इतिहासकारों के प्रति पूर्वाग्रह कुछ हद तक दूर हो जाता है। उन्होंने तीन विविध अध्यायों के शीर्षक या उप–शीर्षक के अन्तर्गत आदिवासियों के विभिन्न आन्दोलनों का ज़िक्र किया है–

1. 1885–1905 : सामाजिक एवं राजनीतिक आन्दोलन अध्याय में इतिहास को नीचे से देखने की दिशा में शीर्षक के अन्तर्गत 'आदिवासी आन्दोलन' का
2. '1905–1917 : राजनीतिक एवं सामाजिक आन्दोलन' के उपशीर्षक '1905–1917 : आधारभूत स्तर के आन्दोलन, के तहत 'आदिवासी विद्रोह' का एवं
3. '1922–27 : नयी शक्तियों का उदय' में 'आदिवासी एवं किसान आन्दोलन' का।

इसमें ध्यान देने की बात यह है कि सुमित सरकार ने अपनी इस पुस्तक के दूसरे अध्याय '1905–1917 : राजनीतिक एवं सामाजिक आन्दोलन' के उपशीर्षक '1905–1917 : आधारभूत स्तर के आन्दोलन' के तहत 'आदिवासी विद्रोह' शीर्षक में मानगढ़ पर्वत पर गुरु गोविन्द के नेतृत्व में हुए आन्दोलन का ज़िक्र किया है–''इस बीच एक हज़ार मील से भी अधिक दूर दक्षिणी राजस्थान में गोविन्द गुरु ने समाज सुधार का एक आन्दोलन चलाया जिसने बांसवाड़ा, सुंठ और (मेवाड़ से लगी हुई) डूंगरपुर रियासतों के भीलों में जागृति फैलाई। आरम्भ में तो यह मद्य–निषेध एवं शुद्धिकरण तक सीमित रहा, किन्तु 1913 के अन्त तक 'भील–राज' स्थापित करने की बात कही जाने लगी। मानगढ़ पहाड़ी पर 4,000 भील एकत्रित हुए जिन्हें तितर–बितर करने के लिए अंग्रेज़ों को पर्याप्त प्रयास करना पड़ा। 12 आदिवासी मारे गये और 900 को बन्दी बनाया गया।''–होम पुलिस बी, दिसम्बर 1913, टिप्पणी 108–11, पृ. 174

सुमित सरकार के इस उद्धरण को पढ़ने के बाद इतिहासकारों का मानगढ़ के प्रति उपेक्षा का भाव का आरोप दूर हो जाता है। किन्तु यह

बात अलग है कि वे इस घटना का सही मायने में आकलन कर सकने में असमर्थ हुए।

राजस्थान के प्रसिद्ध इतिहासकार गौरीशंकर हीराचन्द ओझा ने अपनी इतिहास की पुस्तक में लिखा है–"मानगढ़ पर एकत्रित भीलों ने उत्पात मचा रखा था। फ़ौज को गोलियाँ चलानी पड़ीं। कुछ भील मारे गये।"

यहाँ गौर करने वाली बात 'भीलों ने उत्पात मचा रखा था। अपने हक की लड़ाई को लेकर लड़ने वाले आदिवासियों के प्रति स्थानीय इतिहासकारों का दृष्टिकोण भी पूर्वाग्रह से युक्त है। सत्ता–तन्त्र (तत्कालीन जागीरदारों व अंग्रेज़ों) से नज़दीकी सम्बन्ध के कारण ये इतिहासकार भी शोषक सत्ता–तन्त्र की ही भाषा बोलते हैं।

दरअसल इन ऐतिहासिक तथ्यों को रखने का मकसद यह है कि सिर्फ़ साहित्य ही इतिहास से सामग्री ग्रहण नहीं करता वरन् इतिहास भी साहित्य से अपनी सामग्री जुटाता है। हाल ही में मानगढ़ की घटना को आधार बनाकर ढेर सारी लिखी गयी साहित्यिक रचनाएँ इस बात का पुख़्ता सबूत देती हैं। मानगढ़ केन्द्रीय साहित्य लेखन से आने वाले दिनों में इस उपेक्षित ऐतिहासिक पहलू पर भी दृष्टि जायेगी और जा भी रही है। इस रूप में साहित्य और इतिहास का अन्योन्याश्रय सम्बन्ध होता है। अब समकालीन इतिहासकारों का दायित्व है कि मानगढ़ सम्बन्धी अपनी ऐतिहासिक सीमाओं को दूर कर इसका पुनर्लेखन कर फिर से ऐतिहासिक सच को सामने लायें।

मानगढ़ आन्दोलन : लोक मानस व वर्तमान स्थिति

शताब्दी प्रसंग का सबसे महत्त्वपूर्ण बिन्दु है कि मानगढ़ आन्दोलन ने वहाँ के लोकमानस को किस रूप में प्रभावित किया है–

1. राष्ट्रीय स्मारक व प्रतिमा का निर्माण : हाल ही के दिनों में मानगढ़ के शहीदों का स्मारक व इस आन्दोलन के अगुवा गोविन्द गुरु के प्रतिमा का निर्माण भी लोक मानस को ध्यान में रखते हुए राजस्थान सरकार ने किया है जिसका उल्लेख हरिराम मीणा 'धूणी तपे तीर' पुस्तक की भूमिका में इस प्रकार करते हैं–"मानगढ़ की घटना से जुड़े सभी तथ्यों व प्रमाणों को सत्यापित करने के बाद राजस्थान सरकार ने भारत सरकार को

मानगढ़–धाम विकास के लिए प्रस्ताव भेजे। भारत सरकार ने जाँच पड़ताल करने के पश्चात् 2 अगस्त, 2002 को 2 करोड़ 23 लाख रुपये की राशि स्वीकृत की और सैद्धान्तिक स्तर पर स्वीकार किया कि देश का पहला 'जलियाँवाला कांड' अमृतसर (1919) से छह वर्ष पूर्व दक्षिणी राजस्थान के बांसवाड़ा ज़िला के मानगढ़ पर्वत पर घटित हो चुका था जिसमें जलियाँवाला बाग़ से चार गुणा शहादत हुई। अब छह सौ फ़ीट की ऊँचाई के पहाड़ पर 54 फीट ऊँचा शहीद स्मारक बना दिया गया है। गोविन्द गुरु की प्रतिमा भी है।'' (धूणी तपे तीर, पृ. 20)

यह कथन न केवल लोक मानस की मानगढ़ के प्रति आस्था व स्मृति को व्यक्त करता है बल्कि घटना की प्रामाणिकता को भी पुष्ट करता है।

2. मानगढ़ की स्मृति का पुख़्ता प्रमाण वहाँ के लोगों का 'मानगढ़ धाम' मेले में सक्रिय भागीदारी के रूप में मिलता है। इतना ही नहीं इस मेले में यहाँ के सामान्य जन गुरु गोविन्द सिंह द्वारा रचित क्रान्ति के गीत भी गाते हैं–

   ''नी मानु रे भुरेटिया
   नी मानु''

3. शोध, पाठ्यक्रम, समीक्षा व पुरस्कार : मानगढ़ आन्दोलन केन्द्रित साहित्य पर आज देश के विभिन्न विश्वविद्यालयों में काफ़ी संख्या में शोधकार्य (एम. फिल. व पीएच.डी.) लगातार हो रहे हैं। साथ ही दिल्ली विश्वविद्यालय, दिल्ली, गुजरात विश्वविद्यालय आदि में मानगढ़ आन्दोलन पर सम्बन्धित साहित्य पाठ्यक्रम में भी शामिल किये गये हैं।

   मानगढ़ आन्दोलन पर देश के प्रतिष्ठित पत्र–पत्रिकाओं में लगातार लेख एवं समीक्षाएँ प्रकाशित हो रही हैं। 'मानगढ़ सन्देश', 'मानगढ़ बलिदान' स्वतन्त्र रूप से पत्रिका पिछले पन्द्रह वर्षों से रमेश वडेरा के नेतृत्व में बांसवाड़ा से निकल रही है। इतना ही नहीं इस आन्दोलन पर केन्द्रित साहित्य ने पुरस्कार समिति का भी इस ओर ध्यान खींचा है। हरिराम मीणा को बिड़ला फाउंडेशन के तहत हाल ही में 'बिहारी पुरस्कार' (2012) व 'जंगल जंगल जलियाँवाला' बाग़ के लिए

'महापण्डित राहुल सांकृत्यायन' पुरस्कार, 2010 (केन्द्रीय हिन्दी संस्थान, आगरा) द्वारा प्राप्त हुआ है। 'जंगल में जलियाँवाला' डाक्यूमेंटरी को 2011 में सर्वश्रेष्ठ डाक्यूमेंटरी का पुरस्कार मिला।

4. मानगढ़ आन्दोलन केन्द्रित साहित्य विपुल मात्रा में प्रकाश में आया जिसमें तीन उपन्यास, दो नाटक, एक आलोचना तथा कुछ छिटपुट कविताएँ लिखी गयी हैं, जिसका ज़िक्र आरम्भ में हो चुका है।

5. साहित्येतर माध्यमों में मानगढ़ आन्दोलन की उपस्थिति (विशेषकर इलेक्ट्रॉनिक मीडिया) निम्न रूप में है–

   (क) ब्रिटिशकालीन आदिवासी संघर्षों पर डाक्यूमेंटरी (Verbal Tribal History of Mangarh, फ़िल्मकार : श्रीप्रकाश, राँची)

   (ख) जयपुर, राजस्थान (दूरदर्शन DD1) पर प्रसारित 'रू–ब–रू' सीरियल से एक एपिसोड 'मानगढ़ आन्दोलन' पर केन्द्रित।

   (ग) 'जंगल में जलियाँवाला' डाक्यूमेंटरी ('धूणी तपे तीर' उपन्यास पर आधृत) : निर्माता एवं निर्देशक : अनुराग शर्मा। इसके लिए उन्हें जयपुर इंटरनेशनल फेस्टिवल, 2011 में सर्वश्रेष्ठ डाक्यूमेंटरी का पुरस्कार मिला।

   (घ) राजनीति व बाज़ार में मानगढ़ घटना की लोकप्रियता : राजनीति के तहत मानगढ़ घटना से सम्बन्धित बनी ऐतिहासिक 'स्मारक निर्माण' का बारम्बार ज़िक्र राजनेताओं द्वारा करना इसकी महत्ता को प्रमाणित करता है। 'मानगढ़ धाम' पुस्तक हाल ही में प्रकाशित हुई है जो स्थानीय 'मानगढ़ मेले' एवं आसपास के गाँवों में आठ सौ से अधिक प्रतियाँ बिक जाती हैं जो कि इस घटना की लोकप्रियता को रेखांकित करती है।

   (च) पठनीयता व प्रामाणिकता का सवाल : शुरू–शुरू में मानगढ़ सम्बन्धी साहित्य का कथानक पढ़ने से समझ में नहीं आता है, पर ज्यों–ज्यों कथा आगे बढ़ती है पाठक के सामने चुप्पी एवं मौन छा जाता है। रचना ख़त्म होने पर

पाठक को गहन चिन्तन के लिए मजबूर करती है। 'मगरी मानगढ़ : गोविन्द गुरु' उपन्यास की कुछ ऐतिहासिक सीमाएँ (विशेषकर समय को लेकर) हैं लेकिन साहित्य इतिहास नहीं होता। शोधार्थी एवं इतिहासकार को घटना के सम्बन्ध में इसकी प्रामाणिकता की पुष्टि करनी होती है। घटना के सम्बन्ध में मारे जाने वाले लोगों की संख्या अनुमान पर आधारित होती है, क्योंकि तत्कालीन सरकारी रिकार्ड, गजेटियर द्वारा मारे गये लोगों के बारे में अलग–अलग तथ्य इस बात का पुख़्ता सबूत पेश करते हैं कि उपनिवेश व सत्ता तन्त्र अपने गुलामों की गाथा नहीं गा सकती है क्योंकि वे उन्हें मनुष्य–मात्र का दर्जा भी देना नहीं चाहते थे।

मानगढ़ शताब्दी के प्रसंग में यह कहा जा सकता है कि अकादमिक दुनिया के लोगों को फील्ड में जाकर न केवल आदिवासी बल्कि दलित, स्त्री व अल्पसंख्यक समुदायों के अनलिखे ऐतिहासिक रूपकों की खोज कर अध्ययन एवं चिन्तन की नयी दिशाएँ सामने लाने की कोशिश लगातार करनी चाहिए। विगत इतिहास में आदिवासी राजाओं के वैभव समेत अनेक अवशेष जो कि अब धीरे–धीरे सरकारी उपेक्षा व तथाकथित सभ्य कहे जाने वाले मुख्यधारा की मानसिकता के कारण ख़त्म होने के कगार पर हैं। अपने आसपास के मौखिक साहित्य को संरक्षित करने की भरसक कोशिश करें तभी शताब्दी प्रसंग का औचित्य हो सकता है अन्यथा नहीं। नवसाम्राज्यवादी ताक़तें आदिवासी व हाशिये के समुदाय को लगातार संकट में डाल रही हैं अतः इसके ख़िलाफ़ संघर्ष कर इनके अस्तित्व को बचाना हमारी पहली प्राथमिकता होनी चाहिए।

❑❑